HOMO JUSTICE

호모 저스티스
불의의 시대에 필요한 정의의 계보학

2016년 10월 10일 초판 1쇄 발행
2021년　3월 29일 초판 3쇄 발행

지은이 | 김만권
펴낸곳 | 여문책
펴낸이 | 소은주
등록 | 제406-251002014000042호
주소 | (10911) 경기도 파주시 운정역길 116-3, 101동 401호
전화 | (070) 8808-0750
팩스 | (031) 946-0750
전자우편 | yeomoonchaek@gmail.com
페이스북 | www.facebook.com/yeomoonchaek

ⓒ 김만권, 2016

ISBN 979-11-956511-9-1 (03300)

이 도서의 국립중앙도서관 출판시도서목록(cip)은 e-CIP 홈페이지(http://www.nl.go.kr/ecip)에서
이용하실 수 있습니다(CIP 제어번호: 2016022391).

여문책은 잘 익은 가을벼처럼 속이 알찬 책을 만듭니다.

호모

불의의 시대에 필요한 정의의 계보학

저스티스

김만권 지음

여문책

| 차례 |

프롤로그 위기의 호모 저스티스

제1부 정의를 바라보는 두 시선

1장 투키디데스—평등한 자와 불평등한 자 간의 정의는 다르다

제2부 도시와 철학자들 I : 도시, 강자들의 정의를 말하다

2장 트라시마코스—권력을 지닌 강자들이 정의를 결정한다

3장 글라우콘—정의는 불의를 저지를 수 없는 허약함 때문에 존재한다

4장 칼리클레스—우월한 자가 권력을 갖는 것이 정의롭다

제3부 도시와 철학자들 II: 철학자들, 힘의 정의에 도전하다

5장 소크라테스—무지가 부정의를 만든다

6장 플라톤—현자들의 통치가 정의롭다

7장 아리스토텔레스—정치참여가 정의로운 인간을 만든다

제4부 근대의 정의, '시민권'와 '인권' 사이

8장 홉스—정치적 권위 없이 정의는 없다

9장 칸트—인간성이 존재하는 모든 곳에 정의는 있다

제5부 우리 시대의 정의, 효용과 권리 사이

10장 벤담—효용의 극대화가 정의다

11장 롤스—권리의 극대화가 정의다

에필로그 차별과 혐오에 맞서는 정의의 자세

위기의 호모 저스티스

파스칼의 경구: 정의, 힘과 도덕 사이

"정의는 없는가?" "언제 우리에게 정의가 있었던가?" 요즘 우리 사회에서 흔히 듣는 '헬조선', '수저론' 담론에 담긴 정의를 향한 갈망과 냉소, 이런 목마름과 외면은 대개 한 사회의 제도나 작동방식이 '사람들이 옳다고 생각하는 것'을 만족시키지 못할 때 생겨난다. 한마디로 '우리가 옳다고 믿는 정의'와 '공적 현실에서 마주하는 정의'가 일치하지 않는 데 있다. 그리고 이 둘 사이의 간극이 커질 때 우리가 느끼는 절망은 더욱 깊어진다. 이 간극 속에서 우리는 라틴어 '니힐nihil'의 의미처럼 '아무것도 아닌 존재nothing'가 되어버린다. 니체는 이런 절망의 상황을 '니힐'이라고 불렀다. 이렇게 보면 '니힐리즘'은 개인이 아니라 사회가 만들어내는 일종의 병리학적 현상일 것이다.

그렇다면 '우리가 옳다고 믿는 정의'와 '공적 현실에서 마주하는 정의'가 일치하지 않는 상황은 어떻게 생겨나는 걸까? 대개의 경우 이런 '절망 상황'은 '힘'을 지닌 권력이 '도덕'을 외면할 때 생겨난다. 권력이 내세우는 '힘'의 파괴력은 단지 '도덕'에 등 돌리는 데 있지 않다. 권력은 많은 경우 권력이 발휘하는 '힘'을 '정의'로 포장한다. 이렇듯 권력이 도덕을 외면하고 자신의 힘을 정의라고 내세우는 현상이 확산될 때 사회 곳곳에서 절망의 목소리, '니힐'의 외침이 높아진다. 권력이 우리를 아무것도 아닌 존재로 취급하기 때문이다. 그리하여 마침내 '힘이 정의'라는 논리에 '아무것도 아닌 존재'로서 삶을 살아가던 군중이 동조하게 될 때, 그 권력을 향한 동조는 '파시즘'의 토양이 되고 만다.

정의의 역사를 되돌아보면 인류의 역사는 한마디로 권력이 내세운 '힘'과 철학이 내세운 '도덕'의 대결로 점철되어 있다. 우리의 신념 밖, 공적 현실에서 마주하는 정의의 실체 속에는 힘과 도덕이 늘 충돌하고 있고, 그 힘과 도덕의 불행한 관계는 『팡세Pensées』(1670)에서 파스칼이 들려주는 경구 속에 그대로 담겨 있다.

힘이 동반되지 않은 정의는 권력 없는 것이고
정의가 동반되지 않은 힘은 전제적인 것이다.
힘이 없는 정의는 하나의 모순인데
언제나 사악한 이들이 있기 때문이다.
반면 정의 없는 힘은 비난받는다.
그래서 우리는 정의와 힘을 합해야 하고
이를 위해 정의로운 것을 강하게
혹은 강한 것을 정의롭게 만들어야만 한다.
하지만 정의는 논란에 휩싸이기 십상이다.
반면 힘은 쉽사리 인정받고 논란에 휩싸이지 않는다.

그리하여 우리는 정의에 힘을 실어주지 못하는데
힘이 정의를 뒤집고
정의를 정의롭지 않은 것이라 말하며
힘을 위한 정의를 주장해왔기 때문이다.
결국 정의로운 것을 강하게 만들 수 없었던 우리는
강한 것을 정의로운 것으로 만들어왔다.[1]

힘이 동반되지 않은 정의의 무력함, 정의를 결여한 힘의 전체성. 언뜻 보면 이 둘은 서로를 필요로 하는 듯하지만, 현실에서 정의는 쉽사리 공격당하고, 힘은 자신의 권력을 앞세워 스스로를 정의로 포장할 수 있다. 이런 현실의 이면에서 결국 정의로운 것을 강하게 만들지 못한 우리는, 더불어 때로는 강한 것을 너무 갈망하는 우리는, 마땅히 받아들여야 할 정의를 외면하고 오히려 정의를 억압할 수도 있는 힘을 정의롭다고 불러왔다. 파스칼의 탁월한 통찰력이 보여주듯이 현실에서 우리가 마주하는 정의는 힘과 도덕의 역학관계 사이에 늘 존재해왔다.

실제 정의를 역사적으로 살펴볼 때 좀더 놀라운 사실은, 서구에서 정의의 위치를 먼저 차지했던 것은 '도덕'이 아니라 '힘'이었다는 점이다. 고대 그리스에서 정의를 뜻했던 '디케Dike'는 그 자체로는 어떤 도덕적 의미도 담고 있지 않았다. 단지 '어떤 상황에 적합한 행위'를 의미했을 뿐이다. 고대 세계에서 널리 퍼져 있던 정의관은 투키디데스가 『펠로폰네소스 전쟁사History of the Peloponnesian War』(기원전 431)에서 들려주듯 "신도 인간도 지배할 수 있는 곳에 가서 지배하는 것"이었다.

힘을 앞세운 고대 세계의 정의관에 정면으로 도전했던 이가 바로 아테네의 낯선 철학자 소크라테스였다. '성찰하는 삶'이라는 너무도 낯선 삶의 방식을 내세운 소크라테스는 도시를 향해 정의는 올바름과 결코 분리될 수 없다고 강변했다. 당시로는 어이없는 주장 앞에 아테네인들은 당황했고, 마침내 분노를 폭발시키고 말았다. 아테네인들은 소크라테스를 향해 '철학하는 삶'을 당장 그만두라고 명령했다. 바로 철학을 통한 '성찰하는 삶'이 '정의가 도덕과 분리될 수 없다'고 주장하는 원인이었기 때문이다. 게다가 만약 당장 철학하는 삶을 멈추지 않으면 도시에서 추방해버리겠다는 협박이 더해졌다. 그러나 소크라테스는 명령을 듣지 않았다. 오히려 그는 재판을 통해 자신의 잘못이 증명된다면 추방 대신 목숨을 내놓겠다고 약속했고, 그 약속대로 독배를 마셨다. '도시의 사람들이 불의를 행하는 것을 그대로 방치한 채 도시에서 도망치는 불의는 행하지 않겠다'는 철저한 신념 아래 죽음조차 두려워하지 않았던 소크라테스의 헌신은 '도덕'이 처음으로 정의의 견고한 토대로 자리 잡는 계기가 되었다. 말로써 설득할 수 없다면 행동으로 가르치겠다던 소크라테스의 숭고한 선택 이래 '옳음'에 기반을 둔 '정의'는 철학하는 삶의 가장 중요한 주제가 되었다.

소크라테스 이후 '도덕'에 바탕을 둔 정의는 여러 우여곡절을 겪기는 했지만 철학사에서 승리를 거듭했다. 적어도 우리의 신념 속에서 정의는 옳음과 더는 분리되지 않았다. 하지만 그 철학이란 것이 머무는 곳은 낡은 책장이었고, 실현되지 않는 신념은 열망에 불과했다. 19세기에 튀어나온 니체의 '힘을 향한 그 강렬한 의지'는, 기존 공적 현실의 기준 아래서는 도덕이 전혀 가질 수 없었던 힘에 대한 갈망 때문일지도 모른다. 아렌트가 말하듯 '지나친 의지'는 실현할 능력이 없는 자들에게서 생겨나는 것이다. 산에서 내려온 차라투스트라가 공적 현실에서 마주한 것은 작동하지 않는 자신의 신념이었다. 저잣거리의 그 누구도 그의 말에 귀 기울이지 않았다. 차라투스트라의 운명처럼 우리가 책장 속에서 배운 정의는 많은 경우 공적 현실에서 마주하는 정의의 모습과 상당히 그리고 여전히 다르다. 경우에 따라서는 다른 정도가 아니라 모순으로 가득 차 있다. 그 모순은 말한다. '도덕'으로 담금질된 정의는 우리가 현실에서 '강하게 만들 수 없는 것'이고, 결국 우리는 '강한 것을 정당한 것', 바로 '정의로운 것'으로 만들고 있다고. 어쩌면 정의의 역사는 그 '모순'을 향해 저항해온 인류 유산의 축적일지도 모른다.

힘과 도덕 사이로 들어가기, 정의의 계보학

요즘 흔히 '우리 사회에 더는 정의가 존재하지 않는다'는 식의 탄식[2]을 듣는다. 강한 것이 쉽게 정의로운 것으로 탈바꿈하는 현실, 정의로운 것이 쉽사리 연약한 것으로 전락하는 현실을 지적하는 말일 것이다. 특히 우리 사회에서는 정의를 '올바름'과 연결시켜 이해하는 경향이 강하다. 아마도 동아시아에 서양의 '저스티스justice'라는 개념이 들어왔을 때 원래 유학儒學의 용어로서 '인간이 마땅히 행해야 할 올바른 도리'를 의미하는 정의正義가 번역용어로 채택된 탓도 있어 보인다.[3] 이런 전통적 관념에 치우쳐 정의를 힘과 도덕 사이의 역학관계가 만들어내는 것으로 파악하지 못할 때, 정의는 작동하지 않는 실체 없는 것이 되어버릴 뿐만 아니라 그 자체에 대한 회의와 혼란을 피할 수 없다.

이런 이유로 우리가 공적 현실에서 마주하는 정의의 실체를 좀더 정확하게 이해하려면 정의를 '힘과 도덕의 역학관계에 있는 것', 즉 힘과 도덕의 틈 사이에 존재하는 것으로 파악해야만 한다. 실제 우리가 마주하는 정의의 실체가 무엇이든, 그것은 힘과 도덕이 서로 대결을 벌이며 형성되어온 유동적 결과물이기 때문이다.

그렇다면 우리는 어떻게 힘과 도덕의 틈 사이로 들어가볼 수 있을까? 이 힘과 도덕 사이로 들어가보기 위해 독자들에게 제안하고 싶은 방법론이 있다. 아마 일부 독자에게는 이미 익숙한 것일지도 모른다. 바로 '계보학'이라는 방법론이다. 하지만 독자들 대다수는 이렇게 물을 것이다. "계보학이란 게 뭔가요?"⁴ 단순화하자면 계보학은 일종의 역사적 방법론으로 우리가 지니고 있는 기존의 믿음과 편견을 뒤집어 생각해볼 수 있는 여러 구체적인 역사적 사실이나 사건에 대한 탐구를 말한다. 아주 간단한 예를 들어보자. 아메리카 대륙을 발견한 최초의 사람은 누구일까? 많은 이가 '콜럼버스'라고 답할 것이다. 그렇다면 아시아 대륙을 최초로 발견한 사람은 누구일까? 독자 여러분 중 아시아 혹은 아프리카 대륙을 발견한 사람에 대해서는 들어본 적이 없을 것이다. 마찬가지로 아메리카 대륙을 처음 발견한 사람이 누구인지 들어본 적은 없을 것이다. 역사는 콜럼버스가 발견했다고 기록하고 있지만, 그는 아메리카 대륙을 발견한 최초의 유럽인이지 최초의 인류는 아니다. 만약 콜럼버스가 아메리카 대륙을 발견했다고 한다면, 그 이전에 오랜 세월 동안 대륙에 정착해서 살고 있던 원주민들의 존재는 역사 속에서 공중으로 증발해버리고 만다. 결국 이 간단한 질문을 통해 우리가 배워온 지식이 얼마나 유럽 중심적인지뿐만 아니라 이런 편견에 내재한 역사적 폭력성까지 깨달을 수 있다. 누군가가 17세기에 하멜이 우리나라를 방문한 최초의 네덜란드인이 아니라 최초로 발견한 사람이라고 주장한다면 우리의 반응은 어떨까? 단순히 말해 계보학은 우리가 기존에 사실이라고 믿어 의심치 않는 바에 대해 뒤집어 생각해보는 것이고, 좀 세련된 말로는 '비판적으로 사고하기'다. 계보학은 우리가 당연히 진실이라 믿고 있는 사실이나 개념의 역사를 추적해서, 우리가 별다른 의심 없이 품고 있는 현재의 지식에 내재된 부조리를 향해 비판적 접근의 길을 여는 방법론이다.

그러나 이런 비판적 사고의 핵심을 우리가 믿고 있는 진실이나 편견을 뒤집어 거부하거나 폐기하자는 의미로 보아서는 곤란하다. 계보학의 역할은 우리가 진실이라 믿고 있는 것들이 어떻게 생성되고 정착되고 변화해왔는지를 추적하여, 더는 이를 무조건적으로 믿지 않는 태도를 형성하도록 돕는 것이다. 콜럼버스의 예를 들어 말해보자면 우리는 비판적 사고를 통해 망각해버린 아메리카 원주민들의 삶에 대해 주목할 수 있으며, 나아가 이들이 스스로 잃어버린 권리와 삶의 방식을 회복하는 데 혹은 자신의 방식대로 새로운 삶을 짓는 데에도 도움이 될 수 있다.

어떻게 정의를 재구성할 것인가

이 책은 계보학이라는 방법을 통해 힘과 도덕의 틈 사이로 들어가 새로운 시각으로 정의를 탐구해보기 위해 기획되었다. 앞서 언급했듯이 우리는 이런 틈입을 통해 공적 현실에서 마주하는 정의와 우리가 옳다고 믿는 정의 사이에 존재하는 간극을 이해하는 데 도움이 되는 단서를 찾을 수 있다. 이 간극이 왜 생겨났는지를 이해할 수 있다면 애초부터 정의는 올바름의 것이었다는 편견을 깨고 새로운 관점에서 정의를 재구성할 근거를 마련할 수도 있을 것이다. 예를 들어 우리는 도덕적 정의를 실천하면 좋은 결과가 있을 것이라 생각하지만, 소크라테스의 죽음은 권력을 지닌 자들에 맞서 도덕적 정의를 실현하는 일이 얼마나 위험한지, 이에 더하여 얼마나 커다란 용기를 내야만 하는 일인지 그 어떤 사건보다 생생하게 보여주었다. 우리가 이런 사례를 통해 정의를 실천하는 데 내재해 있는 위험을 자각할 수 있다면 정의를 실천하는 사람들을 위해 안전한 제도적 장치를 마련하는 일에 힘쓸 수 있을 것이다.

이 책은 이런 목적 아래 힘과 도덕이 정의를 두고 벌였던 대결의 장으로 들어가보기 위해 2,500년 전으로 거슬러 올라가 고대 그리스에서부터 시작한다. 이런 거슬러 올라감을 두고 결국 서구 세계로의 또 다른 회귀라고 할 수도 있다. 그러나 그리스인들이 2,500년 전에 맞이했던 수많은 문제와 그들이 이를 해결하기 위해 나누었던 숱한 논쟁이 지금 현재 한국 사회가 맞닥뜨린 현실과 너무 많이 닮아 있음을 실제 사례들을 통해 보게 된다면 이런 의구심에서 벗어날 수 있으리라 확신한다.

정의와 '판단의 부담': 『안티고네』와 『정의의 사람들』

사람들은 묻는다. 어떻게 정의의 세계에서 힘이 도덕을 압도할 수 있는가? 대개의 경우 힘이 도덕을 제압하는 방식은 도덕적 정의를 실현했을 때 우리가 떠안아야만 하는 비용의 문제를 확대하거나 힘으로 정의를 실현할 때 드는 비용의 문제를 축소시키는 것이다. 사실 우리의 삶에서 '정의란 무엇인가'가 난감한 질문이 되는 이유는, 대개의 경우 극단적인 갈등 상황에 처했을 때야 비로소 어떻게 행동하는 것이 옳은지 질문하기 때문이다. 만약 누구나 정의의 실체를 명확히 알 수 있는 상황에서 '정의란 무엇인가?'라는 문제가 제기된다면 이는 명백한 것을 보지 못하는 어리석은 자들의 물음이거나 한 사회가 극단적으로 부패해 있다는 현실적인 증거일 것이다.

존 롤스John Rawls는 이런 난감한 갈등 상황에서 요구되는 고민스러운 선택을 '판단의 부담the burden of judgment'이라 부른다. 그렇다면 판단의 부담이란 무엇일까? 마이클 샌델의 『정의란 무엇인가Justice: What's The Right Thing To Do?』(2009)의 번역본이 출간된 이후 우리 사회 지식인들의 비판을 담은 『무엇이 정의인가?』(2011)가 출간되었다. 이 책에서 한 지식인은 샌델이 어느 하나의 행위를 선택할 때 그에 따른 대가를 지불해야 하는 극단적 딜레마 상황을 자주 제시하는 데에 불만을 제기한다. 그리고 이런 딜레마 상황의 선택은 정의의 문제가 아니라 비극의 문제라고 비판한다. 그러나 정의의 문제가 등장하는 가장 오래된 구체적 문헌 중 하나가 바로 유명한 비극 『안티고네Antigone』(기원전 441)다.[5]

『안티고네』는 고대 그리스의 극작가 소포클레스가 쓴 비극으로, 테베의 왕 오이디푸스가 죽은 이후 그 자식들이 겪는 고난의 이야기를 담고 있다. 이 『안티고네』를 좀더 잘 이해하기 위해 오이디푸스 왕의 이야기에서 시작해보자. 오이디푸스의 친아버지이자 테베의 왕이었던 라이오스는 곧 태어날 아들이 훗날 자신을 살해하게 될 것이라는 신탁을 받는다. 이에 라이오스와 (오이디푸스의 어머니이자) 왕비인 이오카스테는 아들이 태어나자마자 산속에 버리라는 명령을 내린다. 하지만 마음이 여려 갓난아이를 차마 버리지 못한 부하가 코린토스의 목자에게 아이를 넘긴다. 이 목자는 아이를 코린토스의 왕 폴리보스에게 데려갔고, 왕은 발이 퉁퉁 불어 있던 아기에게 오이디푸스(부은 발)라는 이름을 붙여주고 아들로 삼았다. 오이디푸스는 이런 사실을 전혀 모른 채 폴리보스를 친부로 알고 성장한다. 그렇게 성장한 오이디푸스는 아버지를 죽이게 될 것이라는 예언을 접하게 되고, 자신을 사랑으로 아껴준 친부를 살해하는 비극적 운명을 피하고자 코린토스를 떠난다. 하지만 운명은 정녕 피할 수 없는 것일까? 오이디푸스는 여행길에서 우연히 시비가 붙은 노인네 패거리를 때려눕히는데 그 노인이 다름 아닌 라이오스 왕이었다. 예언대로 친부를 살해하고 만 것이다. 이후 테베의 골칫거리였던 스핑크스를 죽이고 테베에 입성한 오이디푸스는 친모인 이오카스테와 결혼해 네 명의 자녀, 폴리네이케스와 에테오클레스, 안티고네와 이스메네를 낳는다. 그러나 마침내 자신이 아버지를 죽이고 어머니와 결혼했다는 사실을 알게 되자 이를 견딜 수 없었던 오이디푸스는 자기 두 눈을 뽑아버리고 테베를 떠나 떠돌다 외롭게 죽음을 맞이한다.

『안티고네』는 오이디푸스가 테베를 떠난 이후, 두 형제 폴리네이케스와 에테오클레스가 권력 다툼을 벌이다 함께 죽음을 맞으며 시작된다. 아버지에게 물려받은 도시의 권력을 공유하지 못한 두 형제는 권력 다툼을 벌이고, 동생에게 권력을 빼앗긴 현실을 참지 못했던 폴리네이케스가 아르고스 군의 도움을 얻어 테베를 침략한다. 이에 에테오클레스가 군사를 끌고 나아가 전투를 벌이지만 두 형제는 서로의 창과 칼에 찔려 전사하고 만다. 이후 테베의 왕권은 이오카스테의 동생인 크레온에게 넘어간다.

〈폴리네이케스의 주검 앞에 선 안티고네〉, 1865년, 리트라스 니키포로스 그림

왕권을 이어받은 크레온은 도시를 위해 싸운 에테오클레스의 장례는 후히 지내되 도시를 배신한 폴리네이케스의 시신은 들판에 버려두라 명령한다. 이에 더하여 이 명령을 어긴다면 누구라도 죽음을 면치 못할 것이라는 엄포를 놓는다. 땅속에 묻히지 못하면 구천을 떠돌게 된다고 믿었던 당시 그리스인들에게 크레온의 명령은 그 무엇보다 가혹한 것이었는데, 죽음 이후에도 안식처를 찾지 못하기 때문이다. 이를 잘 알고 있었던 안티고네는 오빠의 시신을 거두는 것이 신의 정의를 행하는 것이라 결심하고 동생 이스메네에게 이 결심을 알린다. 하지만 이스메네의 답변은 뜻밖이다.

이스메네: 우리는 더 강한 자의 지배를 받고 있는 만큼, 이번 일과 더 쓰

라린 일에 있어서도 복종해야 해요. 그래서 나는 이번 일은 어쩔 도리가 없는 만큼 지하에 계시는 분들께 용서를 빌고 통치자들에게 복종할 거예요. 지나친 행동은 아무런 의미도 없으니까.

안티고네: 너는 너 좋은 대로 하렴. 그래도 나는 오빠를 묻어드릴 테야. 그리고 죽을 수 있다면 얼마나 아름다운 일이겠니. 그럴 수 있다면 나는 사랑하는 분의 곁에서 쉴 수 있겠지.[6]

이스메네와 안티고네는 오빠의 시신을 묻어야 한다는 신의 정의와 통치자가 공표한 법을 지켜야 한다는 인간의 정의를 사이에 두고 고민 끝에 서로 다른 선택을 내린다. 이런 갈등은 안티고네의 약혼자이자 크레온의 아들인 하이몬이 안티고네를 살려달라 호소하는 장면에서도 똑같이 드러난다.

크레온: 너는 네 아비의 의지에 반대하는 게냐?

하이몬: 그건 단지 아버지께서 정의에 반하는 행위를 하고 있기 때문입니다.

크레온: 이 도시에 대한 통치는 내 권리가 아니더냐?

하이몬: 신에 반하는 것이라면 아버지는 자신의 권리를 무시하는 것입니다.[7]

여기서 핵심은 신의 정의가 먼저냐 아니면 인간의 정의가 먼저냐 하는 단순한 선택의 문제가 아니다. 오히려 신의 정의를 선택하든 인간의 정의를 선택하든 어떤 일을 해도 옳은 상황에서 양자택일을 해야 하고 그 선택에 대한 책임을 져야만 하는 '선택의 복합적 갈등 상황'에서 생겨나는, 바로 판단의 부담이다.

『안티고네』가 더 비극적인 까닭은 등장하는 주요 인물이 모두 이런 판단의 부담을 진 상황에 처해 있기 때문이다. 오빠의 시신을 거둔 안티고네나 도시의 명령을 지킨 이스메네 모두 옳은 일을 했다고 볼 수 있지만 그 대가로 안티고네는 목숨을 내놓아야만 했다. 이스메네 역시 "언니 없이 나 혼자 어떻게 살아가요"라고 스스로 탄식하듯 유일한 혈육인 안티고네를 잃고 이 세상에 홀로 남겨진다. 한편 왕으로서 도시의 이익을 우선적으로 고려해야 하는 크레온은 이를 위해 명령을 고수하려 했지만 이에 대한 대가로 아들을 잃는다. 하이몬이 사랑을 선택한 대가로 스스로 목숨을 끊었기 때문이다. 아들을 지켰어도, 아버지를 따랐어도 옳았을 상황에서 다른 선택을 했던 두 사람은 혹독한 대가를 지불해야만 했다.

정의를 둘러싼 이런 판단의 부담이 지배하는 상황을 알베르 까뮈 Albert Camus는 『정의의 사람들Les Justes』(1949)에서 생생하게 그려낸다. 1905년에 러시아 사회주의자들이 억압적인 황제의 친인척이자 모스크바의 총통이었던 세르게이 대공을 암살한 실화를 바탕으로 한 이 희곡은 억압적인 통치로부터 해방을 꿈꾸는 정의감으로 가득한 젊은이들의 이야기를 다루고 있다. 이 극에서 대공의 마차에 폭탄을 던지는 임무를 짊어진 젊은 시인 칼리아예프는 암살을 시도하던 가운데 뜻밖의 장애물을 만난다. 대공의 어린 두 조카가 마차에 함께 있었던 것이다. 결국 칼리아예프는 폭탄을 던지지 못하고 물러나고 만다. 이 사건 이후 대의를 위해서라면 무엇이든 희생해야만 한다는 동료 스테판과 이에 반대하는 동료들 사이에 벌어지는 갈등은 위기의 상황에서 어떤 선택이 옳은 것인지를 두고 모든 인물에게 판단의 부담을 지우고 있다.

> 칼리아예프: 스테판, 나는 전제주의를 타도하기 위해 살인하는 데 동의
> 했습니다. 그런데 동지의 말을 듣다 보니, 내가 정의를 사랑하려고 애쓰
> 고 있는데도 나를 살인자로 만드는 또 다른 전제주의가 있다는 걸 알겠습
> 니다.
> 스테판: 살인에 의해서라도 정의가 이루어진다면, 동지가 정의를 사랑하
> 는 사람이건 아니건 그것이 무슨 상관이란 말입니까!
> (……)
> 칼리아예프: 어린 애를 죽이는 일은 명예롭지 않은 일입니다.
> 스테판: 명예란 건 마차를 지니고 있는 사람들이나 갖는 사치품이에요.
> 칼리아예프: 아닙니다. 그것은 가난한 사람이 갖고 있는 최후의 재산입
> 니다.[8]

이처럼 어떤 일을 해도 누군가의 입장에서는 옳은 상황. 하지만 그 선
택으로 말미암아 때로 생각지 않은 대가를 지불해야 하는 상황에서 '무엇
이 정의로운가'라는 질문은 무척이나 난감하기 십상이다. "어떤 일을 해
야 옳은 것일까?" 결국 정의의 근본적인 문제는 선택하기 쉽지 않은 판
단의 부담과 연관되어 있고, 이런 선택이 무거운 책임을 동반할 때 풀기
힘든 질문이 된다. 이런 무거운 판단의 부담을 마주할 때, 우리는 이 부담
을 이겨내지 못한 채 "머리 아픈 건 질색이야"라는 말로 이런 상황 자체
를 부정하게 되고, 심지어 정의의 문제를 외면해버리곤 한다.

현실에서 판단의 부담이 만들어내는 이런 정의에 대한 외면 상황은

권력자들의 입장에서 볼 때는 참으로 이용하기 편리한 먹잇감이다. 권력을 쥔 이들은 체제 내에서 자신들이 행사하는 힘에 맞서 도덕적 정의가 제기될 때, 대개의 경우 도덕적 정의를 실현하고자 할 때 지불해야 할 비용을 부각시킴으로써 선택의 복합적 갈등 상황을 만들어낸다. 사안에 관련된 이들에게 그리고 사안에 대해 관심을 기울이는 이들에게 가늠하기 힘겨운 판단의 부담을 지우는 것이다. 예를 들어 황우석 사건을 보자. 2005년 MBC의 〈PD 수첩〉이 황우석 교수가 줄기세포를 취급하는 과정에서 난자 출처에 문제가 있었다는 점을 지적함과 동시에 『사이언스 *Science*』지에 발표된 논문이 다룬 줄기세포가 아예 존재하지 않는다는 보도를 내보냈다. 당시 국민적 성원을 받고 있던 황우석 교수를 지지하는 이들은 우리가 그 보도로 잃어야 할 비용의 문제, 바로 장기적 국익의 손실을 제기했다. 이 과정에서 이를 폭로했던 〈PD 수첩〉은 광고가 끊어지고 피디들은 MBC로부터 징계를 받는 사태에 이르렀다. 누가 보아도 잘못된 '논문 조작'과 '연구윤리 위반'이 '장기적 국익'이라는 문제제기 앞에서 '어떤 선택이 옳은 것인가'라는 '판단의 부담' 문제로 돌변해버렸던 것이다. 특히 힘과 도덕의 대결이 정치적 장에서 벌어질 때, 우리가 명백한 도덕적 잘못을 처벌했을 때 그에 대한 대가를 지불해야 하는, 소위 판단의 부담을 져야만 하는 상황으로 돌변하는 일은 너무나 흔히 일어난다. 그리고 이런 질문 앞에서 우리는 때로 스스로 판단하기를 포기하고 정치의 경계 밖으로, 정의의 경계 밖으로 달아나곤 하는 것이다. 한편 정의의 문제를 해결하기 위해 적극적으로 나섰던 사람들은 마땅히 실현되어야 할 정의가 왜곡되는 모습에 환멸을 느끼게 되고, 이로 말미암아 정의를 외면하거나 정치로부터 멀어지곤 하는 것이다.

'호모 저스티스', 정의를 짓는 사람들

그러나 아리스토텔레스에 따르면 '정치'란 인간만이 하는 고유한 활동으로서 원래부터 '정의를 찾는 일'이었다. 아리스토텔레스는 인간은 온전한 상황일 때는 최상의 동물이지만, 법과 정의와 분리되었을 때는 최악의 동물이라고 말한다. 유일하게 도구를 이용할 수 있는 동물인 인간이 정의의 밖에 서 있을 때, 그 도구를 최악의 목적을 위해 활용할 수 있기 때문이다. 이를 극복하기 위해 인간은 반드시 법과 정의로 무장해야만 한다. 정의라는 덕을 갖추지 못한 인간은 넘치는 욕망을 제어하지 못하는 가장 야만적인 동물에 불과하다. 그렇기에 함께 모여 사는 공동체로서 국가를 하나로 묶어주는 것이 바로 이 야만성을 제어할 수 있는 '정의'다. '정의를 어떻게 다루느냐'는 좋은 정치사회를 만드는 일과 불가분의 관계에 있다.

아리스토텔레스의 이런 주장이 얼마나 유효한지는 마키아벨리를 통해서도 쉽사리 확인할 수 있다. 마키아벨리는 우리 인간에게 '야수성animality'과 '인간성humanity'이 동시에 존재한다는 점을 잊지 말아야 한다고 충고한다. 마키아벨리는 자기 이익만을 추구하는 성향을 야수성이라 표현하고, 법과 정의를 지키려는 인간의 면모를 인간성이라고 말한다. 이 위대한 사상가에 따르면 훌륭한 제도와 법률 아래서 살아가는 인간은 '인간성'을 유지하지만, 이런 제도와 법률을 결여한 곳에 사는 인간은 '야수성'을 드러내길 주저하지 않는다. 그렇기에 마키아벨리 역시 '인민'이 주인인 공화국에서 좋은 정치는 좋은 제도와 법을 만드는 일에서 시작해야만 한다고 조언한다.

결론적으로 정치의 목적은 바로 정의가 무엇인지를 논의하고 결정하는 것이다. 인간에게 정교한 언어가 생긴 이유도 바로 이 정의의 문제를 다루기 위해서다. 아리스토텔레스의 이런 논리를 따라가다 보면 올바른 정치 안에 살고자 노력하는 우리는 근본적으로 정의로운 사람들, 바로 '호모 유스티치아Homo Justitia'다.

필자는 '호모 유스티치아'를, 정의(정의의 여신)를 뜻하는 라틴어 '유스티치아' 대신 좀더 우리에게 익숙한 영어식 표기인 '저스티스justice'로 대체해 '호모 저스티스Homo Justice'로 바꾸어 부르려 한다. 사실 '호모 저스티스'라는 용어를 책 제목으로 정하는 데 있어 여러 의견이 있었다. 필자는 이 책을 힘과 도덕 사이에서 생겨나는 수많은 딜레마 속에서도 여전히 '정의를 추구하는 사람들'에게 바치고 싶었다. 모두가 판단하길 거부하고 거리를 두는 문제에 맞서 여전히 이 세상을 좀더 나은 곳으로 만들기 위해 노력하고 있는 모든 이에게 바치고 싶었다. 그래서 '정의의 사람들'을 이르는 '호모 유스티치아'라는 말을 꼭 책의 제목으로 달고 싶었다. 그리고 좀더 많은 독자가 이 정의의 사람들을 만날 수 있게 하고팠다. 하지만 정의를 이르는 '유스티치아'라는 라틴어에 익숙한 사람은 거의 찾아볼 수 없었다. 주변의 많은 사람이 '호모 유스티치아'라는 용어에 난감해했다. 물론 학문하는 동료들 대다수는 '호모 유스티치아'라는 용어를 그대로 쓰길 바랐다. '호모 저스티스'라는 용어 자체가 관심을 끌고자 하는 조악한 단어의 조합일 수도 있다는 동료들의 조언이 있었다. 나 역시 이 조언이 맘에 걸렸고, '호모 유스티치아'라는 용어를 그대로 쓰는 것이 어떨까 했지만, 내가 책을 쓰고 싶은 대상은 이 학자들이 아니라 평범한 독자들이었다. 그렇다면 그 평범한 독자들이 익숙하게 느낄 수 있는 용어가 필요함은 명확했다. 그러기 위해서는 좀더 부르기 편하고 친근한 용어가 필요했다. 이런 이유로 '호모 유스티치아'보다는 '호모 저스티스'가 우리에게 가까이 있는 '정의의 사람들'이라는 생각이 들었다. 한편에서는 '호모 저스티스'라는 제목마저 먹물 '냄새'가 난다는 의견도 있었지만, '앎이 정의의 원천'이라는 점에서 그것이 원래 정의의 향기였다. 다만 호모 저스티스는 냄새만을 풍기는 데 그친 것이 아니라 자신의 삶 속에서 실천해온 사람들이었다. 이 이야기를 솔직하게 밝히는 이유는, 이 책이 정의를 둘러싼 현학적 언어유희가 아니라 이 책을 쓰고 있는 필자 자신부터 포함해 독자 여러분, 그리고 우리 이웃, 나아가 인류의 삶에 관한 이야기였으면 하는 글쓴이의 맘을 조금이라도 전달하고 싶기 때문이다.

그래서 보기에 따라서는 라틴어와 영어가 기묘하게 조합된 용어로 비칠 수도 있는 '호모 저스티스'는 사실 여러 가지 의미를 담고 있다. 우선 아리스토텔레스가 말한 개념적 맥락에서 보자면 호모 저스티스는 정의를 추구하는 활동을 정치의 본질로 여기는 사람들이다. 역사적으로 보자면 호모 저스티스는 자신의 이익을 추구할 수 있는 권력독점을 정치라고 여겨온 이들에 맞서온 사람들이다. 그렇기에 호모 저스티스는 '정의'의 실현을 정치의 목적으로 바꾸려고 노력해왔던 사람들이다. 마지막으로 점점 정의가 쇠퇴해가는 당대 공적 세계의 현실에서 본다면 호모 저스티스는 정의를 갈망하는 사람들이며 정의를 새롭게 지으려는 사람들이다. 여기서 특히 강조하고픈 부분은 호모 저스티스, 이 정의의 사람들이 추구하는 진정한 목적은 정의의 복원이 아니라 '새로 짓기'라는 점이다.

우리가 구축할 '다가올 정의'

새로이 정의를 짓는 사람들, '호모 저스티스'는 정의가 불변하는 것이 아니라 시대에 따라 새롭게 정의定意되어야 하는 것이라는 개방적인 측면을 염두에 두고 있다. 이런 개방적인 측면은 정의라고 불리는 것들 안에 내재해 있는 부조리를 지속적으로 밝혀내고 그 부조리를 제거한다는 의미를 담고 있다. 이에 더하여 이런 일이 끊임없이 진행되어야 한다는 뜻이기도 하다.

사실 우리는 매일매일 새로운 부조리를 만난다. 예를 들어 1대 99 사회가 만들어내는 경제적 불평등에 대한 비판은 권력자들이 흔히 내세우는 '성장 없는 분배 없다'라는 주장 앞에서 가볍게 묻혀버린다. 1대 99 사회란 어차피 '성장에서 온 분배의 몫이 1퍼센트에게 집중된다'는 현실을 말하는 것이다. 그런데도 많은 사람이 이런 논리를 당연하게 받아들인다. 또 하나의 예를 들어보자면 요즘 날로 증가하고 있는 청년실업이 그렇다. 청년실업은 포스트산업사회로 진입한 많은 국가가 겪고 있는 경제의 구조적 문제 때문에 발생하고 있고, 이 문제가 구조적 문제인 한 이에 대처할 책임은 개인보다는 정부에 있다. 그러나 대다수의 청년은 직업을 찾지 못하는 현실을 자신의 무능 탓으로 돌린다. 이는 기성세대가 소위 밀레니엄 세대들에게 주입한 '네 인생은 네가 책임지는 것'이라는 논리 속에서 정부가 마땅히 져야 할 책임을 청년 개인에게로 고스란히 떠넘긴 결과다. 어느덧 우리 사회에도 널리 퍼져 있는 인턴제도 또한 그렇다. 요즘 기업은 일반적으로 취업을 원하는 이들에게 일자리 경력을 요구한다. 직업을 찾고자 하는 이들은 이런 경력을 인턴이라는 제도 속에서 찾는다. 경력직과 인턴의 모순은 이 양자를 요구하고 제공하는 주체가 동일하다는 데 있다. 경력을 요구하는 주체도, 인턴을 제공하는 주체도 기업이다. 인턴제도는 알고 보면 과거에 기업이 임금을 지불하고 시키던 일을 견습이라는 명목 아래 무료로 시킨 다음 일자리 경험을 주는 것이 어디냐고 오히려 큰소리를 치는 기이한 제도다. 우리가 당연히 받아들이는 사실들, '성장 없는 분배 없다', '내 인생은 내가 책임진다', '직업을 찾으려면 일자리 경험이 있어야 한다'는 말들 속에 불평등의 고착화, 정부의 책임 회피, 기업의 노동력 착취라는 부조리가 그대로 녹아들어가 있다.

만약 우리의 삶에 이런 부조리가 늘 숨어 있는 것이 현실이라면 정의란 데리다가 말하듯 언제나 '앞으로 찾아올 것'이다. 쉽게 말하자면 정의는 언제나 "찾아올 것으로 남아 있으며, 찾아올 것을 지니고 있고, 찾아오는 중"인 하나의 '약속'이다.[9] 이렇게 데리다가 규정하는 '앞으로 찾아올 것으로서 정의'는 지금 우리가 정의라고 당연시하는 것들이 정의가 아닐 수 있다는 비판적 가능성을 열어놓을 뿐만 아니라, 우리가 법과 정치를 통해 다시 기초를 다져야 할 정의가 여전히 존재하고 있다는 긍정적인 의미도 담고 있다. 이런 일은 우리가 정의롭다고 여기는 것들이 정의롭지 않을 수도 있다는 가능성을 항상 개방해놓고 있을 때 가능하다. 이 책이 계보학을 통해 정의를 탐구하는 것 역시 이런 이유와 맞물려 있다.

이렇게 정의를 바라본다면 정의란 앞으로 '다가올 것'이라는 약속만을 주는, 따라서 실제로는 결코 현실화할 수 없는 것이 아니냐는 주장이 있을 수 있다. 그러나 정의가 끊임없이 재구축되어야 한다는 말은 우리의 삶이 언제나 미래세대를 향해 끊임없이 이어지고 있다는 의미다. 그렇기에 '실현할 정의'라는 약속은 우리 세대를 위한 것이기도 하지만 다음 세대를 위한 것이기도 하며, 더 나아가 인류가 지속되는 한 끊임없이 지속되어야 할 것이다.

그렇기에 데리다의 말처럼 정의의 문제는 '정치화'의 문제와 함께한다. '공동체가 무엇을 할 것인가'를 결정하는 정치의 중심에 정의를 놓지 않는 한 이 약속은 결코 지켜질 수 없다. 우리가 살고 있는 지금의 정치 토대를 당연시한 채 지속적인 반성과 변화의 노력을 기울이지 않는다면 정의의 실현은 불가능하다. 예를 들어 민주주의를 '다수자의 결정'으로만 이해하고 '소수자의 권리'를 배려하지 않는다면, 민주주의는 다수와 소수의 대결이라는 단순한 구도 속에서 다수는 끊임없이 승자가 되고 소수는 영원한 패자로 남는 체제에 불과한 것이 되고 만다. 그러므로 정의는 우리가 정치적 장에서 지속적으로 고려하고 실현해야만 하는 목적이어야 한다.

이제 여러분과 함께 이런 다가올 약속으로서 정의의 실체를 찾아 힘과 도덕이 대결을 벌여왔던 그 역사적 논쟁 속으로 들어가고자 한다. 앞으로 살펴보게 될 역사적 논쟁들은 어떤 방식으로든 민주주의라는 체제가 인류의 옆에 존재했던 시기를 중심으로 이루어진다. 제1부에서 바로 살펴보게 되겠지만 정치체제 내에서 도덕을 기반으로 한 정의는 관계가 평등한 사람들 사이에만 존재할 수 있기 때문이다. 누군가는 명령하고 누군가는 명령을 받는 자들의 불평등한 관계 속에서 정의를 장악하는 실체는 필연적으로 힘일 수밖에 없다. 그렇기에 관계의 평등을 기반으로 선 민주주의는 힘과 도덕의 대결에서 필수불가결한 요소다. 앞으로 함께할 역사적 여정을 통해 힘과 도덕의 양자 사이로 들어가보기가 성공적으로 이루어져 이 책의 끝에 이를 수 있다면, 그곳에서 우리가 최종적으로 마주해야 할 문제, 무엇이 우리 시대의 정의를 위기에 빠뜨렸으며, 정의를 위기에서 구하기 위해 우리가 새로이 만들어갈 정의의 재구축방식은 무엇이어야 하는지에 대해서도 이야기할 수 있을 것이다.

제1부

정의를 바라보는
두 시선

H O N O

J U S T I C E

우리가 정의에 대해 이야기할 때 가장 쉽게 놓치는 부분이
바로 관련 당사자들 간의 관계다.
우리가 '올바름'을 중심으로 정의를 논하고자 한다면
관련 당사자들의 관계는 반드시 평등해야 한다.
당사자들 간의 관계가 불평등할 때 정의의 문제는 '올바름'이 아니라
'힘'의 논의로 기울게 되는데 이미 그들의 관계가
명령과 복종의 형태를 지니고 있기 때문이다.
1장에서는 정의를 규정하는 두 가지 다른 시선을
투키디데스의 『펠로폰네소스 전쟁사』를 통해 살펴본다.
'이라크전쟁', '인도주의적 개입', '국제연합의 안전보장이사회',
'핵확산방지조약' 등의 사례를 통해 정의의 담론에 내재한
이 두 시선의 긴장과 대결관계를 볼 수 있을 것이다.

투키디데스

평등한 자와 불평등한 자 간의 정의는 다르다

우리도 여러분도, 강자들이 [자신의 힘으로]* 할 수 있는 바를 하고 약자들은 당연히 겪어야 할 고통을 겪는다는 것을 알고 있소. 올바름(right, 정의)이란 권력관계가 서로 평등할 때나 질문할 수 있음도 서로가 다 아는 사실이오. (……) 신도 인간도 아는 필연의 법칙은 신도 인간도 지배할 수 있는 곳이라면 그 어디에서라도 지배한다는 것이오. 이건 우리가 만든 법이 아니오. 이 법은 우리에 앞서 존재했고 우리는 다만 이 법을 발견했을 뿐이오. 우리는 이 법이 이후에도 영원히 존재하도록 내버려둘 것이오. 단지 우리는 이 법을 활용하고 있을 뿐이오. 당신들 역시 똑같은 힘을 가지게 되면 우리와 똑같은 일을 할 것이라는 사실을 당신뿐만 아니라 다른 모든 이도 알고 있소.

투키디데스, 『펠레폰네소스 전쟁사』에서

'디케Dike'의 의미

2,500년 전으로 거슬러 올라가 정의에 대한 논의를 시작하기 위해서는 우선 고대 그리스에서 '디케'라고 불리던 정의justice가 어떤 의미를 지니

---

* 인용문 안의 [ ] 설명은 필자가 덧붙인 것이다.

고 있었는지 확실히 해둘 필요가 있다. 고대 정의론의 꽃이라고 할 수 있는 플라톤의 『국가Politeia』(기원전 380)에서 '올바름'이 무엇인지를 두고 중심 논의가 전개되는 탓에 많은 사람이 이 당시에도 '정의'에 도덕적 의미가 있었다고 단정 짓곤 한다. 그러나 우리의 이런 편견과는 달리 당시 올바름을 이르던 '디케'는 '어떤 주어진 상황에 조화롭게 잘 행동하는 것'을 의미했다. 『국가』에 등장하는 대다수의 인물 역시 이런 맥락에서 '디케'라는 용어를 쓰고 있다. 달리 말해 당시에는 정의와 관련해 엄격하게 들이대는 도덕적 잣대가 없었다.[1]

플라톤이 생존해 있을 무렵 그리스 도시국가들에서는 '올바름'보다는 오히려 '힘'이 '상황에 맞는 조화로운 행동', '디케'를 설명하는 데 있어 훨씬 우월한 위치를 차지하고 있었다. 이런 경향은 당시 사정을 들여다보면 좀더 쉽게 이해할 수 있다. 예를 들어 당시 아테네는 스파르타와의 제국주의 전쟁에서 패한 데다 패전의 후폭풍으로 스파르타가 시행한 30인 참주정치 때문에 도시가 유지해온 오랜 민주주의 체제가 위협받고 있었다. 한편으로 스파르타는 소아시아 정벌에 실패하면서 그 힘이 약해진 상태였고 이 틈을 타 다른 도시국가 테베가 또 다른 경쟁자로 등장해 도시 간 경쟁도 격렬해지던 상황이었다. 이런 큰 맥락에서 보면 '상황에 맞는 조화로운 행위'를 함에 있어 고려해야 할 요소는 '올바름'이라기보다는 '힘'이었음을 금방 이해할 수 있다. 이런 방식으로 정의를 규정하는 시선은 플라톤의 대화편에 등장하는 여러 인물의 주장과 언급을 통해 확인할 수 있다. 그리고 플라톤 이전 그리스에서 널리 퍼져 있던 '디케'에 대한 이런 이해방식을 명확하게 볼 수 있는 또 다른 문헌이 바로 투키디데스의 『펠로폰네소스 전쟁사』다.

사악한 인간 본성과 불평등한 사회구조

『펠로폰네소스 전쟁사』에 드러난 정의관을 이해하기 위해서는 다음 세 가지 내용을 기억해두는 것이 좋다. 첫째, 인간은 시기심에 사로잡히기 쉬운 본성을 지닌 존재라는 점. 둘째, 모든 정치적 행위를 공포fear라는 심리적 입장에서 분석하고 이해했다는 점. 셋째, 이 공포심에서 나온 물리적 힘을 정의를 만들어내는 근원으로 여겼다는 점이다.[2]

'인간 본성'은 정치철학뿐만 아니라 인간사에서 가장 논쟁적인 문제일 것이다. '인간은 사악한 존재일까, 아니면 선한 존재일까?' 투키디데스가 후대에 그 누구보다 주목받는 역사가로 남을 수 있었던 이유는 바로 이 난감한 인간 본성을 기초로 역사를 기술한 최초의 인물이기 때문이다. 그렇다면 역사가로서 투키디데스의 눈에 비친 인간 본성은 어떤 모습이었을까? 투키디데스는 인간이 근본적으로 어떻게 태어난다는 식으로 인간의 본성을 규정하지는 않았다. 오히려 그가 주목했던 것은 인간이 이룬 사회구조의 관계였다. 그의 주장에 따르면 "인간사가 불평등한 정치적·사회적 관계로 이루어져 있는 한, 인간은 자신의 욕망에 충실한 사악한 존재일 수밖에 없다."

이렇듯 투키디데스는 인간 본성의 사악함을 특히 불평등한 정치적·사회적 구조와 연관 지었다. 구조적으로 뿌리내린 불평등한 정치구조와 사회관계 속에서 억눌린 인간들은 시기심에 사로잡히기 쉬울 뿐만 아니라 늘 복수심에 불타오른다. 이를 두고 투키디데스는 "인간의 본성이란 늘 법을 어기려는 경향이 있으며 (……) 정의보다 강력하며 모든 우월한 존재들의 적이다"[3]라고 단언한다. 이 말이 옳다면 인간이 사악해지는 근본적인 원인은 구조적으로 인간 사이에 뿌리 내린 불평등한 정치적·사회적 관계 속에 있다.

　이런 발상은 여러 문헌을 통해 그려진 아테네의 이상적인 모습과 꽤나 상반된다. 고대 그리스인들, 특히 아테네인들은 법치를 무엇보다 중요하게 여기는 이들이었다. 예를 들어 이들은 외적의 침입으로부터 자신을 보호하기 위해 구축한 도시의 성벽에 정치적 의미를 부여했는데, 이 성벽 안에서는 법이 통치한다는 것이었다. 가장 좋은 예로 헤라클리투스 Heraclitus(기원전 535~475)는 『단편들Fragments』에서 "인민은 자신의 성벽을 수호하기 위해 싸우듯 법을 위해 싸워야 한다"고 말한다.[4] 아테네인들은 법이 통치한다는 것을 모든 시민이 법 앞에서 동등한 대우를 받는다는 의미로 여겼다. 모든 사람을 동등하게 대하는 이런 법치는 아테네인들이 스스로를 문명화된 인간이라고 굳건히 믿는 근거이기도 했다. 하지만 한편으로 이런 성벽 내부에서 이루어지는 법 앞에서의 평등은 성벽 바깥에서는 불평등한 정치적·사회적 관계가 존재한다는 명백한 역설이기도 했다. 당시 그리스인들은 불평등한 관계에 있는 약자들이 강자들에게 복속하는 것을 당연하게 여겼다. 이는 자연의 질서가 인간의 질서로 자연스럽게 옮겨온 일종의 법칙이라는 생각 때문이었다. 이런 자연적 정의를 따라가다 보면 어떠한 방식으로든 불평등하게 만들어질 수밖에 없는 정치적·사회적 관계 속에서 약자들이 강자에게 복속하는 것은 전혀 부끄러운 일이 아니었다. 강자에게 복속함으로써 자신의 안전을 확보하는 일은 자연의 질서 속에서는 너무나 당연한 것이기 때문이다.[5]

강자와 약자 간에 존재하는 공포의 악순환

그러나 투키디데스의 눈에 비친 인간 본성은 단순히 '자기안전'을 확보하는 데 만족하지 않는다. 불평등한 정치적·사회적 관계 속에서 약자들은 강한 자와 부유한 자를 시기한다. 그리고 이 시기심은 평등을 향한 열망과 자연스레 섞여들며 자신을 지배하고 있는 자들을 향한 복수심으로 발전한다. 투키디데스는 이 복수심의 절정이 바로 혁명(혹은 내전)이며 이를 사라질 수 없는 '악'이라고 규정한다.[6] 만약 혁명이 사라질 수 없는 악이라고 한다면 '인간이 인간을 지배하는 불평등한 구조' 역시 사라질 수 없는 것이다.

구조적으로 뿌리내린 이런 정치적·사회적 불평등관계가 만들어내는 인간의 정신상태가 '두려움'이다. 약자들은 자신을 힘으로 찍어 누를 수 있는 강자들을 두려워하고, 강자들은 언제든지 틈만 보이면 일어설 준비가 되어 있는 약자들의 복수심을 두려워한다. 이리하여 두려움이 두려움을 낳는 악순환의 고리가 만들어진다. 이런 '두려움의 순환고리'는 또 한 명의 위대한 역사가 헤로도투스가 내보이는 '역사는 복수의 순환극'이라는 관점과 유사해 보인다. 하지만 인간이 이런 순환극에서 어떤 교훈을 얻을 수 있다고 본 헤로도투스와는 달리 투키디데스는 도덕적 교훈을 얻는다고 이런 두려움의 악순환에서 벗어날 수 있다고 보지 않았다. 투키디데스는 공포라는 심리가 인간을 지배하는 이상, 불평등한 정치적·사회적 관계가 지속되는 이상, 도덕적 교훈은 쓸모가 없다고 단언했다. 그리고 이 악순환을 확실히 끊을 수 있는 수단은 약자들이 저항할 수 없도록 확고히 제압할 수 있는 압도적인 힘의 확보뿐이라고 강조했다.

불평등한 관계에서는 힘이 정의다: 멜로스 대화편

투키디데스의 이런 정의관은 아테네와 스파르타가 맞부딪힌 두 차례의 제국주의 전쟁을 기록한 『펠로폰네소스 전쟁사』, 특히 '멜로스 대화편'에 명확하게 드러나 있다. '멜로스 대화편'은 아테네가 스파르타를 압박하고자 스파르타의 동맹국인 멜로스를 침공했을 때 두 진영이 만나 벌인 협상의 기록이다. 독자들은 이 대화편을 역사적 사건에 대한 객관적 기록으로 대하는 경향이 있지만, 관련 학자들은 투키디데스가 자신의 정의관을 구체적으로 드러낸 장면으로 본다.

그럼 이 대화편의 배경을 좀더 구체적으로 살펴보자. 당시 멜로스는 전쟁에 돌입한 아테네와 스파르타 사이에서 중립을 선언했던 도시국가였다. 그러나 아테네인들이 볼 때 멜로스는 명목상으로만 중립을 표방했을 뿐 뒤로는 스파르타와 내통하고 있었다. 아테네인들의 눈에 멜로스는 공개적으로 스파르타와 동맹을 맺는 것보다 더 나쁜 경우였고 반드시 응징해 본보기로 삼아야만 할 사례였다. 이에 멜로스를 침공한 아테네인들은 도시의 평민들이 평화적으로 항복할 수 있도록 직접 대화할 기회를 달라고 멜로스의 지도자들에게 요구한다. 하지만 평민들이 아테네인들의 제안에 동조할 것을 두려워한 지도자들은 이를 거부하고 직접 협상의 장으로 나간다.

> 멜로스인: 어찌되었든 이 회담의 목적이 우리 멜로스인들의 안전을 확보하기 위한 것이라는 점에 동의한 바이니, 아테네인들이 제안하고 싶은 것은 무엇이든 이야기해보시오.

아테네인: 멜로스인들은 스파르타에 동조하면서도 스파르타의 동맹에 가입하지 않았다며 우리를 기만하고 있소. 우리는 당신들이 중립적인 입장이라며 우리를 속이려는 대신 지금의 상황에 적합한 일을 하길 바라오. 우리도 여러분도, 강한 자들이 할 수 있는 바를 하고 약자들은 당연히 겪어야 할 고통을 겪는다는 것을 알고 있소. 올바름(right, 정의)이란 권력 관계가 서로 평등할 때나 질문할 수 있음도 서로가 다 아는 사실이오.

멜로스인: 그게 당신들에게 복종하는 식민지인들이 지닌 평등이라는 발상이오? 아무런 관계도 없는 우리를 당신들의 식민지에 사는 사람들과 같은 범주에 묶지 마시오.

아테네인: 만약 한 국가가 독립을 유지한다면 그 국가가 강력하기 때문이고, 만약 우리가 그런 국가를 깨부순다면 우리가 그들을 두려워하기 때문이오. 우리는 제국을 확장하는 일 외에도 당신들을 복속시켜 우리 안전을 확보해야만 하오.

멜로스인: 당신들은 이런 방식으로 모든 중립국을 적으로 만드는 일을 피할 수 있다고 생각하는 것이오? 우리를 지켜보는 모든 중립국이 언젠가는 아테네가 자기 나라를 침공할 것이라 생각지 않겠소?

아테네인: 우리가 제국에 복속하는 이들에게 자유를 부여하는 한 그들이 우리를 놀라게 할 일은 거의 없을 것이오. 문제는 당신들처럼 우리 제국의 밖에 존재하는 이들이오.

(……) 신도 인간도 아는 필연의 법칙은 신도 인간도 지배할 수 있는 곳이라면 그 어디에서라도 지배한다는 것이오. 이건 우리가 만든 법이 아니오. 이 법은 우리에 앞서 존재했고 우리는 다만 이 법을 발견했을 뿐이오. 우리는 이 법이 이후에도 영원히 존재하도록 내버려둘 것이오. 단지 우리

는 이 법을 활용하고 있을 뿐이오. 당신들 역시 똑같은 힘을 가지게 되면 우리와 똑같은 일을 할 것이라는 사실을 당신뿐만 아니라 다른 모든 이도 알고 있소.[7]

이 협상에서 아테네인들은 멜로스의 지도자들에게 항복한 뒤 아테네의 동맹이 되어 자유를 누리라고 권고한다. 그러나 지도자들은 아테네의 제안을 끝내 거부한다. 그리고 이어진 아테네의 공격에 수개월에 걸쳐 저항하다 멸망의 길을 걷는다. 아테네인들은 자신들이 공언한 바대로 지도자들을 처형하고 대부분의 멜로스 여성과 아이들을 노예로 삼아버렸다.

이 대화편에서 우리가 주목하는 내용은, 강한 자들은 힘으로 할 수 있는 일을 하고 약한 자들은 그 허약함의 대가를 치르는 것이 자연법칙이라는 아테네인들의 주장이다(이런 주장은 4장에서 논의하게 될 칼리클레스의 정의관에서도 잘 드러난다). 아테네인들은 멜로스인들이 주장하는 '공정한' 정의란 서로의 권력관계가 평등할 때나 가능하다고 단언한다. 실질적으로 권력관계가 평등하지 않은 자들 사이에서는 공정함, 다시 말해 '도덕'에 근거를 둔 정의라는 개념 자체가 성립하지 않는다는 것이다. 불평등한 권력관계에서는 강한 자들이 지배하고 약한 자들이 그 지배 아래 놓인다는 자연의 법칙만이 성립할 뿐이다. 이런 관계 속에서 정의란 '힘' 있는 자들의 소유물일 뿐이다. 결국 이 대화편은 평등한 자들과 불평등한 자들이 누리는 정의의 내용이 차이가 날 수밖에 없음을 보여준다. 아테네인들이 멜로스의 지도자를 향해 복속의 문제를 두고 "그대들은 동등한 경쟁자들이 아니니 수치를 피하는 문제와 연결시키는 것은 적절하지 않다"라고 말하는 데서 알 수 있듯이 이들의 관점에서는 약자가 강자에게 복속하는 것이 상

황에 적합한 올바른 행위인 것이다.[8]

투키디데스의 이런 정의관이 정치학자와 철학자들의 관심사가 된 것은 단지 힘이 정의를 만든다는 주장 때문만은 아니다. 일반 독자들에게는 좀 놀라운 일이겠지만, '힘이 정의를 세운다'는 이런 정의관이 민주주의가 제국주의로 확장될 때 늘 함께했기 때문이다. 잘 알려져 있듯 아테네는 고대 민주주의가 꽃을 피운 도시국가였다. 아테네와 스파르타가 제국주의의 주도권을 장악하기 위해 벌인 펠로폰네소스 전쟁은 아테네에서 민주주의가 절정에 이른 페리클레스 시대에 일어난 일이다.

아테네인들은 주변국을 복속시키고 그 주변국에 자신들이 누리는 자유를 부여함으로써 민주주의의 번영을 지키겠다는 전략을 세운다. 이런 전략은 "우리에게 복속한 국가에 자유를 부여하는 한 자신들이 놀랄 일은 거의 없다"는 아테네인들의 말 속에 온전히 담겨 있다. 자유의 동맹을 확장시키고 그 동맹을 주도하는 제국의 역할을 함으로써 자신들이 정치적 주도권을 쥐는 동시에 정체政體의 안전도 도모할 수 있다는 것이다. 그리고 그 일을 할 수 있는 동력은 바로 자신들이 확보하고 있던 압도적인 '힘'이었다.

사례 1 **이라크 전쟁**

그렇다면 이런 방식의 민주주의 확장이 고대 아테네에서만 일어났을까? 냉전시대 이래 우리는 아테네가 보여준 제국주의의 확장방

식을 현재 미국을 통해 경험하고 있다. 미국은 자신의 안전을 보장할 수 있는 동맹의 세계를 세우고 자신들이 누리는 자유를 부여함으로써 세력을 확장하는 방식을 채택해왔다. 만약 이 법칙을 거부하거나 자국의 안전을 위협하는 국가가 있다면 대개의 경우 그 국가를 힘으로 제압해왔다(냉전시대 소비에트 공산주의 역시 바르샤바 조약 등을 통해 유사한 확장방식을 선택했다).

그 대표적인 사례가 미국이 이라크를 상대로 벌인 전쟁이다. 걸프전이라 불린 이 전쟁에서 미국은 이라크가 보유한 대량살상무기가 미국의 안전, 나아가 자유진영의 안전에 문제가 된다는 명분을 내세웠다. 그러나 정작 이라크를 무력으로 제압하고 난 뒤 제대로 된 대량살상무기가 있었다는 증거를 전혀 발견할 수 없었다. 미국이 자유진영을 전쟁에 동원하기 위해 국제연합UN에서 제시한 증거 사진들에 있던 시설들은 대량살상무기 설비가 아니었다. 미국이 잠시 당황한 모습을 보였고 국제사회에서 비난이 일었지만 큰 문제가 되지는 않았다. 그리고 현재 이라크에는 미국이 주도한 정부와 자유헌법이 들어서 있다. 미국은 자신들이 이해할 수 있는 법과 통제할 수 있는 정부를 세우고 그들에게 자유를 부여했다고 말한다. 미국의 힘이 이라크에 정의로운 법과 질서를 만들었다는 것이다.

당시 조지 부시 대통령은 이를 정당화하기 위해 한국을 예로 들었다. "한국을 보라. 미국이 법과 질서를 부여했다. 그리고 그들은 경제발전을 이루었고, 민주주의를 만들었으며, 미국의 우방이 되었다."[9] 부시의 이런 주장에 우리는 여러 측면에서 답할 수 있을 것이다. 하지만 일단 부시의 주장이 적실성이 있다고 가정해보자. 부시의 말처럼 오늘날 우리가 이룬 민주주의가 미국이 부여한 법과 질서가 근간이었다면 미국이 한국 사회에 법과 질서를 부여한 행위는 정당한 것이었을까? 만약 그 행위가 정의롭다고 한다면 이라크에 법과 질서를 부여한 행위도 정당화되는 것일까?

사례 2 ## 국제연합과 핵확산방지조약

투키디데스의 정의관, 불평등한 관계에서는 힘이 있는 자를 따르는 것이 옳다는 논리를 찾아볼 수 있는 또 하나의 사례가 바로 국제연합이다. 우리 대다수는 국제연합이 세계평화를 중립적으로 추구하는 국가 간의 평등기구라고 생각한다. 하지만 국제연합이야말로 사실상 힘이 정의를 만든다는 의사결정구조를 지니고 있다. 국제연합은 크게 유엔총회와 안전보장이사회라는 두 개의 의사결정기구로 구성되어 있다. 실제 유엔총회는 의사결정에서 모든 국가가 인구의 수나 국력에 관계없이 한 표의 동등한 투표권을 행사한다. 그러나 우리가 잘 모르고 있는 함정은, 이 유엔총회의 모든 의사결정이 아무런 강제력을 지니지 않는다는 점이다. 모든 결정은 분쟁의 당사자들이나 사안에 대한 '권고'일 뿐이다.

실제 국제연합에서 강제력을 지닌 의사결정을 내리는 기구는 안전보장이사회다. 이 이사회는 상임이사국 5개국과 비상임이사국 10개국을 합쳐 15개국으로 구성된다. 국가의 투표로 선출되는 비상임이사국들은 주로 2년 임기로 이 기구에 참여하며 두 번 연속 연임은 하지 못하지만 중임은 할 수 있는 구조다. 이렇게 보면 이 이사회는 민주적이고 평등한 기구처럼 보인다. 그러나 이 이사회의 핵심은 미국, 러시아, 영국, 프랑스, 중국이라는 2차 대전 승전국으로 이루어진 다섯 개의 상임이사국이다. 이 국가들은 안전보장이사회 내에서 거부권을 지니고 있는데, 아무리 국제연합 회원국의 압도적 대다수가 합의한 의결사안이라 할지라도 이 국가 중 한 국가라도 반대하면 그 결정은 무효가 되고 만다. 힘의 우위를 가진 5개국이 의사결정구조를 틀어쥐고 있는 것이다. 단순한 다수결이 아니라는 점에서 이런 의사결정구조는 냉전시대에는 자유진영과 공산진영이 서로를 견제하는 역할을 했고, 여전히 다수의 힘으로 어떤 사안을 밀어붙일 수 없다는 점에서 이 제도는 어느 정도 정치적 의미가 있는 듯 보인다. 그러나 국제사회의 의사결정구조의 핵심을 다섯 개의 강대국이 쥐고 있다는 점, 그 다섯 국가 중 하나만 반대 의사를 표명해도 모든 국가의 동의가 물거품이 된다는 점에서 힘이 정의를 만든다는 투키디데스의 정의관이 정확하게 내재해 있다. 이런 상임이사국의 막강한 권한 때문에 안전보장이사회의 개혁이 끊임없이 요구되고 있지만 변화의 징조는 보이지 않고 있다. 이와 관련하여 현재 브라질이 상임이사국의 지위를 강력하게 요구하고 있다. 그 명분은 라틴아메리카를 대변하는 국가가 안전보장이사회에 없다는 것이다. 그렇다면 왜 브라질이 라틴아메리카를 대변해 상임이사국이 되어야 할까? 이런 주장의 이면에 깔린 논리는 간단하면서도 역설적이다. 브라질이 라틴아메리카에서 가장 강력한 경제력을 지니고 있기 때문이다. 안전보장이사회 내에서 힘의 불평등을 비판한 국가가 경제력의 우월성을 이유로 상임이사국의 지위를 요구하고 있는 것이다.

투키디데스의 정의관은 몇몇 국제조약에도 고스란히 반영되어 있는데 그 대표적인 예가 핵확산방지조약Nuclear Non-Proliferation Treaty(NPT)이다. 조금 단순화시켜 설명해보자면 NPT의 핵심은 이미 핵을 보유한 국가들은 어쩔 수 없고 핵을 보유하지 않은 국가들은 더는 핵을 보유해서는 안 된다는 것이다. 요즘 골칫거리인 북핵 문제도 결국 이런 NPT의 논리와 맞닿아 있다.

이와 관련하여 우선 한반도의 전면적 비핵화를 지지한다는 전제 아래 필자가 경험했던 에피소드를 하나 소개하려 한다.

발표자: 북한은 핵무기를 보유하지 말아야 합니다. 북한은 핵을 적절하게 쓸 이성적 능력이 없습니다.

참관자: 북한이 핵을 보유하지 말아야 한다는 데 찬성합니다. 그런

데 인간을 향해 실제로 핵무기를 동원한 건 인류 역사상 미국밖에 없습니다. 그런 미국이, 북한이 핵을 적절하게 쓸 능력이 없다고 말하는 게 옳다고 생각하십니까?

필자가 박사과정을 밟고 있을 때 뉴욕시립대CUNY 콜린 파월 센터가 개최한 한반도 문제에 관한 학술대회에 참관한 적이 있었다. 이 당시 한 여성 참관자가 저명한 미국의 정치인에게 제기한 질문이었다. 핵을 가장 많이 보유하고 실제로 핵을 실전에 투입한 유일한 국가인 미국이, 북한이 핵을 이성적으로 통제할 능력이 없기에 가져서는 안 된다고 말할 자격이 있는지, 그뿐만 아니라 그렇게 말하는 것 자체가 옳은지 질문했던 것이다.

미국, 러시아, 프랑스, 영국 등은 인류를 몇 번씩 멸망시키고도 남을 만큼 핵을 보유하고 있으면서도 NPT를 명분으로 다른 국가들이 핵을 보유하려는 시도를 가로막고 있다. 자기네는 이미 보유하고 있는 것이니 할 수 없지만 아직 보유하지 못한 나라들은 핵무기를 갖지 말라는 논리는 주권국가 간의 관계가 평등하다는 입장에서 보면 도저히 이해할 수 없는 것이다. 결국 미국을 비롯한 강대국들이 이렇듯 당당하게 이런 주장을 펼칠 수 있는 근거는 이들이 보유하고 있는 '힘'에 있다.

공정함을 추구하는 관점에서 우리는 핵확산방지조약을 핵폐기조약으로 전환시켜야 한다고 주장할 수도 있다. 하지만 누구나 이런 요구의 현실화가 사실상 불가능하다는 것을 알고 있다. 그렇다면 이런 조약의 불평등을 들어 현재 핵확산방지에 어떤 방식으로든 상당한 기여를 하고 있는 NPT 자체를 폐기시켜야만 하는 것일까? 혹 핵확산방지와 핵폐기 간에 어떤 타협지점이 존재하고 있는 것은 아닐까? 만약 있다면 그 접점은 무엇일까? 만약 없다면 우리의 선택은 어느 쪽이어야만 하는 것일까?

사례 3 연평도 포격 이후 한국 사회의 치킨게임

'힘이 정의를 세운다'는 투키디데스의 정의관이 우리 사회에 적나라하게 드러난 사례는 없을까? 필자는 북한의 연평도 포격 이후 우리 사회에서 벌어진 치킨게임이 대표적 사례라고 생각한다. 2010년 11월 23일 북한이 연평도를 향해 무차별 포격을 가해왔다. 평소 북방한계선을 둘러싸고 분쟁이 잦았던 남북한이 무력충돌을 빚은 이 사건으로 우리 측 민간인 두 명, 해병대 사병 두 명이 사망하는 사태가 벌어졌다. 특히나 민간인을 향한 도발이 포함되어 있었다는 점에서 더욱 심각한 사건이었고, 당연히 북한은 이 도발에 대한 비난을 결코 피할 수 없는 처지에 놓였다.

그러나 우리가 이 사건을 더욱 심각하게 고려해야 하는 까닭은

이 충돌로 남북한이 거의 전쟁 일보 직전의 상황까지 몰렸기 때문이다. 당시 정부의 무기력한 대응을 비판하며 전쟁도 불사해야 한다는 주장이 여론을 주도했다. 이런 주장을 등에 업고 정부는 연평도 도발에 대한 대응으로 서해상에서 미국의 항공모함을 앞세워 한미 합동훈련을 실시했다. 이 훈련은 서해를 끼고 있는 중국마저 긴장시켰다. 잇달아 우리 정부는 연례훈련이라는 명목으로 전쟁의 위기마저 불사하며 연평도 부근에서 다시 포격훈련을 실시했다. 북한이 도발한 무력보다 더 강한 무력으로 정의를 세우겠다는 의지를 재차 표명했던 것이다.

이런 대응을 두고 많은 논란이 일었다. 어떻게 해서든 전쟁을 피하는 것이 옳다는 주장과 전쟁을 불사하더라도 도발을 응징해야 한다는 주장이 맞섰다. 이때 많은 평화주의자가 전쟁이 개시되었을 때 우리가 감당해야 할 고통을 반론의 근거로 내세웠다. 한 예로 미국 국방부 시뮬레이션 게임 결과를 바탕으로 남과 북이 전쟁을 개시하면 하루 동안 240만 명의 사상자를 낼 것이라는 근거를 내세우며 전쟁의 승패와 상관없이 민족의 공멸을 피할 길이 없을 것이라는 주장을 펼쳤다.[10] 끝까지 달리면 둘 다 벼랑에서 떨어질 수밖에 없음을 경고했던 것이다. 그러나 여론은 이런 공멸의 경고를 무시한 채 물러서는 쪽이 겁쟁이가 되는 '치킨게임'이 되어갔다. 이런 치킨게임의 논리 속에서 무력 응징을 요구하는 목소리가 사회의 여론을 주도했다. 물러서는 쪽이 겁쟁이가 되는 게임에서 힘으로 정의를 세워야만 한다는 주장은 당연히 엄청난 탄력을 받았다. 카스 선스타인Cass Sunstein이 『왜 사회에는 다른 목소리가 필요한가Why Societies Need Dissent』(2005)에서 밝히고 있듯 위기 상황에서 위험을 감수하자는 과감한 주장과 신중한 의사결정을 앞세우는 주장이 만나면 위험을 감수하자는 주장이 신중한 주장보다 훨씬 큰 힘을 발휘한다. 이성적으로 행동할 때 얻는 이익보다 겁쟁이가 되었을 때 받게 될 사회적 평판에 대한 두려움이 우리를 더 압도적으로 지배하기 때문이다.[11]

결국 이 사건에서 나타난 여론의 대립은 '무엇이 올바른 일인가'를 두고 '도발에 맞서 보복해야 한다는 힘의 논리'와 '무엇보다 평화가 중요하다는 도덕원칙'이 서로 대립각을 세운 사례라 할 수 있을 것이다. '무력을 더 큰 무력으로 응징할 것인가' 아니면 '평화적인 다른 출구를 모색할 것인가.' 이 사례는 정확한 이성적 판단이 아니라 겁쟁이가 되는 것에 대한 두려움이 '힘'을 정의 실현의 수단으로 삼는 원천이 되었다는 점에서 그 무엇보다 투키디데스의 두려움의 논리가 뚜렷하게 반영된 사례였다.

사례 4 **인도주의적 개입**

그렇다면 불평등한 관계에서는 힘이 정의를 만든다는 논리는 오로지 도덕 밖에만 존재하는 것일까? 때로 우리가 추구하는 도덕적 정의조차 이런 힘의 불평등관계를 바탕으로 실현되곤 하는데, '인도주의적 개입'이 그 대표적인 사례다.[12] 기본적으로 인도주의적 개입은 주로 특정 국가나 지역에서 내전, 빈곤, 재난, 종교갈등, 인종문화청소 등을 통해 일어나는 인권침해에 대항하여 국제사회가 집단적으로 혹은 어떤 대표세력을 통해 개입하는 행위를 말한다. 이런 개입은 빈곤이나 재난과 관련해서는 경제적 원조를 통해, 정치적 박해와 관련해서는 주로 군사적 행동을 통해 이루어진다. 특히 이 군사적 행동은 도덕적 이상의 실현을 위한 '절대적 힘'의 우위를 가정하고 있다. 문제는 이런 '절대적 힘'의 우위가 인도주의적 개입의 이상을 뒤틀어버리는 경우가 허다하다는 점이다.

이런 문제는 인도주의적 개입이 단기적 처방으로는 사실상의 실효를 거둘 수 없다는 데서 시작된다. 개입의 가장 큰 딜레마는 개입한 지역에 '정치질서와 법질서'를 확립하는 일에 오랜 시간과 비용이 든다는 데 있다. 예를 들어 코소보, 동티모르, 리베리아, 시에라리온과 같이 대량학살, 인종문화청소, 전쟁을 겪은 국가가 금방 법치를 통해 제자리를 찾아갈 것이라 기대할 수는 없다. 경제성장의 기적을 이루었다고 평가받는 우리 사회조차 한국전쟁 이후 제대로 된 법질서가 자리 잡는 데 그 평가에 따라 최소 20년, 최대 30년이라는 시간이 걸렸다. 그리고 독립국가로 자리를 잡은 이후 거의 20여 년 이상을 해외원조에 기대었던 것도 사실이다. 실제 사회갈등이 일어나고 난 뒤 한 사회를 재건하는 데는 엄청난 시간과 비용이 소요될 뿐만 아니라 숱한 난관이 존재한다.

바로 이런 장기적 처방의 요구에 따르는 단기적 처방의 비효율성이 인도주의적 개입의 본질을 뒤틀어버린다. 상당한 시간과 비용이 요구되는 일에 부유한 국가들이 나서서 '순수하게' 인권보호라는 목적을 이루기 위해 장기적 원조를 시행하고, 더불어 정치질서와 법질서의 확립에 힘쓰기를 기대한다는 것은 어불성설이다. 대부분의 경우 이런 인도주의적 개입이 꾸준히 진행되기 위해서는 해외 자원의 확보나 군사적 안전 확보, 경제적 이권 확보와 같은 결정적 유인이 있어야만 한다. 이런 점에서 서로 전혀 다른 개념인 제국주의화와 인도주의적 개입이 만나는 지점이 생겨난다.

특히 9·11 테러 이후 실행된 인도주의적 개입이 대체로 미국의 안전 확보라는 군사적 목적을 띠고 있고, 이로 말미암아 힘이 정의를 만든다는 국제사회의 정치적 현실주의가 확고해지자 인도주의적 개입의 '신제국주의화' 문제는 더욱 풀리지 않는 딜레마가 되어버렸다. 이런 인도주의적 개입에 내재해 있는 제국주의적인 요인들은 과연 인권에 근거한 인도주의적 개입이 필요한가에 대한 근본적인 회의를 자아내고 있는 실정이다.

이런 현실적인 문제 외에도 인도주의적 개입에는 또 다른 정당성의 문제도 내재해 있다. 예를 들어 어떤 특정 국가에 다른 국가들이 자유를 부여할 수 있는 권리는 정당화될 수 있을까? 만약 그런 권리가 있다면 그 권리는 누가 부여한 것일까? 국제연합일까? 만약 국제연합이 그런 권리를 부여할 수 있다면 국제연합은 그런 권리를 지탱하고 지속시킬 일관된 강제력을 지니고 있어야만 한다. 그러나 지금의 국제연합에는 그런 힘이 없다. 만약 그 어떤 국가에도, 국제연합에도 그럴 권리가 없다면 세계의 곳곳에서 벌어지고 있는 비인도적 행위에 맞서 우리가 취할 수 있는 행동은 무엇일까? 대량학살이 일어나는 곳에도, 내전으로 수많은 인명이 죽어가는 곳에도 개입하지 말아야 하는 것일까? 국제사회가 개입하지 않는 사이에 분쟁지역에서는 살인, 강간, 폭력, 유아노동 착취와 같은 일들이 반복해서 일어날 것이다. 어쨌든 강자의 힘을 개입시켜 문제를 해결하는 것은 불의한 것이기에 개입하지 말아야 한다고 단언할 수 있을까? 또는 한 국가의 운명은 근본적으로 그 국가가 책임져야 하는 것이기에 국제사회는 그냥 두고 보는 것이 최선이라고 말할 수 있을까? 인도주의적 개입이란 불의한 강자(생명을 약탈하는 자)를 좀 덜 불의한 강자(자원을 약탈하는 자)가 개입해 처단하는 것이기에 어쨌거나 정의롭지 못한 일이라고 외면해야 하는 것일까? 만약 제기된 이 모든 의문을 젖혀두고 우리가 개입한다면 어디까지가 정당한 개입인 것일까? 만약 이 질문에 답할 수 없다는 이유로 죽어가는 사람들을 버려둔 채 개입하지 않는다면 그것을 정치적으로 책임 있는 행동이라 자신할 수 있을까? 덧붙이자면 코소보 사태로 말미암아 인도주의적 개입의 남용에 대한 문제가 제기된 이후 현재 국제연합은 '보호의 의무Responsibility to Protect(R2P)'라는 개념을 군사개입의 근거로 쓰고 있다. 이 개념은 주권을 시민들을 보호할 의무를 지닌 주체로 규정하고, 주권이 대량학살, 전쟁범죄, 인종문화청소, 인간성에 반한 범죄라는 네 가지 범주에 해당하는 일을 벌였을 때 국제사회가 개입할 수 있도록 허용하고 있다.

정의의 전환, 불평등에서 평등의 관계로

우리는 지금까지 투키디데스의 '멜로스 대화편'을 통해 정의에 대한 두 개의 다른 관점, 평등한 자들 간의 정의와 불평등한 자들 간의 정의에 대해 살펴보았다. 특히 여러분과 함께 주목하고자 했던 내용은 '국제연합'이나 '핵확산방지조약'과 같이 우리가 평등한 관계라고 당연하게 여기는 것들 속에 내재되어 있는 불평등이었다. 그리고 주도적 국가가 가진 강력한 힘이 이런 불평등의 근원임을 보았다. 이런 힘의 불평등은 심지어 '인도주의적 개입'이라는 우리의 이상적 원칙에까지 스며들어와 있다. 더불어 이런 힘의 논리는 '눈에는 눈'이라는 당연시되는 원칙 속에서 자연스럽게 자라난다.

앞서 살펴보았듯이 투키디데스의 정의관에서 주목을 끄는 요소는 '도덕'이 아니라 '힘'이다. 인간의 정치적·사회적 구조가 불평등관계를 탈피할 수 없다고 보았던 투키디데스의 관점에서 보자면 힘이 정의를 만드는 원천이 되는 것은 당연한 일이었다. 우리가 지금껏 살펴보았던 사례들은 이런 투키디데스의 논리가 여전히 우리의 삶을 지배하고 있음을, 특히 국제관계에서는 절대적인 영향력을 행사하고 있음을 명확하게 보여주고 있다.

그러나 투키디데스가 솔직하게 밝혔듯 불평등관계를 지배하는 심리적 원천은 '두려움'이다. 강자들은 약자들의 복수심이 두렵고, 강대국은 자신들의 안전을 위협할 수 있는 잠재력을 지닌 다른 국가들이 두렵다. 그리하여 약자들을 미리 힘으로 누르고 위협을 가하는 국가들을 복속시킨다. 결국 불평등한 관계가 지속되는 한 두려움은 사라지지 않을 것이며, 두려움이 사라지지 않는 한 우리는 힘을 바탕으로 한 정의관에 자연스레 갇혀버릴 수밖에 없다.

이런 두려움의 논리를 심각하게 고려할 때, '공정함'을 바탕으로 한 정의는 오로지 평등한 자들 간에만 성립한다는 아테네인들의 주장은 더 큰 울림으로 다가온다. 정의에서 '공정함'이라는 도덕적 요소가 작동할 수 있는 기본 조건은 관계 당사자들 간의 평등이다. 도덕이 정의의 요소로서 영향력을 확대하기 위해서는 정치적·사회적으로 평등한 구조를 만드는 것이 무엇보다 중요하다. 인류가 문명을 이룬 이후 인류의 역사는 불평등한 구조에서 벗어나 평등한 구조를 형성하려는 쪽으로 발전해왔다. 그 예가 바로 민주정이다. 인류가 만들어온 모든 정체는 소수가 다수를 지배하는 일을 정당화시키는 것이었다. 군주정, 귀족정, 독재정, 전제정 등 우리가 무엇이라고 부르든 간에 인류가 만들어온 정체 속에서 통치자는 늘 소수였고, 다수는 지배받는 자의 관계에 있었다. 오로지 민주정만이 다수가 소수를 지배하는 일을 정당화했고, 지금 현재 인류는 민주정을 유일하게 정당한 정체로 여기고 있다.

그러나 인류가 지나온 긴 역사에서 정치적으로 평등구조를 만든 경험은 2,500년 전 아테네를 비롯한 몇몇 도시국가와 아주 길게 잡아야 근대 이후 200여 년이라는 짧은 기간으로 제한되어 있다. 대부분의 시대, 대부분의 정체는 소수가 다수를 지배하는 일을 정당화하는, 정치적으로나 사회적으로 불평등한 구조를 지니고 있었다. "정의로운 것을 강하게 만들 수 없었던 우리는 강한 것을 정의로운 것으로 만들어왔다"는 파스칼의 진단은 이런 인류의 경험과도 일치한다.

앞으로 살펴보게 될 이야기들은 이런 짧은 경험 속에 존재하는, 인간의 관계를 평등하게 만들기 위한 노력들이다. 불행히도 이런 노력은 철학에서만, 책장에서만, 관념 속에서만 그 나름의 승리를 거두어왔다. 그러나 그 짧은 경험에 비하자면 이런 승리조차 커다란 것이었으며 우리는 이런 승리를 '인권보호'라는 이상 아래 보편적인 것으로 만들고자 노력해왔다. 어떤 이들은 문화적 상대성을 내세우며 '인권'은 서구 문화의 산물이라고 주장할 수도 있을 것이다. 강자들이 명분으로 내세우는 인권의 모습을 지켜보며 인권 그 자체를 부정할 수도 있을 것이다. 그러나 인권이 보호하고자 했던 대상은 늘 사회적으로 소외된 사람들이었다. 인간의 관계를 평등하게 만들고자 하는 우리의 노력이 끊임없이 지속되어야 하는 이유 역시 소외된 사람들이 여전히 압도적으로 많기 때문이다. 불평등한 관계에서 평등한 관계로의 전환은 단지 관계의 탈바꿈이 아니다. 그것은 정의의 형식의 전환이며 나아가 내용의 전환이다. 우리는 여전히 그 전환의 과정에 서 있다. 투키디데스의 말처럼 인간이 형성한 정치적·사회적 구조가 결코 불평등관계에서 벗어날 수 없다면 끝나지 않을 과정일지도 모른다. 자, 이제 이 어려운 일을 시작하고 지속해온 사람들의 이야기 속으로 함께 들어가보자.

제2부

도시와 철학자들 I :
도시, 강자들의 정의를 말하다

제2부에서는 힘과 도덕을 사이에 두고 정의의 문제가
본격적으로 논의된 아테네와 소크라테스의 논쟁 가운데
힘을 바탕으로 한 정의관을 다룬다.
소크라테스는 그 내용은 상이하나 힘(권력)을 바탕으로
한다는 점에서 공통점이 있는 도시의 정의관과 차례로 맞서게 되는데,
여기에는 세 가지 대표적인 입장이 있다.
우선 정의의 논리가 결국 강자들의 편익에 이르게 된다고 주장한
트라시마코스, 다음으로 정의는 불의를 저지를 수 없는
허약함 때문에 존재한다고 주장하는 글라우콘,
마지막으로 힘 있는 자들이 지배하는 것이 당연하다고 말하는
칼리클레스의 주장이다.
상호 연관되어 있으면서도 독특한 면모를 지니고 있는 세 주장은
우리가 정의와 흔히 연관 짓는 '법'의 존재와 관련해서도
흥미롭고 독자적인 입장을 보여준다.
트라시마코스는 법을 결국 강자들의 이익을 실현하는
헤게모니적 수단으로, 글라우콘은 힘이 엇비슷한 자들이
만들어놓은 어정쩡한 타협의 산물로, 칼리클레스는 강자들의 이익을
제약하기 위한 약자들의 음모로 그려낸다.
똑같이 정의의 근원을 힘이라 보았지만,
이들은 정의가 존재하는 세 가지 다른 방식을 제시하고 있으며
이에 따라 법의 본질도 달리 규정되고 있다.

트라시마코스

권력을 지닌 강자들이
정의를 결정한다

모든 나라에서 정권의 이익이 정의이고, 아주 명백하게 이 정권이 힘을 행사하기에 정의는 더 강한 자의 이익으로 귀결하는 겁니다. (……) 말하자면, 정의란 실은 더 강한 자 및 통치자의 이익인 것이며 복종하며 섬겨야 하는 사람들의 입장에서 보면 자신에게 해로운 것이지요.

트라시마코스, 플라톤의 『국가』 1권에서

"유전무죄 무전유죄", 그리고 지강헌과 전재용

1988년 서울올림픽이 개최되었던 그해 가을 10월의 토요일, 영등포교도소에서 공주교도소로 이송 중이던 재소자 열두 명이 탈주하고, 마치 한 편의 영화처럼 이 탈주를 방송국이 생중계하는 희대의 사건이 벌어졌다. 탈주한 재소자 중 지강헌을 포함한 네 명이 경찰에 쫓기던 끝에 서울의 한 가정집에 침입해 가족을 인질로 삼았다. 이들은 이 상황을 텔레비전으로 생중계해주지 않으면 자신이 잡고 있는 인질을 모두 죽이겠다고 경찰을 협박해 전국 방송을 타게 되었다. 이때 지강헌은 비지스의 〈홀리데이〉라는 노래를 틀어달라고 요구했다. 〈홀리데이〉가 흘러나오는 가운데 "유전무죄 무전유죄"를 크게 외치고 자살을 시도하다 전격 투입된 경찰특공대의 총에 맞았다. 황급히 세브란스 병원 응급실로 이송되었지만 결국 죽음을 피할 수 없었다.

그렇다면 지강헌은 왜 "유전무죄 무전유죄"를 외쳤던 걸까? 1988년 당시 지강헌은 556만 원을 훔친 죄로 징역 7년에 보호감호 10년, 도합 17년의 형량을 선고받고 수감 중이었다. 절도범에게 이런 무거운 형벌이 내려진 이유는 1980년에 제정된 '사회보호법' 때문이었다. 이 법에 따르면 동일한 범죄로 3년 이상의 형벌을 받은 사람들은 장기보호감호 처분을 받을 수 있었다. 지강헌에게 내려진 형량이 바로 이 '사회보호법'의 적용을 받은 것이었다. 마침 같은 해 당시 대통령이던 전두환의 동생 전경환의 횡령 및 탈세 사건이 터졌다. 전 씨는 새마을운동협회 공금 73억 6,000만 원을 횡령하고, 새마을신문사에서 10억 원을 탈세했을 뿐만 아니라 4억 1,700만 원을 이권개입의 대가로 수수한 혐의로 재판을 받았다. 그러나 전 씨에게 내려진 형벌은 징역 7년에 벌금 22억 원과 추징금 9억 원이 전부였다. 지강헌을 비롯한 탈주 재소자들은 자신들은 가벼운 범죄에도 그토록 긴 수감기간을 거쳐야 하는 반면, 전 씨는 너무나 쉽게 풀려나는 것을 뉴스로 접하며 분노했다고 한다. 실제 인질극 현장에서 지강헌은 "내가 받은 판결은 정치적 요구에 의해 내린 잘못된 판결이다"라며 전국 방송에 대고 소리쳤다. 이런 분노를 있는 그대로 받아들인다면 지강헌의 외침은 우리 사회에서는 권력과 돈이 함께하고 있기 때문에 권력을 가진 자와 돈 있는 자는 처벌받지 않는다는 의미를 담고 있었던 것이다.

그렇다면 이 일은 30여 년 전에 일어난, 이제는 유효하지 않은 사건에 불과한 것일까? 2015년 전두환 전 대통령의 차남 전재용은 27억 원대 탈세로 징역 3년에 집행유예 5년, 그리고 벌금 40억 원의 처벌을 받았다. 그러나 벌금을 내지 못한 전 씨는 2016년 노역장에 유치되어 청소 등의 노역으로 죗값을 대신 치르고 있다. 전 씨는 이 청소로 하루에 400만 원 정도의 벌금을 갚고 있다. 2016년 최저임금이 시간당 6,030원, 하루 8시간 일당이 대략 5만 원이라고 할 때, 전 씨는 시간당으로는 660배, 일당으로는 80배 이상의 돈을 청소로 되갚고 있는 것이다. 평범한 사람들은 상상도 하지 못할 일이지만, 이 모든 것이 법적으로는 아무런 하자도 없다. 전 씨 일가를 둘러싼 이런 일들을 조금만 깊이 생각해본다면 우리는 금방 다음과 같은 질문을 할 수 있다. "법은 강자들이 정의라는 이름으로 만들어놓은 자기 이익을 위한 수단인가?" "만약 법이 강자들의 이익을 향상시키는 수단이라면 법을 지키는 일은 정의로운가?" 바로 지금부터 여러분과 함께 살펴볼 소크라테스와 트라시마코스의 논쟁이 이런 질문에 답하고 있다.

소크라테스와 트라시마코스

아마 이 책을 읽는 대다수의 독자는 플라톤이 쓴 『국가』라는 대화편의 제목 정도는 들어보았을 것이다. 10권으로 이루어진 이 대화편은 사실상 '정의란 무엇인가?'에 대한 논쟁이라 해도 과언이 아니다. 이 대화편은 '정의란 무엇인가'뿐만 아니라 '정의를 알 수 있는 자는 누구이며 누구여야 하는가?', '어떤 국가가 정의로운 정체인가?'라는 질문을 두고 이어지는 긴 논쟁을 담고 있다. 지금부터 살펴보게 될 소크라테스와 트라시마코스의 정의 논쟁은 바로 『국가』를 여는 1권에 펼쳐져 있다.

우선 이 논쟁의 중심에 선 두 인물에 대해 간략하게 살펴보자. 너무나 그 이름이 잘 알려져 있어 마치 이웃집 아저씨같이 친숙한 느낌이 드는 소크라테스(기원전 470~399)는 2,500여 년 전 아테네에서 살았던 가난한 철학자였다. 당대에는 많은 아테네인이 그를 소피스트로 취급하기도 했는데, 예를 들어 아리스토파네스가 쓴 『구름Nephelai』(기원전 423)이라는 희곡에서도 그렇다. 당시 아테네에서 소피스트는 언변술, 소위 논쟁에서 이기는 법을 가르치던 사람들이었다. 이들의 관심사는 오로지 "어떻게 논쟁에서 이길 수 있는가"였으며, 좋게 표현한다면 "어떻게 사람들을 말로 설득해 자신의 편으로 만드는가"였다. 소피스트들은 진정한 진리가 무엇인지에 대해 전혀 관심을 두지 않았다. 반면 오로지 진리에 근거해 보편적인 원칙을 찾고자 했던 소크라테스는 소피스트와는 본질적으로 다른 철학자였다.

그럼에도 소크라테스가 소피스트로 여겨졌던 이유는 이 지혜로운 철학자가 진리를 탐구하기 위해 썼던 방법, 바로 문답법 때문이었다. 문답법은 사람들이 자신의 무지를 깨닫게 하는 일종의 언변술로 볼 수 있다. 무지를 깨닫는 이 문답법의 과정이 결국 논쟁에서 승패를 가르는 결과를 낳았기 때문에 결국 소크라테스 역시 논쟁에서 이기는 법을 가르치는 사람과 혼동될 우려가 있었다. 평범한 사람들에게 돈을 받고 언변술을 가르치던 소피스트와는 달리, 소크라테스가 전혀 가르침의 대가를 받지 않는다는 사실에 주목하는 이들은 거의 없었다. 하지만 진리를 알려주는 정당한 대가가 돈일 수 없다는 점에서 이는 무엇보다 중요한 차이점이었다.

소크라테스에 맞서 정의 논쟁을 촉발시킨 트라시마코스 역시 소피스트로 알려져 있다. 그러나 그가 소피스트였다는 확고한 역사적 증거는 없다. 다만 웅변술에 능하고 사람들의 감정에 잘 호소하는 뛰어난 언변술을 가지고 있었기에 트라시마코스를 소피스트로 본 듯하다. 무엇보다 특이한 것은 트라시마코스라는 이름의 속뜻인데, 트라시마코스는 그리스 말로 '마구 우기는 사람', '격렬하게 논쟁을 벌이는 사람'이라는 뜻이다. 단적으로 말해 격렬하게 자신의 주장을 내세우는 인물임을 이름을 통해서도 알 수 있다. 실제 트라시마코스는 소크라테스와 무엇이 정의인지를 두고 격렬한 논쟁을 벌인다. 그럼 도대체 어쩌다 트라시마코스는 소크라테스와 그토록 격한 논쟁을 벌이게 되었던 것일까?[1] 우선 그 배경부터 살펴보자.

트라시마코스, 강자의 이익이 정의라며 소크라테스를 비웃다

소크라테스가 하루는 아테네 근처의 항구에서 벌어진 축제 구경을 갔다 돌아가는 길에 우연히 폴레마르코스라는 지인을 만나 저녁 초대를 받게 되었다. 그 자리에는 플라톤의 두 형을 비롯해 여러 사람이 함께하게 되었는데 마침 트라시마코스도 있었다. 그곳에서 소크라테스는 폴레마르코스의 아버지인 케팔로스 옹과 이런저런 이야기를 하던 가운데 무엇이 정의인지를 두고 담소를 나누게 되었다.

케팔로스가 부자임을 알고 있던 소크라테스는 재산을 가져서 덕을 본 것 중 가장 좋은 것이 무엇이냐고 묻는다. 이에 케팔로스 옹은 노년에 이르자 "혹시 이전에 무슨 일로 어떤 이에게 옳지 않은 짓을 한 적이 있는지 곰곰이 생각하게 된다"고 하면서, 분별이 있는 이에게 부가 제일 쓸모 있는 것은 남을 속이거나 남에게 빚진 것을 되갚을 수 있음에 있다고 답한다.[2] 이에 소크라테스가 "단순히 진실을 말함과 받은 것을 갚아주는 것"은 올바름의 정의가 아니라고 반박한다. 그러자 케팔로스 옹의 아들인 폴레마르코스가 시모니데스의 말을 인용해 "각자에게 갚을 것을 갚는 것"이 올바름이라고 정의를 내린다. 이에 더하여 "선량한 친구들을 이롭게 하고 그렇지 못한 자는 해롭게 하는 것"이라고 말한다.[3] 상식적으로 생각해볼 때 폴레마르코스의 정의는 많은 사람이 생각하는 올바름에 대한 정의에 매우 가까운 것이다. 하지만 소크라테스는 이런 폴레마르코스의 답변이 맘에 들지 않았던 듯하다. 소크라테스는 폴레마르코스를 향해 이렇게 되묻는다. "올바른 사람이 올바름으로 사람들을 올바르지 못한 사람들로 만들 수 있겠나? 요컨대, 훌륭한 사람이 [사람의] '훌륭함'으로 사람들을 나쁘게 만들 수 있겠는가? (……) 해를 입히는 것은 상대가 친구이든 또는 다른 누구이든 간에 올바른 이들이 하는 일이 아니라네. 오히려 그와 반대되는 인간 즉 올바르지 못한 자가 하는 짓이라네."[4] 한마디로 올바름은 그 누구에게도 해로운 것이 될 수 없다는 뜻이다.

그때 소크라테스가 펼치는 문답법을 지켜보며 답답해하던 이가 있었으니, 그가 트라시마코스였다. 트라시마코스는 이들의 대화를 끊고 갑자기 벌떡 일어나 소크라테스를 향해 화가 잔뜩 난 목소리로 소리친다. "소크라테스님, 빙글빙글 돌려대지 말고 정의가 무엇인지 똑바로 말해주세요!" 그러자 트라시마코스의 공격적인 태도에 겁에 질린 척하던 소크라테스는 특유의 능청스러운 기질을 발휘해 "난 진짜 답을 모르겠으니 트라시마코스 자네부터 말해보시게"라고 권유한다. 문답법의 전형적인 수법, '난 모르겠으니 너부터 말해보라'는 미끼에 걸려들고 만 것이다.

미끼를 문 트라시마코스는 자신의 답변에 돈까지 요구해가며 딱 잘라 말한다. "들으세요! 선생님. 저는 올바른 것이란 '더 강한 자의 편익' 이외에 다른 것이 아니라고 주장합니다. 헌데 선생께서는 왜 칭찬을 해주시지 않지요? 그러고 싶지 않으신 게로군요."⁵ 트라시마코스라는 이름의 의미처럼 우격다짐을 하는 듯 보이는 이 주장. 정의가 강자의 이익이라니 말이 되는 소리인가? 그런데 트라시마코스가 2,500년 이후의 지구 반대편에 사는 우리가 들어도 제대로 공감이 가는 논리를 펼쳐놓는다.

적어도 법률을 제정하는 데 있어 각 정권은 자기 이익을 목적으로 합니다. 일단 법 제정을 마친 다음에는 이 법, 다시 말해 정권 자신에게 이익이 되는 것을 통치를 받는 사람들에게 정의로운 것인 듯 공표하고서는 이를 위반하는 자들을 정당하지 못한 일을 한 자들로 취급하고 처벌하는 것이죠. 그러니까 보세요. 모든 나라에서 정권의 이익이 정의이고, 아주 명백하게 이 정권이 힘을 행사하기에 정의는 더 강한 자의 이익으로 귀결하는 겁니다.⁶

트라시마코스의 이런 주장에는 확실히 요점이 있다. 어느 사회를 보더라도 법을 만드는 이들은 권력 엘리트들이다. 사회가 복잡하게 발전해 갈수록 그 복잡함을 체계적으로 관리해야 하는 규율을 만드는 일은 법에 능통한 엘리트들의 몫이 된다. 트라시마코스의 주장의 핵심은 엘리트들이 법을 만드는 이상 언제나 자신들에게 유리한 법을 만든다는 데 있다. 이렇게 법을 만들고 난 후 엘리트들은 법을 공표하며 세상에 말한다. "법을 지키는 것이 정의다." 이런 단언을 통해 엘리트들은 자기의 이익을 법과 정의로 손쉽게 포장한다. 혼란보다는 질서를 선호하는 대다수의 사람은 그 질서의 축이 되는 법을 지키는 일이 정의라는 주장을 자발적으로 받아들인다. 이런 현상을 지칭하는 현대적 용어가 '헤게모니'다. '헤게모니'가 흔히 우리가 알고 있는 '이데올로기'보다 훨씬 강력한 것은, 이데올로기는 강제력을 통해서도 부여될 수 있지만 헤게모니는 철저하게 '자발적 동의'에 기반을 두고 있기 때문이다. 예를 들어 우리가 선거에서 특정 후보를 지지했을 때, 그 후보가 잘못된 정책을 펼치더라도 그 후보에 대한 지지를 즉각 철회하지 않는 가장 근본적인 이유는 우리가 대표자를 뽑는 과정에서 자발적으로 그 후보의 인물됨이나 정책에 동의했기 때문이다. 이런 맥락에서 보면 권력을 가진 이들은 자신들을 위한 법을 정의라는 이름으로 포장함으로써 강력한 헤게모니를 구축할 수 있다.

트라시마코스가 제시하는 정의관의 통찰력은 여기서 그치지 않는다. 트라시마코스가 이어가는 이야기는 훨씬 충격적이다.

소크라테스님은 도시의 지도자들이 신민들을 자기 소유의 양들처럼 여긴다는 것을, 그들이 밤낮으로 관심을 갖는 것은 단지 그들로부터 어떤 이익을 얻어낼 수 있을까뿐이라는 점을 인식조차도 못하고 계시는군요. 정의로운 것과 정의, 정의롭지 않은 것과 부정의에 대한 전문가라는 분이, 정의란 게 복종하고 섬겨야 하는 사람들의 입장에서 보면 해로운 것인 반면 실제로는 다른 사람들, 바로 더 강한 자와 통치자들에게 이롭게 한다는 것을 인식조차 못하시다니. 정의는 참으로 순진하고 올바른 신민들을 조정해서 이들로 하여금 더 강한 자들에게 편익이 되는 것을 행하게 만들 뿐이에요. 그들은 강자들에게 봉사하고, 강자들을 행복하게 만드는 일을 할 뿐, 결코 자신들을 행복하게 만들지는 못하는 게 현실이란 말입니다.[7]

트라시마코스는 강자들이 자신에게 유리하도록 법을 만드는 한 이를 약자들이 따르게 되면 결국 강자들의 이익에 봉사하는 셈이 될 뿐이며 자신들에겐 오히려 해가 될 뿐이라는 현실을 정확하게 짚어낸다. 만약 이것이 사실이라면 사회적 약자들은 정의를 추구할 아무런 이유가 없는데도 강자들이 내놓은 법을 지키는 것이 정의라는 헤게모니에 넘어가 강자들을 위해 봉사하는 삶을 살아가게 될 뿐이다.

트라시마코스는 이런 일들이 현실에서 어떻게 일어나는지 계약, 세금, 관료, 참주의 예를 통해 갈파하기 시작한다. 우선 계약의 경우를 보면, 계약이 해지될 경우 항상 잃는 쪽은 올바른 이들이다. "상호 간의 계약관계에 있어서 협력관계를 해지할 경우 올바른 이가 올바르지 못한 자들보다 '더 많이 차지하는' 걸 선생께서 보신 적은 전혀 없을 것이나 '덜 차지하는' 걸 보신 적은 있을 겁니다."[8] 이는 세금과 관련해서도 마찬가지다. "세금을 낼 일이 있을 때에도 올바른 사람은 같은 재산을 근거로 해서도 더 많이 내지만, 올바르지 못한 사람은 덜 내거니와, 나라에서 받을 것이 있을 때에는 올바른 쪽은 아무 이득도 보지 못하지만, 그렇지 않은 쪽은 많은 이득을 봅니다."[9] 공무원도 이런 상황에서 자유롭지 않다. 정직한 공무원들은 나라의 일을 돌보느라 집안을 돌보지 못해 가정형편이 어려운 반면, "그 올바름 때문에 국고에서 이득을 보는 것은 전혀 없다." "게다가 친척들이나 친지들을 부당하게 도와주는 일을 전혀 하지 않다 보니 이들에게 미움을 사는 일이 있을 수도 있다."[10] 마지막으로 트라시마코스가 내놓은 예는, 자신이 주장하는 '법을 헤게모니로 이용하는 엘리트'의 선을 훨씬 넘어 법을 무시하는 존재다. 바로 "참주정치인데, 이는 남의 것을 그것이 신성한 것이건 세속의 것이건 간에 또는 개인의 것이건 공공의 것이건 간에, 몰래 그리고 강제로 빼앗기를 조금씩 하는 게 아니라 단번에 깡그리 해버린다. 이처럼 올바르지 못한 짓이 큰 규모로 저질러질 경우 그것은 올바름보다 더 강하고 자유로우며 전횡적인 것"[11]이 된다. 결국 올바르지 못한 짓이 올바름보다 더 강할 경우, 누구도 제약할 수 없기 때문에 올바름의 의미 자체가 없어진다고 트라시마코스는 강변한다.

아쉽게도 이 흥미로운 논쟁은 조금은 허무하게 끝나고 만다. 트라시마코스가 진정한 전문가는 편견 없는 공정한 이들이라는 소크라테스의 언변에 말려들었던 것이다. 읽는 사람에 따라서는 좀 황당하고 허망하리만치 자기주장이 잘못된 것이라고 인정할 수밖에 없는 지경에 이르게 된다. 이 복잡한 과정을 좀 간략하게 그려보면 다음과 같은데, "정의는 강자의 편익에 이르게 된다"는 주장을 들고 난 이후 소크라테스는 트라시마코스에게 이렇게 묻는다.

소크라테스: 강자들도 실수를 하는가?
트라시마코스: 그들도 사람인 이상 실수를 하겠지요?
소크라테스: 그럼 강자들이 애초에는 자기 이익이라고 생각했던 게 오히

려 나중에는 정반대로 드러나는 걸 법률로 만들 수도 있겠네?

트라시마코스: 어…… 그렇지요!

소크라테스: 그럼 강자들에게 이익이 아닌 게 법률로 정해질 수 있고 그게 법률인 이상 이행하는 게 맞지?

트라시마코스: 네? 무슨 소리신지…… 진정한 전문가라면 실수를 하지 않는 겁니다. 지식이 달리는 사람이나 실수를 하지요.

소크라테스: 그럼 전문가들은 제대로 된 지식을 가지고 있는 사람들이겠지? 그런 제대로 된 지식을 가진 이들은 자기 이익에 편중된 법을 만들지 않겠지?

트라시마코스: …….

트라시마코스는 대화를 나누는 중간에 소크라테스가 궤변을 늘어놓는다고 따지지만 어쩔 수 없이 그의 주장을 받아들이고 만다.

법은 강자들의 이익을 재생산하는가?

그렇다면 소크라테스의 말대로 트라시마코스는 논리적으로 잘못된 주장을 펼친 것일까? 적어도 『국가』에 등장하는 소크라테스에게 "우리가 반드시 법을 지키는 것이 정의로운가?"라는 질문을 던진다면 소크라테스는 법을 지키는 것이 정의롭다고 말할 것이다. 그 이유는 너무도 간명한데, 소크라테스의 논리에 따르자면 "진정한 전문가들은 편중된 법을 만들 리가 없기 때문"이다. 소크라테스에게 '전문성'과 '진정성'은 서로 분리할 수 없는 요소다. 모든 전문성은 앎을 바탕으로 하는데, 실천하지 않는 앎은 무지이기 때문이다. 그렇기에 우리가 법을 제정하는 이를 전문가로 부르는 이상, 그들이 잘못된 법을 제정할 리가 없다. 누구에게나 공정한 법이라면 그 법을 지키는 것은 당연한 일이다.

그러나 '강자들이 자신에게 이익이 되도록 정한 것'이 법이라는 트라시마코스의 주장이 사실이라면, 소크라테스의 정의관을 그대로 실행하는 일은 결국 트라시마코스의 말대로 강자들의 이익이 계속 재생산되는 쪽에 암묵적으로 동의하고 기여하는 셈이 되고 만다. 도시의 신을 배격하고 젊은이들을 잘못된 길로 이끌고 있다는 죄목으로 재판을 받는 과정을 그린 『소크라테스의 변론*Apologia Sokratous*』(기원전 399)에서 소크라테스는 자기가 진정으로 옳다고 믿는 '성찰하는 (철학적) 삶'을 그만두라는 도시의 명령을 따를 수 없다며 거부한다. 이 모습은 도시의 명령이나 법이 항상 옳은 것만은 아니라는 사실을 소크라테스 스스로 보여주는 대목이다. 이는 도시의 법을 만드는 이들이 항상 올바름을 추구하는 진정한 엘리트일 수는 없다는 현실에서 소크라테스 자신조차도 자유로울 수 없음을 보여주는 사례다. 엘리트들이 법을 자신들에게 유리하게 만들 거라는 트라시마코스의 전제를 받아들인다면, 소크라테스처럼 진정한 전문가들이 항상 올바른 법을 만들 거라는 믿음을 지니고 법을 준수하는 일은 결국 강자의 이익에 암묵적으로 동의하게 되는 딜레마를 피할 길이 없다.

사례 1 **황제노역 사건**

2014년 『한겨레』가 탈루와 횡령 혐의로 징역 2년 6월에 집행유예 4년, 벌금 254억 원을 선고받은 뒤 곧바로 뉴질랜드로 출국해 호화 도피생활을 하고 있던 허재호 전 대주그룹 회장에 대한 충격적인 고발기사를 내놓았다. 이후 허 전 회장은 자진 귀국하여 자신이 내지 못한 벌금을 노역으로 대신하기 위해 광주교도소에 스스로 입소했다. 하지만 정작 충격적인 일은 이후에 발생했는데, 허 전 회장이 하루 노역으로 갚는 벌금의 액수가 무려 5억 원이었던 것이다. 다음은 어떻게 이런 일이 일어났는지에 대한 『한겨레』(2014년 3월 24일자)의 보도내용이다.

'환형유치(換刑留置)'라는 법률용어가 있다. 벌금형을 선고받았지만 이를 판결이 확정된 뒤 30일 이내에 내지 못할 때 교도소에 들어가 숙식을 하며 노역으로 이를 대신하는 것이다. '벌금을 몸으로 때운다'는 표현이 꼭 맞는다. 그러나 제한이 있다. 벌금을 몸으로 때울 수 있는 기간이 '1일 이상 3년 이하'여야 한다는 것(형법 69조)이다. 판사는 벌금형을 선고할 때 이 '유치 기간'을 함께 정해줘야 한다. 그걸 1일로 하든 3년으로 하든, 판사 맘이라는 얘기다.

여기서 '허재호의 역설'이 발생했다. 2010년 1월 21일, 광주고법 형사1부(당시 재판장 장병우)는 조세포탈과 횡령 혐의 등으로 기소된 허 전 회장에게 징역 2년6월에 집행유예 4년, 벌금 254억원을 선고했다. 1심 판결 벌금형(508억원)에서 절반이 깎였다. 횡령 혐의로 조사를 받다가 허 전 회장이 구속을 면하려고 자신의 조세포탈을 인정한 것을 항소심 재판부는 '자수'로 봤다.

깎인 건 벌금뿐만이 아니었다. 항소심 재판부는 벌금형을 몸으로 때울 수 있는 환형유치 기간을 1심의 203일에서 49일로 확 낮췄다. 결과적으로 허 전 회장의 하루 일당은 1심 때 2억5000만원(508억÷203일)에서 항소심에서 5억원(254억÷50일)으로 2배 높아졌다. 광주고법의 봐주기 판결이 허 전 회장을 최고 몸값의 주인공으로 등극시킨 것이다. 지역에서는 이런 판결이, 법원장 출신 변호사가 동원된 전관예우와 지역법관(향판)들이 이에 호응한 합작품이라는 여론이 높다. (……) 형사재판에서 일반인들의 하루 일당은 보통 5만원으로 책정된다.

이 판결은 기본적으로 지역기업과 지방 법조계의 일반적인 부패와 비리들이 얽혀서 생겨난 어이없는 판결이었다. 삼성의 이건희 회장이 비자금 사건으로 받은 벌금을 갚기 위한 일당이 하루 1억1,000만 원이었던 것과 비교해보아도 어이없는 액수였고, 일반인들의 하루 일당 5만 원과는 비교할 수조차 없는 액수였던 것이다. 이 때문에 이 판결은 '황제노역' 사건으로 불리게 되었다. 그러나 문제는 이런 '황제노역'이 허재호 회장에게만 일어난 일회성 해프닝이 아니라는 데 있다. 『한겨레』 2014년 10월 1일자 보도에 따르면 지난 5년간 이런 황제노역에 해당하는 사례가 23건이나 된다. "30일 국회 법제사법위원회 소속 전해철 새정치민주연합 의원이 법무부에서 받아 공개한 '환형유치금액 상위 50인' 자료를 보면, 2010년부터 2014년 7월까지 하루 환형유치 금액이 1억 원을 넘는 이는 모두 23명에 이른다."

허 전 회장을 비롯한 황제노역의 사례에서 가장 주목해야 할 것은 이 판결들이 법의 집행절차 자체에는 하자가 없었다는 점이다. 그리고 이 사실이 전혀 알려지지 않은 채 오랫동안 경제 엘리트와 법조 엘리트의 결탁을 통해 유지되었다는 점이다. 이런 제도적 절차 아래서 사회적 약자들이 법을 준수하는 일은 트라시마코스의 말처럼 강자들의 이익만 개선해주는 셈이 되어버릴 것이다. 이런 현실은 환형유치를 통해 일반인에게 책정되는 일당이 5만 원이라는 점과 비교해보면 더욱 선명하게 드러난다. 어떤 이들은 일반인과 엘리트들의 노동의 가치가 다르다고 말할지도 모른다. 만약 이런 주장이 옳다고 할지라도 그 차이는 일반인들이 감옥 밖에서 자신의 일을 할 경우에 해당되는 일이다. 감옥에서 행해지는 벌금형 노동에서 5만 원과 1억 원이라는 어마어마한 가치의 차이가 있을 만한 일은 존재하지 않는다.

기업인 가석방―공로에 따라 처벌도 달라야 할까?

황제노역 사례에서 기업인이나 권력자들에게 환형유치를 통해 부여되는 벌금이 높은 데 숨어 있는 기본 발상은 이들이 이루어놓은 '그간의 사회적 공로를 고려한다'는 것이다. 그렇다면 법적 처벌은 각 개인이 사회에 얼마나 공로했나를 반드시 고려해야만 하는 것일까? 만약 그렇다면 그 한계는 어디일까? 좀 단도직입적으로 묻는다면 사회에 더 많이 공로하는 사람들은 법의 처벌 역시 가벼워야 하는 것일까?

이와 관련해 제기된 흥미로운 사례 하나를 보자. 2014년 12월에 정치권과 관가, 경제계를 중심으로 여러 '형사처벌범죄' 사유로 수감 중인 기업인들의 가석방이 필요하다는 주장이 제기되었다. 이 필요성을 제기한 이들은 경제가 어려운 상황에서 많은 기업인이 동시에 처벌을 받고 있어 투자 분위기를 위축시키는 등 경제가 악영향을 받고 있다는 논리를 펼쳤다. 이와 관련해 『매일경제』(2014년 12월 29일자)가 "경제·금융계 오피니언 리더들로 구성된 매경 이코노미스트클럽 회원과 전직 경제관료 등 50명을 대상으로 설문을 실시"했는데 그 결과가 아주 흥미롭다.

경제 전문가와 원로 10명 중 7명은 '경제살리기' 차원에서 기업인을 '가석방'해야 한다는 의견에 찬성했다. 이들에 대한 가석방을 특혜로 보지 않는 의견이 80%에 가까웠고, 경제활성화에 도움이 될 것이라는 의견도 70%에 달했다. 다만 가석방을 위해서는 국민의 공감이 필요하다는 의견이 제시됐다. (……) 공평하지는 않지만 한국 현실을 반영한 '필요악'이라는 의견도 제시됐다. 한 연구소 원장은 "명분도 중요하지만 경제 상황이 힘든 만큼 가석방에 대해서는 실리를 중시해 판단해야 한다"고 주장했다.

『매일경제』의 설문에서 압도적 다수를 차지한 '가석방 찬성'의 논리는 다음과 같이 정리할 수 있다. 첫째, 기업인 가석방은 특혜가 아니다. 둘째, 설령 법적으로 공평하지는 않다 하더라도 경제적인 관점에서 맞바꿀 만한 가치가 있다. 우선 첫 번째 논리에 대해서 살펴보자. 경제 전문가들은 이런 가석방을 전혀 특혜로 보지 않았는데 그 이유는 "경제활성화에 도움이 될 것"이기 때문이다. 소위 가석방이 사회에 실질적으로 기여할 수 있는 기대치가 크기 때문에 형사처벌을 받고 있는 기업인들을 가석방시키는 일은 특혜라고 볼 수 없다는 논리다. 두 번째는 설령 이것을 특혜로 인정한다 할지라도 어쩔 수 없는 '필요악'이기 때문이다. 경제활성화라는 실리가 법의 공정성이라는 명분과 맞바꿀 만하다는 주장이다.

여기서 '경제 전문가와 원로'들이 제기한 가장 중요한 요점은 가석방된 기업인이 기여할 수 있는 '아직은 존재하지 않는 경제활성화'라는 사회적 공로를 법적 처벌에 있어 고려해야 한다는 것이다. 법의 힘이 공정함에서 나온다는 것은 누구나 다 알고 있다. 이런 법의 공정함에 사회적 기여도를 고려하는 것은 얼마나 정당한 것이며 나아가 얼마나 효과적인 것일까? 특히나 그 공로가 아직 실현되지 않은 미래에 기대되는 것이라면 얼마나 고려할 가치가 있는 것일까? 경제가 어려운 상황에서 얻는 것이 더 많다면 "공평하지는 않지만" 형사처벌을 받고 있는 기업인들을 석방해야 하는 것일까? 단기적 관점에서 얻을 수 있는 경제적 이득과 장기적 관점에서 나타나는 법의 공정성은 서로 맞바꿀 만한 것일까? 예를 들어 동일한 기사에서 한 경제학과 교수의 말처럼 "가석방 조치에 호응해 기업이 현금성 유보이익을 투자 및 배당으로 푼다면 소비 회복에도 도움이 될 것으로 기대"된다면 법의 공정성은 어느 정도 유보되어도 좋은 것일까? 만약 이 논리가 옳다고 한다면 돈을 가진 경제 엘리트들은 항상 공정한 법의 처벌을 피해갈 수 있는 길을 마련하는 것이나 다름없을 것이다. 이것이 우리가 받아들일 수밖에 없는 현실이라면 트라시마코스가 열성적으로 펼치고 있는 "정의는 강자의 편익에 이르게 된다"는 주장을 두고 "마구 우겨대는 것"이라 할 수 있을까?

외교부 2부 제도—공직도 세습될 수 있을까?

첫 번째 사례와 두 번째 사례가 경제 엘리트들과 관계된 것이었다면 이제부터 이어질 세 번째와 네 번째 사례는 관료 엘리트들과 관련되어 있다. 우선 우리가 살펴볼 제도는 한때 존재했던 외교관 2부 제도다.

1997년부터 2003년까지 외교부는 언어능력과 현지지식에 능통한 해외동포를 외교관으로 선발하는 2부 제도를 둔 적이 있다. 이 제도의 취지는 당시 존재하던 외무고시를 통해 선발된 인원들이 언어능력과 현지지식이 상대적으로 부족하여 생겨나는 외교통상부의 문제를 메우기 위한 것이었다. 2010년 국회 외교통상통일위원회 홍정욱 의원이 외교부로부터 제출받은 국정감사자료에 따르면 1997년부터 2003년까지 22명을 선발한 외무고시 2부 시험에서 모두 9명이 전·현직 장·차관과 3급 이상 고위직 자제인 것으로 나타났다(『동아일보』, 2010년 9월 6일자). 원래는 해외동포를 외교관으로 쓰기 위한 제도였지만, 그 구체적인 자격이 "외국에서 초등학교 이상의 정규과정을 6년 이상 이수한 사람"이었기에 해외동포가 아닌 외교관 자녀들도 응시할 수 있게 되었다. 문제는 해마다 합격자의 절반가량이 외교관이나 관련 공무를 수행하는 공무원의 자녀들이었다는 점이었다. 해마다 논란이 불거지자 2004년을 끝으로 이 제도는 폐지되고 말았다.

이 2부 선발제도는 어떤 특정한 공직자의 딸이나 아들로 태어났다는 개인적·사회적 우연성이 공직 접근기회에 대한 정당한 이유가 될 수 있느냐는 문제를 안고 있다. 공직에 대한 접근기회는 본질적으로 공적 자산의 분배문제라는 점에서, 그리고 많은 이에게 이런 '공직에 대한 접근' 자체가 어떤 것과도 맞바꿀 수 없는 자아실현의 기회와 맞닿아 있다는 점에서 정의의 문제와 분리될 수 없다. 만약 이런 공직 접근기회를 이미 특정 공직을 차지한 부모가 자기 자식에게 일방적으로 유리하도록 만든다면, 이들 부모는 어떤 개인도 소유할 수 없다는 '공공자산'의 근본적 속성을 무시하는 셈이 되고 만다. 『한겨레21』(2010년 9월 15일자)에 따르면 사실상 부모로부터 외교관직을 물려받은 자녀들이 북미지역 국가들을 비롯해 유엔, 중국, 일본 등 외교부 내에 선호도가 높은 곳에서 근무한 비율이 사실상 100퍼센트에 이른다. 심지어 외교관들이 서로 가고 싶어하는 주요 직책 역시 이들이 차지했다.

외교관 2부 제도와 관련해 우리가 주목해야 할 내용은 법적인 절차가 외교업무를 수행하는 관료 엘리트의 자녀들에게 유리하게 만들어져 있었을 뿐 선발과정에서 법적인 절차상의 하자는 전혀 없었다는 점이다. 모든 것이 적법한 절차 아래 이루어졌다.

유명환 전 장관 딸 특채 사건과 검찰기소독점주의

이런 외교통상부의 문제가 고스란히 재현된 사건이 바로 2010년에 드러난 유명환 전 외통부 장관의 딸 특채 사건이다. 외교부 특별 채용에 당시 현직 장관 딸이 지원했고, 딸의 합격을 위해 지원 자격을 수정하고 특정 인사 담당자가 거의 만점에 가까운 점수를 줘서 선발한 사건이 있었던 것이다.

『조선일보』(2010년 10월 2일자)는 이 사건을 정리하며 다음과 같이 새로운 사실도 보도했다.

외교부가 특채 과정에서 유명환 전 장관 딸을 포함해 전직 외교관, 고위직 자녀 등 10명에게 특혜를 준 것으로 확인됐다. 유 전 장관 딸 외에 그동안 제기됐던 특혜 채용 의혹 대부분이 사실로 확인된 것이다. 행정안전부는 1일 "특채된 외교관 자녀 8명을 포함해 의혹이 제기된 17명에 대한 감사를 한 결과 10명의 특채 과정에 문제가 있었다"고 밝혔다. 유 전 장관의 딸은 올해뿐 아니라 유 전 장관이 차관이던 2006년에도 계약직에 응시하면서 텝스(영어시험) 점수를 2주 늦게 제출했지만 인사 실무자는 이를 그대로 받아준 것으로 조사됐다.

이 사건에서 보면 외통부는 유 전 장관의 딸을 특채하기 위해 심지어 영어 점수를 2주 늦게 내도 받아주고 지원자격 규정까지 위반했다. 이에 더해 보도된 내용에서도 드러나듯이 외교관 자녀들이 집단적인 특혜를 누리고 있음을 알 수 있다.

그러나 더 큰 문제는 이 특채 사건이 법적으로 처리되는 과정에 있었다. 이 사건은 유 전 장관이 책임을 지고 공직에서 물러나는 것으로 사실상 마무리되었다. 어떻게 유 전 장관은 심각한 부정을 저지르고도 법적 처벌을 면할 수 있었던 것일까? 법이 내세우는 정의의 원칙은 '누구도 자기 일을 스스로 처리할 수 없다'는 것이다. 이 원칙에 따르자면 공직자가 자기 딸의 채용문제에 개입하는 것은 그 자체로 불법성이 큰 것이다. 게다가 당시 여론에서 볼 수 있듯 국민정서에도 반한 사건이었지만 검찰이 기소를 하지 않아 유명환 전 장관은 형사처벌을 면할 수 있었다. 그가 공직에서 물러나고 관련자들이 신분상 불이익을 받는 가벼운 징계로 마무리되고 만 것이다.

결론적으로 이 사건은 검찰이 기소하지 않아 그 불법 여부를 판단할 수조차 없었다. 우리나라에는 사건의 기소 여부를 검찰이 전적으로 결정할 수 있는 '검찰기소독점주의'라는 제도가 있기 때문에 이 과정 역시 현존하는 법체계 아래서는 크게 문제될 소지가 없다. 사실 우리 법체계에서 이런 '검찰기소독점주의'는 공정한 법적용에 있어 큰 장애물이 되어왔다. 이 제도로 말미암아 법적용의 최전선에 서 있는 검찰을 감시할 수 있는 효과적인 다른 제도적 수단이 사실상 존재할 수 없기 때문이다. 예를 들어 2016년 우리 사회를 발칵 뒤집어놓은 진경준 검사장과 넥슨 창업주인 김정주 NXC 대표 사이에 일어난 부정 결탁, 검찰 출신 우병우 대통령비서실 민정수석의 비리를 검찰이 아닌 다른 기관을 통해 해결할 제도적 방법이 없는 것이다. 그러다 보니 우 수석의 비리에 대한 수사의 경우 '우 수석 라인'으로 분류되는 고검장에게 배당되는 어이없는 일이 벌어졌다(『한겨레』, 2016년 8월 23일자). 이처럼 법을 다루는 엘리트들이 내부나 외부 엘리트들의 불의에 대해 또 다른 제도를 활용해 침묵하거나 사정을 보아줄 수 있다면, 이런 상황은 한 사회의 정의감에 적신호일 수밖에 없을 것이다. 고위 공직자들이 시민들의 정의감을 침해하고 법을 어긴 상황에 대한 부당성이 사회적으로 커다란 공감대를 얻고 있는데도 법이 그 불법 여부조차 묻지 않거나 공정한 방식으로 수사가 이루어지지 않는다면, 고위 공직자들은 법 위에 존재하며 법은 언제나 엘리트들의 편에 선다는 사회적 편견을 강화시킬 수밖에 없을 것이다.

포스트민주주의: 적법절차로 유지되는 새로운 봉건주의

영국의 저명한 사회학자이자 정치학자인 콜린 크라우치Colin Crouch는 20세기 말 이후 엘리트들이 자신의 이익을 정당한 법적 제도와 민주적

절차 아래서 실현해나가는 이런 현상을 '포스트민주주의post-democracy'라는 용어로 표현한다. 포스트민주주의 사회에서도 민주주의의 모든 특성, 즉 "자유선거, 경쟁하는 복수정당, 자유로운 공개토론, 인권, 공무의 일정 수준의 투명성"은 여전히 존재한다. 그러나 모든 핵심적 의사결정이 민주주의 이전 시대마냥 "권력의 중심 주위에 모여서 특권을 추구하는 소규모 엘리트와 부유한 집단"에 의해 이루어진다.[12] 이 포스트민주주의 사회에서 새로운 주역은 지구화라는 현상 속에서 초국가 기업으로 성장한 경제 엘리트 집단이다. 이런 이유로 포스트민주주의를 소수의 정치 엘리트들과 경제 엘리트들이 연합해 지배하는 새로운 봉건주의라고 비판하곤 한다.

무엇보다 이 사회에서 우리가 주목해야 할 점은 특권을 지닌 엘리트의 이익이 법적으로 전혀 하자가 없는 방식으로 실현된다는 사실이다. 이곳에서는 민주주의가 절대적으로 추구하는 법치와 절차가 이 소규모 엘리트들과 부유한 계층의 이익을 증진시키는 도구에 불과하다. 평범한 사람들이 법과 민주적 절차를 통해 부유한 소수 계층에게 대다수의 이익을 내주고 있는 탓에 부당함을 느끼더라도 법적인 정당성이나 절차적 정당성에 대한 문제제기조차 불가능하다. 예를 들어 이 사회에서 가장 활발히 논의되는 주제는 '민영화'다. '민영화'를 주장하는 엘리트들의 가장 핵심적인 주장은 민영화가 정부의 실패로 말미암아 주요 산업과 서비스가 부패하는 것을 막는다는 주장이다. 그러나 크라우치는 이야말로 진정으로 거짓말이라고 지적한다. 대부분의 민영화가 고위 정치 엘리트들의 결정에 따라 이루어지기 때문에 정부와 기업 간의 부패가 발생할 기회를 줄이기는커녕 이런 권리를 얻어내려는 기업이 정치가들이나 고위 공무원들과 결탁하는 현상이 더 늘어난다고 지적한다. 소위 트라시마코스가 주장하는 현상이 온전히, 아니 더욱 적극적으로 일어나고 있는 것이다. 콜린 크라우치는 『포스트민주주의』 한국어판 서문에서 우리를 향해 이렇게 질문한다.

> 한국은 민주주의 이전 시대에 형성된 정치엘리트와 소수 거대 기업지도층 사이의 긴밀한 관계가 여전히 존속하고 있고, 대기업들은 초국가 기업이 되었다. 그 때문에 한국은 포스트민주주의로 빠르게 이행할 가능성이 높은가? (……) 애초에 한국의 정치계급은 (……) 보통 사람의 이해관계를 대변한 적이 있었던가?"[13]

크라우치의 질문에 들어 있는 의미를 읽어내자면 우리 사회는 포스트민주주의로 갈 수 있는 주요 조건을 모두 갖추고 있는 셈이다. 다시 말해 평범한 사람들이 법을 지키는 일이 트라시마코스의 말처럼 강자의 이익을 증진시켜주는 일로 전락할 수 있는 조건이 제도화되어가고 있는 셈인 것이다.

국책연구기관인 형사정책연구원이 실시한 우리 사회에서 일반인들이 느끼는 법의식에 대한 설문조사 결과 내용(『법률신문』, 2013년 2월 13일자)은 우리 사회가 급속히 이런 상황으로 빠져들고 있음을 시사하고 있다.

> 국책연구기관인 형사정책연구원의 신의기·강은영 연구위원이 지난해 실시한 설문조사 결과에 따르면 20세 이상 남녀 응답자의 76.3%는 우리 사회에는 돈이 많으면 법을 위반해도 처벌받지 않는 경향이 있다고 답했

다. 79.1%는 같은 범죄를 저질러도 가난하거나 힘이 없으면 더 심한 처벌을 받는 것으로 생각하고 있었다. 법은 권력, 돈, 인맥 등과 비교해 가장 유용한 분쟁 해결 수단으로 꼽혔지만, 법을 선택한 응답자는 전체의 절반에도 못 미치는 42.9%에 불과했다.

이 설문조사를 보면 우리 사회의 80퍼센트에 이르는 사람들이 돈과 권력이 법의 적용에 상당한 영향을 미친다고 믿고 있다. 이 조사 결과를 심각하게 받아들여야 하는 이유는 무엇보다 한 사회의 정의감의 토대가 반복된 사회적 학습의 결과물이기 때문이다. 포스트민주주의 사회로 진입하고 있는 우리 사회에서 사회적 강자들이 이익을 얻는 법의 규정과 적용이 어떤 방식으로든 지속된다면, 법이 강자들의 편익이라는 트라시마코스의 주장에 대해, 그리고 "유전무죄 무전유죄"라는 지강헌의 외침을 향해 당당하게 반박할 근거를 상실할 수밖에 없을 것이다.

3장

글라우콘

정의는 불의를 저지를 수 없는 허약함 때문에 존재한다

정의로운 것이 대접받는 이유는 결코 정의가 좋은 것이라서가 아니라 단지 불의를 저지를 수 없는 허약함 때문일 뿐입니다. (……) 정의를 실천하는 사람들조차 불의를 저지를 수 있는 능력이 없기 때문에 마지못해 행하는 것이지요. 충분히 불의를 저지를 수 있는 자들이라면 그리고 진짜 사내들이라면 불의를 저지르지도, 불의를 당하지도 않게 하자는 그런 약정 따위는 맺지 않을 겁니다.

글라우콘, 플라톤의 『국가』 2권에서

정치가들은 왜 권력 앞에 누구든 부패한다고 말할까?

"좋은 사람이 좋은 마음으로 들어와도 이를 키워주지 않고 따돌리는 게 정치판이다." 깨끗한 미디어 이미지를 바탕으로 2011년 10월 26일 재보궐 선거를 기점으로 하여 중년층과 청년층의 열광적 지지를 얻고 있던 안철수 씨가 차기 대통령 후보로 급부상하자 당시 한나라당의 홍준표 의원이 던진 말이다. "안철수 씨가 정치판에 들어오면 한 달 안에 푹 꺼질 것이다." 오랜 정치생활을 해온 홍준표 전 의원의 권력의 속성에 대한 발언은 두 가지 의미로 해석될 수 있을 것이다. 우선, 권력은 깨끗한 사람을 반기지 않는다. 둘째, 아무리 깨끗한 이도 권력의 장으로 들어오면 부패하고 만다. 사실 홍 전 의원의 발언이 새삼스럽거나 새로운 것은 아니다. 정치 혐오증이 만연해 있는 우리 사회에서 많은 사람이 지니고 있는 권력의 속성에 대한 부정적 이미지를 확인시켜주는 하나의 사례일 뿐이다. 그래서인지 사람들은 흔히 이렇게 말한다. "도대체 멀쩡하던 사람도 권력을 잡으면 왜 그렇게 되는 거야?" 진정 왜, 도덕적으로 보이던 인물도 권력을 잡게 되면 부패의 늪에 빠져들게 되는 것일까? 왜 권력은 깨끗한 도덕적 이미지를 지닌 인물들을 반기지 않는 것일까? 이 질문은 많은 사람에게 명백해 보이면서도 결코 쉽게 풀리지 않는 수수께끼다.

이번 장에서 다루는 글라우콘의 정의관은 바로 이 질문, "왜 권력은 부패하는가?"와 관련해 아주 설득력 있는 의견을 제시한다. 우리는 2장에서 트라시마코스가 소크라테스의 문답법에 휘둘리며 힘없이 논쟁에서 물러서는 것을 보았다. 그러나 이 논쟁을 함께 지켜보고 있던 글라우콘은 소크라테스의 주장을 그대로 받아들이지 않는다. 오히려 글라우콘은 '정의는 강자의 편익에 이르게 된다'는 트라시마코스의 입장을 훨씬 정교하게 이어받아 더욱 강력하게 소크라테스의 주장에 반박한다. 그리고 이를 바탕으로 우리가 일반적으로 생각하는 것과는 전혀 다른 법과 정의의 기원을 내놓는다. 글라우콘에 따르면 법은 단지 타협의 산물일 뿐이며 정의는 불의 앞에 때로 무용하기까지 하다. 그럼 도대체 글라우콘은 누구이고, 그는 왜 이런 주장을 펼쳤던 것일까?

진정한 강자는 불의조차 정의롭게 보이게끔 만든다

글라우콘은 플라톤의 실제 형이다. 그는 『향연Symposium』(기원전 385~370 경)을 비롯한 플라톤의 몇몇 대화편에 등장하고 『국가』에서는 제2권부터 시작해 전체적으로 대화를 이끌어가는 데 있어 핵심적인 역할을 한다(플라톤에게는 두 형이 있었는데 『국가』에 함께 등장하는 아데이만토스가 큰형이다). 글라우콘과 관련해 우리의 이목을 사로잡는 것은 글라우콘이라는 이름 자체의 의미다. 글라우콘은 '반짝이는 눈을 가진 이,' '어둠을 꿰뚫고 볼 수 있는 이'라는 뜻인데, 좀더 의역을 하자면 '지혜로운 이'라는 의미로 볼 수 있다. 그 이름의 의미처럼 반짝이는 지혜를 발휘하는 글라우콘은 문답법에 말려버린 트라시마코스와는 달리 소크라테스의 주장을 다시 조곤조곤 반박한다.

글라우콘의 반론에서 무엇보다 인상적인 부분은 소크라테스가 내린 진정한 전문가에 대한 정의를 반박하는 대목이다. 소크라테스는 트라시마코스와 논쟁을 펼치던 가운데 "진정한 전문가도 자신에게 손해가 될 만한 법을 제정하는 실수를 하는지" 묻는다. 이 질문을 두고 트라시마코스는 "진정한 전문가는 실수를 하지 않는다"고 답변한다. 이 말을 받아 소크라테스는 트라시마코스의 말이 사실이라면 "전문가들은 잘못된 법을 제정하는 실수를 하지 않을 것"이라는 주장을 펼친다. 이 대화 가운데 논리적 흐름상 이해할 수 없는 장면은 트라시마코스가 소크라테스의 이런 주장에 제대로 반박하지 않고 어쩔 수 없다는 듯 받아들이는 대목이다. '진정한 전문가가 자신에게 손해가 될 실수를 하는 것'과 '의도적으로 잘못된 법을 제정하는 것'은 별개의 일로 양자 사이에는 논리적 연관성이 전혀 없다. 이 자리에 참석해 두 사람의 대화를 경청하고 있던 글라우콘 역시 똑같은 생각을 했던 모양인지 "제가 보기에는 트라시마코스 선생께서, 마치 뱀한테 홀리듯, 선생님께 정도 이상으로 쉽게 홀려버린 듯합니다"[1]라는 말로 이 상황을 지적한다. 현명한 글라우콘은 이런 트라시마코스의 실수를 반복하지 않는다. 오히려 글라우콘은 "법을 만드는 전문가들은 때로 자신에게 손해가 될 만한 법을 제정하는 실수를 하기도 하지만, 이런 실수조차도 이내 바로잡을 수 있는 능력이 있는 자들"이라고 정확하게 규정한다.

> 이를테면 정상급 조타수나 의사는 자기의 전문적인 기술에 있어서 가능한 것들과 불가능한 것들을 판별할 줄 알아서, 가능한 것은 하려 들되, 불가능한 것은 내버려 둡니다. 더 나아가 어쩌다 그가 실수를 하는 경우가 있더라도 그것을 능히 바로잡을 수 있지요. 마찬가지로 올바르지 못한 자역시 지극히 올바르지 못한 자가 되려면, 올바르지 못한 짓을 감쪽같이 제대로 해내는 걸로 봐야 합니다. (……) 최상급의 불의는 실제로는 올바르지 않으면서 겉은 올바른 듯 보이는 것이니까요.[2]

심지어 전문가들은 불의를 정의롭게 보일 수 있는 능력마저 갖추고 있다. 글라우콘의 표현에 따르면 이런 능력이야말로 "최상급의 불의"다. 이렇듯 트라시마코스의 오류를 '똑' 소리 나게 바로잡은 글라우콘은 소크라테스를 향해 엄청난 공세를 퍼붓는다.

정의란 힘이 엇비슷한 자들 간에 성립되는 협약이다

우선 글라우콘은 일반적으로 대중이 생각하는 정의는 소크라테스가 주장하는 정의와는 전혀 다르다고 지적한다. 소크라테스에게 어떤 행위가 정의롭기 위해서는 결과뿐만 아니라 그 동기도 좋은 것이어야 하지만, 대중은 동기에는 관심이 없을뿐더러 때로는 거추장스러운 것으로 취급한다. 대중이 정의를 따르는 이유는 정의가 좋아서가 아니다. 정의를 행했을 때 얻을 수 있는 이익, 보상, 평판이 그러지 않았을 때보다 많거나 좋기 때문이다. 그렇기에 정의란 결코 그 자체로 옳은 것이 아니며, 결국 결과로만 그 가치를 판단할 수 있다.

게다가 사람들이 '정의롭다'고 여기는 법의 실체란 것도 확실하게 잘못을 저지를 수 없는 자와 확실하게 자신에게 해가 되는 일을 막을 수 없는 자들 간에 성립되는 어중간한 사회계약일 뿐이다. 다시 말해 상대적으로 힘이 고만고만해 이러지도 저러지도 못하는 이들이 자신의 안전을 도모하기 위해 정한 약속일 뿐이다. 만약 잘못을 저질러도 제약을 당하지 않고 타자로부터 위협에 시달리지 않는다면 그 누구도 법의 테두리 내로 들어오려 하지 않을 것이다.

사람들은 분명히 말합니다. 본래 불의를 행하는 것이 좋으며, 불의를 당하는 것은 나쁘지만 불의를 당해서 입는 해악이 그걸 저질러 얻는 이익보다 훨씬 더하기에 정의를 행한다고 말입니다. 결국 서로에게 불의를 저지르기도 하고 또 당하기도 하면서 그 양쪽 다를 겪어보게 된 사람들은 불의를 온전히 피할 수도 없고 그렇다고 온전히 저지르는 일도 불가능함을 알게 되고, 이에 서로 간에 불의를 저지르지도 당하지도 않도록 약정을 하는 것이 이익이 되겠다는 생각을 하게 되었지요. 결국 이런 이유로 사람들은 자신들의 법률과 약정(계약)을 제정하기 시작했으며, 이 법이 내리는 지시를 합법적이며 정의롭다고 하게 된 겁니다. 이것이 바로 정의의 기원이자 본질이지요.[3]

정의의 이름 아래 행해지고 있는 '법'이란 불의를 온전히 피할 수도, 그렇다고 온전히 불의를 저지를 수도 없는 자들의 타협의 산물이라는 것이다. 글라우콘의 이런 주장은 자유지상주의 철학자 로버트 노직Robert Nozick이 『아나키, 국가 그리고 유토피아Anarchy, State, and Utopia』(1973)에서 제시한 최소 국가 이론에 등장하는 '독립인의 딜레마'를 떠올리게 한다. 노직은 국가의 보호 없이도 충분히 자기 스스로를 보호하며 살 수 있는 이들이 존재할 수 있음을 인정하며 이런 사람들을 독립인이라 부른다. 이처럼 독자적으로 자신을 안전하게 지켜낼 수 있는 사람들은 국가에 합류할 이유가 없다. 이런 독립인들을 국가에 합류시키려 한다면 그 대가를 지불해야 한다. 한마디로 국가에 합류하는 독립인에게 보상이라는 일종의 타협안을 제시해야 한다는 것이다.

좀더 쉬운 예를 들어보자. 같은 지역에서 철수, 영희, 민주, 경희라는 네 사람이 아직 국가가 없는 상황에 살고 있다고 하자. 자신을 스스로 온전히 보호할 수 없는 철수, 영희, 민주 세 사람은 외부의 침략과 같은 제약 혹은 상호 간에 신뢰를 저버릴 수 있는 상황에 대비해 자신들을 보호하고자 서로가 지켜야 할 법을 만들고 모두가 이 법을 준수하며 삶을 영위하는 정치사회를 형성하기로 합의한다. 그런데 같은 지역에 살고 있는 경희는 누구의 도움도 없이 혼자서 살아갈 충분한 힘과 재력이 있다. 이때 철수, 영희, 민주가 경희에게 자신들이 형성하는 정치사회로 들어오라고 제안한다면 경희의 반응은 어떨까? 합류에 대한 대가가 주어지지 않는다면 자신에게는 필요치도 않은 협약을 지키며 살아가는 수고를 경희는 결코 감내하지 않을 것이다.

대표적인 사회계약론자인 홉스는 『리바이어던Leviathan』(1651)에서 이런 독립인의 딜레마를 폭력으로 해결하고 있다. 명목상으로는 계약 아래 사람들이 정치사회, 즉 국가를 성립시키지만 실제로는 주권자가 쥐고 있는 폭력의 공포가 계약에 합류하지 않는 독립인들을 굴복시켜 국가에 합류하도록 만든다. 냉정하게 볼 때, 스스로도 생존할 수 있는 이들이 국가에 합류하게 되는 경우를 들라면, 홉스의 말처럼 더욱 강력한 폭력으로 굴복시키는 사례이거나 그 합류를 통해 그러지 않을 때보다 더 많은 이익을 얻을 수 있을 때뿐이다. 이런 독립인에 대한 보상안에 비추어 생각해 본다면, 법의 기원이 정의가 아니라 어중간한 힘을 가진 이들이 자기 이익을 보호하기 위해 내놓은 어정쩡한 타협의 산물이라는 글라우콘의 주장을 수긍할 수밖에 없다.

기게스의 반지, 권력을 타락시키다

글라우콘의 주장은 다음과 같이 요약할 수 있다. 첫째, 사람들은 기본적으로 정의에 관심이 없다. 둘째, 만약 불의를 행할 수 있는 충분한 능력과 힘이 있고 불의를 저지르고도 처벌을 피할 수 있는 자라면 법의 제약과 관련 없이 불의를 저지를 것이다. 셋째, 사람들이 그렇게 행동하는 것은 온당하다.[4] 글라우콘의 이런 정의관은 인간 본성이 옳은 일을 하는 데 관심이 없으며 자기 이익에 따라 움직인다는 것을 적나라하게 드러낸다. 이 논리에 따르자면 진정한 정의란 자기 이익을 실현하는 것이지 옳은 일을 하는 것이 아니다. 다만 인간이 옳은 일을 하는 것을 두고 정의라는 이름으로 포장하고 실천하는 이유는 단지 제약 없이 나쁜 짓을 저지를 충분한 힘이 없기 때문이다. 이렇게 보면 인간이 정의라고 부르는 것은 허위나 가식일 뿐이다.

글라우콘은 인간이 불의를 저지르는 가장 근본적인 원인으로 인간의 탐욕을 지적한다. 탐욕 때문에 인간은 자신의 몫에 만족하지 않고 부당하게도 남의 몫을 제 몫인 듯 바라게 되고 더 많은 것을 차지하려 든다. 누군가 어떤 제약도 가해질 수 없는 힘을 가지게 되는 순간, 그가 지닌 탐욕도 제지할 수 없는 것이 된다.

바로 이 대목에서 글라우콘은 자신의 주장을 뒷받침하기 위해 그 유명한 '기게스의 반지' 일화를 들려준다.[5] 기게스는 리디아의 참주로 원래는 왕의 양을 돌보던 양치기였다. 기게스가 들판에서 양을 돌보던 어느 날 갑작스럽게 폭풍이 몰아치고 지진이 일어난다. 급박한 순간이 지나간 후 겨우 정신을 차린 기게스 앞에 놀라운 광경이 펼쳐진다. 지진으로 땅이 갈라진 틈 사이로 동굴 하나가 보였던 것이다. 호기심에 그 틈 사이로 들어가본 기게스가 그곳에서 발견한 것은 송장 한 구. 기게스는 송장에 끼워져 있던 금반지를 빼서 밖으로 나온다. 이후 이 금반지를 끼고 목자들의 모임에 참석한 기게스는 놀라운 비밀을 알게 된다. 우연히 반지의 위쪽을 손바닥 쪽으로 돌리자마자 놀랍게도 자신의 모습이 보이지 않았던 것이다. 반지의 신비로운 힘을 깨닫게 된 기게스는 곧장 자신이 주인으로 모시던 왕이 사는 곳을 찾아가기에 이른다. 그곳에서 반지를 이용해 왕비의 침실로 숨어든 기게스는 왕비와 간통을 저지른 다음 주인인 왕마저 살해하고는 권력을 찬탈한다.

이 일화를 통해 글라우콘은 '제한되지 않는 힘'의 실체를 '보이지 않음', 바로 비밀스러운 힘과 연결시킨다. 그리고 누구라도 이런 비밀스러운 힘을 얻게 된다면 그 사람이 아무리 정의롭다 할지라도 이내 부패하여 부당한 짓을 저지르게 될 것이라고 주장한다. 이에 더하여 올바른 이와 올바르지 않은 이에게 이 반지를 하나씩 준다면 올바른 이조차도 이내 올바르지 않은 행동을 하게 될 것이라고 단언한다.

'기게스의 반지' 일화에 담긴 발상을 거의 그대로 옮겨온 것이 영국의 존 로널드 루엘 톨킨J. R. R. Tolkien이 쓴 『반지의 제왕The Lord of the Rings』(1954)이다. 피터 잭슨 감독이 3부작 영화로 만들기도 한 이 소설은 요정, 인간, 난쟁이 호빗족 등 다양한 집단이 함께 살아가는 '중간계middle earth'를 배경으로 펼쳐지는 판타지 모험을 그리고 있다. 이 소설의 중심이 되는 소재는 암흑군주 사우론이 비밀스럽게 만든 소위 '절대반지'다. 이 중간계에는 요정, 난쟁이, 인간의 지배자들이 권력을 만들어내는 힘의 반지를 소유하고 있다. '절대반지'는 중간계를 지배하는 모든 반지를 지배하는 반지 중의 반지이기에 이 반지를 소유한 이는 절대권력을 휘두를 수 있다.

그렇다면 이 절대반지가 가지고 있는 힘은 무엇일까? 사람들은 왜 이 반지에 이내 빠져들고 마는 것일까? 이 절대반지 역시 기게스의 반지처럼 반지를 끼면 모습이 보이지 않는 마력을 지니고 있다. 보이지 않는다는 것은 무슨 일이든 자기가 하고 싶은 일을 마음대로 할 수 있는 힘을 상징한다. 이 절대반지를 소유한 이들은 그 힘을 깨닫자마자 모두 탐욕스럽게 변해간다. 인간과 요정의 연대를 이끌고 암흑군주 사우론에 맞서 이 반지를 최초로 빼앗은 용맹한 이실두르가 그랬고, 우연히 이 반지를 얻은 뒤 골룸으로 변해가는 스미골도, 심지어 반지 파괴의 임무를 맡은 호빗족의 프로도도 마찬가지다. 이실두르, 골룸, 프로도 모두 반지를 파괴할 수 있는 모르도르의 운명의 산에 이르지만 누구도 반지를 스스로 파괴하지 못한다. 이 절대반지의 마력을 알고 있는 이실두르의 후손이자 이후 곤도르의 왕이 된 아라곤만이 한사코 반지를 가까이 두기를 거부한다. 이 절대반지가 내뿜는 권력의 유혹에서 자유로워지는 유일한 방법이 반지 자체와 거리를 두는 방법밖에 없기 때문이다.

정치적으로 보자면 기게스의 일화에 등장하는 반지의 힘은 제한되지 않는 권력을 상징한다. 반지의 마력처럼 불가시성은 제한되지 않는 권력의 원천이다. 현대 사회의 방식으로 말하자면 비밀국가기관 혹은 비밀사찰과 같은 행위를 말한다. 기게스의 일화는 비밀국가기관이나 비밀사찰과 같은 방식으로 통치하는 권력은 부패할 수밖에 없음을, 『반지의 제왕』은 이런 권력을 한번 운영하기 시작한 자는 그 비밀권력이 뿜어내는 유혹에서 빠져나올 수 없음을 단적으로 보여준다. 이런 비밀권력에서 자유로울 수 있는 유일한 길은 아라곤처럼 처음부터 거리를 두는 방법밖에 없다. 그가 마지막에 명예로운 왕으로 귀환할 수 있었던 것도 이 반지와 철저하게 거리를 두었기 때문이었다.

『동물농장』의 법칙—밀실화된 권력은 부패한다

20세기 들어 절대반지처럼 제한되지 않는 권력이 만들어낸 인류 역사 상 가장 극단적인 체제가 등장했으니 다름 아닌 '전체주의'다. 조지 오웰 George Orwell의 『동물농장*Animal Farm*』(1945)은 이런 전체주의 사회가 어떻게 비밀권력에 의해 유지되는지 풍자적으로 보여준다. 이 소설에서 동물들은 알코올 중독자가 되어 농장을 형편없이 만든 인간 주인 존슨 씨를 쫓아내버린다. 그리고 두 마리 돼지, 스노우볼과 나폴레옹이 이 농장의 공동대장이 된다. 스노우볼은 열성적으로 농장 재건에 나서지만, 나폴레옹은 권력을 차지하기 위해 몰래 아홉 마리의 개를 친위대로 키운 다음 권력을 차지하는 독재자가 된다. 이후 나폴레옹은 법을 자기 마음대로 바꾸어 농장을 운영하고 돼지와 개를 제외한 모든 동물이 다시 굶주림에 빠져들게 된다. 이 소설에서 나폴레옹이 권력을 차지하고 유지하기 위해 이용하는 아홉 마리의 개는 실제로 스탈린시대의 비밀경찰인 내무인민위원회NKVD를 풍자한 것이다. 이들은 체제에 반대했던 정치 인사들의 숙청을 담당했다.

이 『동물농장』은 권력의 밀실화가 어떻게 부패한 권력을 만들어내는지 적나라하게 그려내고 있다. 앞서 언급된 '기게스의 일화'를 소개할 때 유심히 본 독자들은 이미 눈치를 챘겠지만, 기게스의 원래 직업은 순박함을 상징하는 양치기다. 이 순박한 목자는 아무도 모르게 나쁜 짓을 할 수 있는 힘을 얻게 되자마자 주인의 아내인 왕비와 간통을 하고 마침내 왕을 암살해버린다. 이 『동물농장』에서 프레더릭Frederick이라는 인간으로 등장하는 아돌프 히틀러 역시 청년 시절에는 열정적인 순진한 화가였고, 나폴레옹으로 풍자된 스탈린 역시 권력을 잡기 전까지는 모든 정치세력과 원만한 관계를 유지하며 갈등하는 정치세력 간의 중재와 화해에 능한 인물이었다. 히틀러도, 스탈린도 비밀경찰과 함께하면서 누구도 그들의 권력을 제한할 수 없게 되자 20세기를 대표하는 악evil의 인물로 타락해버린다. 이들은 마지막 순간까지 권력을 유지하는 수단으로 비밀경찰을 활용한다. 아렌트는 『전체주의의 기원The Origins of Totalitarianism』(1951)에서 히틀러와 스탈린의 힘이 '군대'가 아니라 누구도 제한할 수 없었던 '비밀경찰'에 있었고, 이 비밀경찰이야말로 전체주의를 만들어냈던 핵심 요소 중 하나였음을 지적한다. 극단적인 힘은 반드시 부패하고, 그 극단적인 힘을 만들어내는 근원이 '은밀함'에 있다는 글라우콘의 주장이 2,500년이나 지난 지금까지도 확실히 유효하다는 사실을 역사가 증명하고 있는 것이다.

사례 1-1 **국가보안법 폐지 논란과 정당해산 심판**

우리 정치에서 국가정보원과 국가보안법 폐지를 두고 20여 년 넘게 이어져온 논란 역시 바로 이 '권력의 밀실화'라는 맥락에 놓여 있다. '밀실화' 논란이 끊이지 않는데도 국가정보원과 국가보안법 폐지를 반대하는 쪽에서는 여전히 우리가 분단국가라는 현실을 강조한다. 이들의 입장에서는 북한에 동조하는 세력을 가려내고 처벌하여 국가의 정체성과 안전을 유지하기 위해 국가정보원과 국가보안법을 폐지하는 것은 결코 바람직한 일이 아니다.

이에 맞서 폐지론자들은 권력자들이 국가정보원과 국가보안법을 악용하고 있다고 주장한다. 예를 들어 1998년에 사회과학서적 전문출판사 '책갈피'의 대표인 홍모 씨가 『알기 쉬운 마르크스주의』를 비롯해 유사한 11종의 책을 출간하여 국가보안법 이적 표현물 배포 금지를 위반했다는 혐의로 실형을 선고받았다. 하지만 해당 서적들은 국립중앙도서관과 국회도서관에도 버젓이 소장되어 있었다. 실제 이런 국가보안법의 자의적인 적용 때문에 발생하는 폐해를 두고 1999년 국제사면위원회가 폐지를 촉구했고 같은 해에 유엔인권이사회도 폐지를 권고했다. 2004년에는 대한민국 국가인권위원회가 국가보안법 폐지를 권고했으며, 정치권에서도 활발한 논의가 벌어져 폐지·개정안이 상정되기도 했다. 2008년 유엔인권이사회에서는 미국 대표가 재차 폐지를 권유했으며, 2011년에는 유엔에서 다시 한번 의사 및 표현의 자유를 다루는 특별보고관이 폐지를 권고하기도 했다.

2015년에 유엔자유권규약위원회United Nations Human Rights Committee(UNHRC)는 구체적으로 국가보안법 제7조를 폐지하도록 권고했다. 이 조항은 "반국가단체나 그 구성원 또는 그 지령을 받은 자의 활동을 찬양·고무 또는 이에 동조하거나 기타의 방법으로 반국가단체를 이롭게 한 자는 7년 이하의 징역에 처한다"라고 되어 있는데 조항 자체가 너무 모호해서 그 적용이 자의적일 수 있기 때문에 지속적인 논란의 대상이 되어왔다. 국제인권규약의 일부로서 시민적·정치적 권리에 관한 국제규약을 다루는 유엔자유권규약위원회가 이 조항의 폐지를 권고한 이유는 2014년 통합진보당 정당해산 심판 결정 때문이었다.

2014년 12월, 헌법재판소는 정부의 청구를 받아들여 통합진보당을 해산하고 통합진보당 의원들의 의원직까지 박탈하는 결정을 내렸다. 20세기 후반 이래 눈에 띄는 정당해산 심판으로는 독일, 터키, 스페인, 이집트, 태국 등이 있다. 민주주의적 관점에서 우리가 참고할 만한 독일의 경우 두 차례의 정당해산 결정이 있었는데, 그 첫 번째가 나치의 승계를 주장했던 사회주의제국당SRP이었다. 나치와의 연계가 확고했다는 점에서 이 판결에 대해서는 이견의 여지가 없다. 두 번째가 1956년 독일공산당KPD의 해산이었고, 이후 60여 년[6] 동안 정당해산 결정은 없었다. 이 판결에 대한 비판과 이후 독일 사회에 불어 닥친 후폭풍은 접어두자. 1968년 공산당 설립을 재허가한 독일 정부의 결정이 이 판결의 적절성 여부에 대한 후대의 평가를 대신하고 있다고 보아도 좋을 것이다. 스페인의 경우 2003년 바스크 분리독립을 주장하며 테러주의자들과 연계되어 있던 '바타수나당' 등 3개 정당이 해산된 적이 있었는데, 테러리즘과 연관성이 확고했다는 점에서 유럽인권재판소에서도 이 판결을 받아들였다. 이후 안정된 민주주의 국가에서 정당해산 심판은 사실상 없었다고 보아도 좋다. 언론에서 터키의 정당해산 결정이 자주 언급되고 있지만, 2013년 국경 없는 기자회에 따르면 터키 언론의 자유지수는 179개국 중 154위다. 게다가 20여 차례의 정당해산이 이루어졌고 그중 대다수가 유럽인권재판소에 의해 인권침해라고 선언되었던 터키의 사례를 굳이 참고할 이유는 없을 것이다. 태국의 경우 2007년 탁신 전 총리가 이끌던 '타이락타이당'이 쿠데타를 일으킨 군부의 군법재판소에 의해 부정선거를 치렀다는 이유로 해산된 적이 있다. 이집트의 경우 군부가 이끄는 과도정부 아래 일어난 일련의 유혈사태 끝에 2014년 9월 무슬림형제단이 창당한 '자유정의당'에 해산 명령을 내렸다. 우리가 참고할 만한 안정적 민주주의 국가의 사례에서 보자면, 우리 헌법재판소의 결정은 세계 역사의 한 장을 장식했다고 보아도 좋을 것이다.

유엔자유권규약위원회는 이런 정당해산 심판 결정을 심각한 시민적·정치적 권리의 침해로 보았다. 자유권위원회는 "표현의 자유에 대한 총체적 언급(번호34)과 1999년 위원회의 의견을 다시 돌이키면서 한국 정부에 '국제조약은 어떤 생각이 단지 적대국이 가진 생각과 일치하거나 적대국에 대한 공감을 이끌어낼 수도 있다는 이유로 그 생각의 표현이 제약되는 것을 허용하지 않음'을 다시 한 번 상기하는 바이다. 한국 정부는 국가보안법 7조 조항을 폐지해야 한다"고 권고했다.[7] 자유권위원회는 정당해산은 "국가가 최대한 자제해야 할 마지막 수단"이라고 쓰고 있다. 자유권위원회의 권고를 심각하게 받아들여야 하는 이유는 우리나라에서 국가보안법에 근거해 정당해산을 명한 사례가 처음이 아니라는 데 있다. 1958년 사법부가 조봉암을 국가보안법으로 엮고 그가 주도하던 진보당을 해산시켜버린 적이 있었는데, 2011년 대법원은 조봉암에게 무죄를 선고하며 공식적으로 사과하는 판결을 내렸다. 그리고 불과 3년 뒤 통합진보당을 헌법재판소가 '합헌적으로' 해산시켜버렸던 것이다.

사례 1-2 국가정보원 폐지 주장과 2012년 대선개입 논란

이런 국가보안법과 더불어 같은 이유로 폐지 논란에 휘말렸던 국가 기구가 바로 국가정보원이다. 1961년에 시작된 군사독재정부가 가장 먼저 한 일이 바로 비밀사찰기관인 중앙정보부를 만든 것이었다. 군사정부는 중앙정보부와 국가보안법을 활용해 권력을 강화하고 반대세력을 축출했다. 1987년 민주화운동 이후에도 중앙정보부는 국가안전기획부, 국가정보원으로 명칭을 바꾸며 계속 그 명맥을 유지해왔다. 그러나 민주화라는 명목이 무색하게 국가정보원은 지속적으로 민간인 사찰 의혹에서 자유롭지 못한 상태다. 우리 사회에서 비밀사찰기관의 문제는 사찰의 초점이 자국민에게 맞추어져 있다는 것과 이런 사찰이 대체로 권력을 쥔 집단에 반대하는 세력을 추려내는 일에 이용되어왔다는 데 있다. 예를 들어 2002년 보수적 입장에서 국민통합21의 대통령 후보로 나섰던 정몽준 대표는 "공산주의와 싸우도록 만들어준 사람과 기구가 대통령과 여당의 정치적 이익을 도모하기 위한 각종 공작과 술수의 진원지가 되어왔다"고 국정원의 폐해를 지적하며 "제왕적 대통령을 만드는 데 기여"한 국가정보원을 폐지하겠다는 공약을 내걸었다(『오마이뉴스』, 2002년 11월 8일자). 보수를 대표하는 정치인의 발언이었다는 점에서 국가정보원이 우리 사회에서 얼마나 많은 부정적 영향을 미쳤는지는 정치적 입장을 떠나 어느 정도 사회적 합의가 존재함을 알 수 있다.

그런데 2015년 2월 9일, 국가정보원이 또다시 정치적 논란에 휘말렸다. 서울고등법원이 원세훈 전 국가정보원장을 2012년 대선 개입 혐의로 징역 3년에 법정 구속시킨 것이다. 1심에서 무죄를 선고받은 지 6개월도 채 되지 않아서였다. 서울고등법원의 2심 판결문은 국정원장의 지시 아래 국정원이 얼마나 조직적으로 대선에 개입했는지 명확히 보여주고 있다.

① 심리전단의 직제는 심리전단장, 기획관, 팀장, 파트장, 파트원으로 되어 있으며, 이 사건의 사이버 활동을 전개한 사이버팀은 모두 2기획관 아래에 편제되었다.
② 사이버팀은 안보 1팀, 안보 2팀, 안보 3팀, 안보 5팀의 4개 팀으로 구성되어 있었다.

③ 안보 1팀은 대북심리전 사이트 운영 및 대북 사이버 심리전, 안보 2팀은 국내 포털 사이트상 북한 선전 대응활동, 안보 3팀은 국내 포털사이트 등에서의 종북세력에 대한 대응활동, 안보 5팀은 트위터에서의 북한 및 종북세력의 선동에 대한 대응활동을 각각 담당하였다. 이 중 안보 3팀과 안보 5팀은 각각 4개의 파트(1, 2, 3, 5파트)로 나누어 활동하였다. 안보 3팀은 각 파트별로 담당하는 인터넷 사이트를 구분하여 업무를 수행하였는데, 2파트에서는 블로그, 3파트에서는 다음 아고라 등을 주로 담당하였고 5파트에서는 오늘의 유머, 보배드림, 뽐뿌 등의 인터넷 커뮤니티 및 카페를 주로 담당하였다. 안보 5팀은 4개 파트 모두 트위터에서의 사이버 활동을 담당하였다.

④ 각 파트는 1명의 파트장과 4명 내외의 파트원으로 구성되었다. 안보 3팀의 인원은 팀장을 포함하여 24명, 안보 5팀의 인원은 팀장을 포함하여 23명이었다. 따라서 4개 사이버팀 전체의 인원은 80명 내외이었을 것으로 추정된다(서울고등법원 2015. 2. 9. 선고 2014노2820 판결).

2015년 대법원은 이 사건에 대한 유무죄 판단을 하지 않고, 2심에서 판결의 근거가 된 인터넷 게시판 활동, 인터넷 게시판에서의 찬반 투표 클릭 행위, 트위터 활동 중 세 번째 항목인 '트위터 활동'에 대한 사실관계 증명에 문제가 있다는 이유로 2심을 '파기환송'

시켰다. 여기서 주목해야 할 점은 대법원의 결정이 '무죄판결'이 아니라 2심에서 근거로 쓴 증거 중 하나가 잘못이 있으니 서울고등법원이 다시 재판하라는 '파기환송'이라는 것이다. 대법원은 '인터넷 게시판 활동, 인터넷 게시판에서의 찬반 투표 클릭 행위' 등에 대한 증거는 정당하다고 판결했다.

최종 판결의 유무죄를 떠나 국정원이 이런 사건에 휘말리는 것 자체가 우리 정치가 권력의 밀실화와 여전히 깨끗하게 결별하지 못하고 있다는 증거다. 실제 많은 민주국가가 비밀정보기구를 보유하고 있다. 누구나 알고 있는 미국의 중앙정보부CIA가 대표적인 예다. 그러나 대부분의 민주사회가 운영하는 정보부는 해외정보활동과 관련되어 있을 뿐, 자국민에 대한 사찰이나 감시활동을 펼치지 않는다. 대선개입과 같은 정치개입활동은 더더욱 금지되고 있다. 닉슨이 CIA로 하여금 민주당 선거본부를 도청하게 하여 결국 사임에 이르게 된 워터게이트 사건에서 알 수 있듯이 대외정보부가 국내 정치에 개입하는 일은 심각한 처벌대상이다. 대법원이 인정한 사안만을 든다 하더라도 국정원이 인터넷 게시판을 통한 여론조작을 활용해 체계적으로 실시한 특정 후보를 위한 대선 개입은 워터게이트 사건보다 더 심각했다고 해도 결코 과언이 아니다. 2010년대의 개방된 민주주의를 표방하는 국가에서 대외정보활동에 힘써야 할 국가정보원이 이런 논란에 지속적으로 휘말리는 이상 폐지 주장이 더욱 힘을 받을 수밖에 없을 것이다.

민주주의를 어떻게 방어할 것인가

국가보안법과 국가정보원 폐지 논란은 그 자체로 우리 사회에서 비밀권력이 정권에 봉사하는 일에 집중해왔음을 보여준다. 그러나 이런 비밀권력의 진정한 무서움은 비밀권력이 종사하는 대상이 그 누구도 아닌 비밀성 그 자체라는 데 있다. 우리가 이런 명확한 사실을 깨닫지 못한다면 비밀권력은 언제든 그 누구도 통제하지 못하는 세력으로 자라날 수 있다. 2013년 에드워드 스노든Edward Snowden 폭로 사건은 9·11 테러 이후 비밀권력에 의존하기 시작한 미국 사회가 프리즘 프로그램을 통해 어떻게 스스로 그 권력을 자국민을 향해 쓰기 시작했는지 보여주는 대표적 사례다. 그뿐만 아니라 그 범위가 정부조차 통제 불가능한 선에 이르고 있음을 드러내고 있다.

실제 민주적 사회를 어떻게 방어할 것인지는 중요한 문제다. 국가정보원도, 국가보안법도 모두 이와 연결되어 있는 문제다. 그러나 개방성을 최고의 미덕으로 삼는 민주사회를 제한되지 않은 비밀권력으로 지킨다는 것은 그다지 적절해 보이지 않는다. 이런 상황은 벤담이 설계한 파놉티콘을 떠올리게 한다. 이 파놉티콘은 가운데 커다란 하나의 감시탑이 서 있고, 그 감시탑에서 모두를 볼 수 있도록 둥그렇게 만들어진 원형감옥이다. 감옥은 한 사람씩 들어갈 수 있도록 칸칸이 나뉘어 있다. 이 감옥은 안과 밖으로 창문이 나 있는데, 밖에서만 빛이 들어오도록 하여 감시탑에서만 죄수를 볼 수 있을 뿐 죄수들은 감시탑 안에 누가 있는지 알 수 없도록 설계되어 있다. 누구인지는 모르지만 감시하는 권력이 있다는 그 사실만으로도 죄수들은 항상 자신이 감시당하고 있다는 느낌을 받게 된

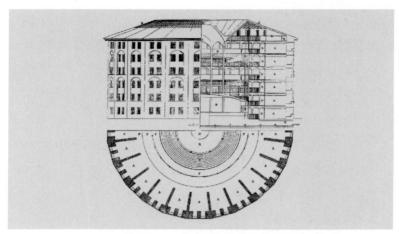

〈파놉티콘〉, 1791년, 와일리 레브리 그림

다. 이런 상황에서 죄수들은 스스로를 감시의 가능성 안으로 몰아넣기 때문에 자신의 행위를 스스로 규율하게 된다. 만약 이 원형감옥이 민주적이 될 수 있다면 그 유일한 이유는 개방성 때문이다. 민주적 체제는 이 감시탑 안에 누가 있는지 확인할 수 있도록 자유로운 출입을 허용한다. 반면 이런 권리가 없는 곳이 다름 아닌 전체주의 사회인 것이다.

그 구체적 수단이 무엇이든 간에 『민주주의의 방어Verteidigung der Demokratie』(1934)에서 한스 켈젠Hans Kelsen이 들려주는 말은 지금도 큰 울림이 있다. "민주주의자는 심지어 민주주의의 파괴를 목적으로 하는 운동에조차 관용해야 한다. 민주주의자는 배가 침몰하더라도 자신이 든 깃발을 지켜야 한다." 민주주의는 '민주적으로' 지켜야 한다는 것이다. 지금까지 우리가 보아왔던 사례는 그 민주성의 핵심이 '개방성'에 있다고 말한다.

사례 2 **다수(결)의 독재 — 견제되지 않으면 다수의 견해도 부패한다**

앞서 제시된 사례들이 명백하게 권력의 부패를 알려주는 것이라면, 우리가 지금부터 논의하게 될 '다수의 독재'는 '우리가 정당하다고 여기는 민주주의의 다수'와 관련되어 있다는 점에서 상당히 논란이 될 만한 부분이다. 모두가 잘 알고 있듯 민주주의의 최종 의사결정 수단은 '다수결'이다. 그러나 다수결제도는 한편으로 오래전부터 세찬 비판의 대상이기도 했다. 존 스튜어트 밀John Stuart Mill은 특히 대의민주주의 아래 이뤄지는 의회 다수의 문제를 지적하며 다음과 같이 말한다.

> 민주주의라는 말 속에는 두 가지 완전히 상반된 개념이 통용되고 있음을 알아야 한다. 순수한 의미의 민주주의는 평등하게 대표되는 전체 인민whole people에 의한 전체 인민의 정부를 지칭한다. 반면 사람들이 보통 생각하는 민주주의 그리고 지금까지 존재했던 민주주의는 특정 집단만 대표하는 그저 다수파 인민에 의한 전체 인민의 정부에 지나지 않는다. 전자는 모든 시민이 평등하다는 전제 위에 서 있지만 후자는 앞의 것과 묘하게 뒤섞여 실제로는 다수파를 이롭게 하는 특권 정부다.[8]

그리고 대의기구의 심의과정에서 소수파는 어쩔 수 없이 그 뜻을 접지 않을 수 없음을 지적하는데, "평등민주주의에서 다수 국민을 대표하는 의원들이 투표장에서 소수파를 누르고 자기 입장을 관철하기 마련"이기 때문이다. 밀에게 이런 민주주의는 정의롭지 못한 것이며 하나의 불의인데, 다수결이 소수자들의 정치적 영향력 행사 자체를 봉쇄해버리기 때문이다. 밀은 이런 불의는 구성원들 간의 평등을 보장하는 민주주의의 원리를 배신한 것이라며 울분을 토한다. 이런 다수자의 민주주의는 1인 1표라는 보통선거권의 취지에도 어긋나는데, 대부분의 경우 다수자의 결정 속으로 소수자의 표가 흡수되어버리는 탓이다. 예를 들어 투표는 명확하게 유권자의 얼마가 지지하고 얼마가 반대하는지를 숫자를 통해 명확히 보여줌에도, 패자가 된 소수자의 표는 공중으로 증발되어버리곤 한다. 그리고 다수자의 대부분은 소수자의 표의 가치에 대해 진지하게 고려하지 않는다.

다수결 혹은 다수의 지배 논리가 빠질 수 있는 가장 큰 함정은 '다수'가 늘 옳다는 논리적 오류다. '다수'라고 할지라도 늘 옳을 수는 없는 법이다. '다수'가 빠지는 또 다른 함정은 '다수의 결정이기 때문에 어쩔 수 없이 따라야 한다'는 것이다. 다수가 늘 옳거나 다수의 결정이기 때문에 조건 없이 따라야 한다면 '소수자의 권리'가 보호받을 수 있는 길은 사실상 존재하지 않는다. 무엇보다 사회적 다수자와 소수자의 지형이 명확할 경우, 다수의 논리는 당대 민주주의 정신이 반대하는 불평등한 지배의 논리가 된다. 그 어떤 견제와 균형도 없이 다수자는 영원한 다수자로, 소수자는 영원한 소수자로 남는다. 다수의 지배라 할지라도 변하지 않는 불평등구조 속에 정의의 자리는 사라지고 만다. 마지막으로 다수가 빠질 수 있는 가장 큰 함정은 다수를 '전체'로 환원하는 것이다. 다수는 부분이지 전체일 수 없다. 다수(결)의 논리가 이 세 가지 함정에서 벗어나지 못할 때, 밀이 소리 높여 비난하는 "케케묵은 관습과 비합리적인 제도가 만들어내는 정의롭지 못한 일"이 되어버리는 것이다.

제약되지 않을 때 사회적 권력 또한 정의를 무시한다

글라우콘의 주장에 담긴 의미를 한마디로 요약해본다면 '제약되지 않는 권력이나 힘은 정의를 무시한다'는 것이다. 앞서 보았던 국가보안법과 국가정보원의 예가 대표적이다. 그리고 제도적으로 적절히 제약되지 않는다면 권력자나 권력기구뿐만 아니라 사회적으로 영향력 있는 힘을 지닌 개인들 역시 정의 그 자체를 충분히 무시할 수 있다.

충분히 불의를 저지를 수 있는 자들이라면 그리고 진짜 사내들이라면 불의를 저지르지도, 불의를 당하지도 않게 하자는 그런 약정 따위는 맺지 않을 겁니다. 만약 그럴 수 있는 자들이 그런다면 그건 미친 짓이나 다름없을 것입니다.[9]

글라우콘에 따르면 사람들이 법을 지키는 이유는 정의가 좋아서가 아니라 단순히 불의를 저지를 때보다 불의를 당했을 때 더 큰 손해를 입기 때문이다. 정의를 위해 정의를 행하는 사람은 거의 없으며 그 누구라도 기회만 있다면 불의를 저지르려 한다. 만약에 불의를 저지를 수 있는데도 불의를 저지르지 않는다면 그 이유는 불의를 저지르지 않는 것이 훨씬 더 많은 이익을 주기 때문일 뿐이다. 법이 힘을 갖는 이유는 불의를 행한 자에게 그가 저지른 불의에 상응하는 징벌을 내릴 수 있기 때문이다. 우리는 흔히 법이 솜방망이 처벌을 했다고 불평하곤 한다. 이 말에 담긴 속뜻은 법이 잘못에 상응하는 처벌을 내리지 못해 불의를 저지르는 것이 저지르지 않는 것보다 더 많은 이익을 얻게 만들었다는 비난이라 할 수 있다. 만약 우리가 법이나 제도를 통해 제약하지 않는다면 사회적으로 혹은 경제적으로 권력이나 힘을 지닌 개인들 역시 언제든 가볍게 정의를 무시할 수 있다. 그리고 이런 예는 그리 멀리 있지 않다.

사례 3 **열정페이—왜 노동의 정당한 대가를 주지 않는 걸까?**

요즘 우리 사회에서 유행하는 말이 있다. '열정페이', 일자리와 업무경험 제공이라는 명목으로 급여를 지불하지 않거나 아주 소액의 임금만 주면서 취업준비생들을 착취하는 고용주들의 행태를 이르는 말이다. 취업을 준비하는 많은 청년이 인턴제도라는 명목 아래 아침부터 저녁까지 다른 정직원들과 똑같이 출근할 뿐만 아니라 주

말 근무에 야근까지 하면서도 때로는 무급으로 일해야 하는 현실에 처해 있다. 일자리가 줄어든 상황에서 기업이나 공공기관이 일자리 경험을 요구하고 동일한 기업과 공공기관이 그 일자리 경험을 제공하며 무상으로 노동력을 착취하는 현상이 만연한 가운데 '열정페이'의 현실이 자리 잡고 있는 것이다.

2015년 3월 고용노동부 장관은 "도제식 인턴과 열정페이(적은 월급을 주면서 취업준비생을 착취하는 행태)는 구분해서 볼 필요가 있습니다. 적정 대가를 받고 근로를 제공하는 것과 일을 배우는 수습 성격의 일자리는 구분해야 한다는 말입니다. (……) 향후 자신의 자산이 될 기술을 가르쳐주는 사람에게 최저임금을 다 달라고 하면 그 일자리는 없어질 것입니다"(『한국경제』, 2015년 3월 22일자)라고 경고했다. 고용노동부 장관이 몇 안 되는 장인 직종에서나 가능한 도제식 인턴이라는 말을 내세워 '열정페이'라는 불합리한 제도를 정당화시켰을 뿐만 아니라 최저임금을 다 달라고 하면 그 일자리가 없어질 것이라고 위협에 가까운 발언을 했던 것이다. 무급에 가까운 도제식 인턴. '무술을 배우려거든 물 길어 나르는 것부터 시작하라'는 소화자(청나라 말기에 무예로 이름을 떨친 인물로 영화 〈취권〉에도 등장한다)식의 발상이 21세기에도 유효할 수 있다는 게 놀랍기만 하다.

그러나 실제 노동현장에서는 많은 고용주가 (심지어 정부기관조차도) 정직원으로 유경험자를 찾고 있다고 내세우며, 젊은이들이 미래에 취직하는 데 쓰일 수 있는 경험을 무급으로라도 주는 게 어디나고 큰소리치고 있다. 실제 많은 청년이 이를 부당하다고 생각하면서도 좋은 경력이 될 만하다 싶으면 무급직 인턴에 자원하고 있는 것이 현실이다. 예를 들어 2015년 외교통상부 동북아2과가 정식 직원 채용과 무관함을 밝히고 무급 인턴사원 1명을 모집했는데 70명에 이르는 재원들이 지원을 했다(『주간경향』, 2015년 8월 15일자). "무급직임에도 외교부 인턴에 젊은 인재들이 몰리는 까닭은 한마디로 '정식 직원으로 채용되지 않더라도 십분 활용할 수 있는 경력' 때문"이라고 한다.

이런 현실 속에서 작동하는 제도적 제약이 없다면, 고용이라는 압도적인 힘의 추를 쥐고 있는 자들이 지속적으로 만들어내는 갖가지 부당한 상황에서 많은 젊은이가 고통받을 수밖에 없을 것이다. 2016년 고용노동부 자료에 따르면 2015년 최저임금법 위반 건수는 919건으로 전년보다 32퍼센트 증가했지만, 이 중 사법처리가 된 것은 19건으로 전체의 2퍼센트에 그쳤다(『더 비즈니스』, 2016년 2월 10일자). 이런 통계는 존재하는 제도적 장치조차 제대로 작동하지 않고 있음을 뚜렷이 드러낸다. "왜 고용주들은 정당한 노동의 대가를 주지 않는 것일까?" 이 질문의 대답은 분명하다. 정당한 대가를 주지 않아도 제도적으로 처벌되지 않거나 처벌된다 하더라도 정당한 대가를 주지 않는 것이 더 이익이 되기 때문이다. 불의를 저지르고도 제약되지 않을 수 있다면 누구도 불의를 행하는 일을 멈추지 않을 것이라는 글라우콘의 논리처럼 말이다.

'김영란법'과 준법이 이익이 되는 사회 만들기

글라우콘의 관점에서 보자면 한 사회에서 사람들이 법을 지키지 않으려 하거나 법을 존중하지 않는 성향이 높아지는 현상은 법을 지키지 않는 것이 법을 지키는 것보다 이익이 된다는 인식이 일반인들 사이에 확장되고 있음을 드러내는 증거라고 할 수 있다. 그리고 글라우콘의 말처럼 사람들의 본성이 옳은 일을 하는 것보다는 자신의 이익을 얻는 데 더 관심이 많다면, 법에 대한 존중이 상식이 되기까지는 긴 시간이 필요하겠지만 법에 대한 존중이 허물어지는 일은 순식간일 것이다.

법의 준수라는 차원에서 본다면 한 사회의 법을 제대로 설계하고 작동시키고 준수하는 데 있어 정치 지도자의 역할은 매우 중요하다. 많은 일반인이 정치 지도자들의 행위를 은연중에 자기 행위의 모델이나 근거로 삼기 때문이다. 만약 법을 설계하고 작동시키고 준수하는 일에 종사하는 엘리트들이 법을 지키지 않는 사회에서 일반인들만 법을 지킨다면, 그 유일한 이유는 법을 어길 때 받는 처벌이 너무 가혹하기 때문이다. 처벌이 엘리트에게는 관대하고 일반인에게는 가혹할 경우, 민주사회라면 당연히 문제가 제기될 것이다. 만약 이에 대한 문제가 제기되지 않는다면 그 사회 전반에 부패가 너무 널리 퍼져 있어 부패 자체에 사람들이 무감해지거나 그와 유사한 경우뿐일 것이다.

우리가 지금까지 살펴본 글라우콘의 정의관을 그대로 받아들이면 인간의 본성에 대한 의심과 더불어 어쩌면 법 기원의 정당성까지 의심을 지울 수 없을지도 모른다. 그러나 글라우콘의 정의관을 한번 뒤집어 생각해보자. 시민들이 법을 지킬 때 더 많은 이익을 얻을 수 있도록 설계하고 만들 수 있다면, 법이 효율적으로 유지될 수 있을 뿐만 아니라 권위 있는 존재가 될 수 있을 것이다. 더불어 한 사회에서 정의의 실현 여부는 권력을 제도적으로 얼마나 투명하게 만드느냐에 달려 있음도 어렵지 않게 깨달을 수 있다. 이는 권력의 투명성을 생명으로 삼는 민주사회가 권력자들에게 상대적으로 많은 제약을 부여하는 이유이기도 하다.

우리는 이 장의 서두에서 "좋은 사람이 좋은 마음으로 들어와도 이를 키워주지 않고 따돌리는 게 정치판"이라는 홍준표 경남도지사의 발언에 주목했다. 사실 홍 지사의 말은 권력을 투명화하려는 사람들이 정치판에서 미움을 받는다는 말과 다르지 않다. 이미 권력을 차지하고 있는 이들에게는 좋은 인물의 깨끗한 이미지와 비교되는 일 자체가 자신들이 차지하고 있는 권력을 임의대로 휘두르는 데 걸림돌이 되기 때문이다. 그렇기에 깨끗한 인물이 다른 권력자들과 정치적 장에서 불협화음 없이 권력을 공유할 수 있는 길은 같이 부패하는 길뿐인 것이다.

만약 홍준표 지사의 말이 사실이라면 우리의 선택은 무엇이어야 할까? 추악한 정치판으로부터 등을 돌릴 수도 있고, 그 정치를 투명하게 만들기 위해 노력할 수도 있을 것이다. 이는 사회 전반에 걸쳐 있는 부패에 대해서도 마찬가지다. 추악한 사회적 부패로부터 등을 돌릴 수도 있고, 그 부패를 제거하기 위해 노력할 수도 있을 것이다.

독일에 기반을 두고 반부패운동으로 세계적인 권위를 얻고 있는 국제투명성기구TI가 발표한 '2015년 국가별 부패인식지수CPI'에 따르면 우리나라는 경제협력개발기구OECD 34개 가입국 중 27위에 불과했다. 부패인식지수란 평범한 사람들이 자국의 공무원이나 정치인 등이 얼마나 청렴하다고 느끼는지에 대한 지수다. 글라우콘 식으로 표현하자면 정치

엘리트들이 얼마나 견제되지 않는지에 대해 국민들이 느끼는 지수인 것이다. 100점 만점으로 측정되는 이 지수에서 2015년 우리나라의 부패인식점수는 56점으로 2008년 이후 50점대를 벗어나지 못하고 있다(10점 만점일 시기에는 5.0대에 머물렀다).

　2016년 9월에 시행된 '김영란법(부정청탁 및 금품 등 수수의 금지에 관한 법률)'은 우리 사회 전반에 널리 퍼져 있는 부정청탁과 금품수수를 근절하자는 목적으로 제정된 것으로서 정치계와 사회 전반을 투명하게 만들기 위한 노력의 일환이다. 2012년 김영란 국민권익위원장이 최초로 제안했던 이 법은 공직자와 언론사·사립학교·사립유치원 임직원, 사학재단 이사진에 해당하는 본인이나 그 배우자가 접대와 청탁을 받지 않도록 구체적으로 규정하고 있다. 그러나 이 법은 그 제정과정에서 '과잉입법'이라는 이유로 큰 저항에 직면했다. 예를 들어 대한변호사협회와 한국기자협회는 2015년 3월 김영란법이 국회를 통과하자 헌법상의 평등권 위배(제11조 1항), 언론의 자유의 위배(제21조)로 헌법소원심판을 청구했다. 그뿐만 아니라 정계와 경제계에서는 이 법이 비싼 선물세트를 더는 팔지 못하는 농수축산업계에 큰 타격이 될 것이며 국가 경제 전반에 몇 조 원에 이르는 손실을 안겨줄 것이라는 비판이 쏟아졌다. 사소하게는 접대상한선인 '식사 3만 원, 선물 5만 원, 경조사비 10만 원'이 현실적이지 못하다는 이유로 '식사 5만 원, 선물 10만 원, 경조사비 10만 원'으로 올리자는 수정안이 제시되기도 했다.

　물론 한국기자협회나 대한변협, 정계와 경제계가 주장하는 언론의 자유, 평등권, 경제적 효과는 당연히 보호되어야 한다. 그러나 '식사 3만 원, 선물 5만 원, 경조사비 10만 원'이 언론의 자유를 침해할 수 있다면,

그것을 국민의 평등권을 망치는 것으로 본다면, 나아가 국가 경제에 심각한 타격이 된다면, 그런 언론의 자유와 평등권과 경제는 얼마나 건강한 것이라 부를 수 있을까? 만약 진행과정에서 오류가 명백히 드러난다면 자연스럽게 법의 내용은 수정될 것이다. 이 과정에서 우리가 관심을 기울여야 할 초점은 오류를 바로잡는다는 핑계로 이 부패방지법을 휴지조각처럼 너덜너덜하게 만들지 않는 일이 될 것이다. 단기적으로는 몇몇 불편이 있을 수 있겠지만, 장기적으로는 부정청탁과 금품수수라는 잘못된 관행을 깨끗이 청산하는 것이 언론의 자유, 평등권, 경제를 건강하게 만드는 데 더 큰 도움이 되지 않을까? 그리고 이야말로 법을 지키는 것이 누구에게나 이익이 되는 사회 만들기의 첫걸음이 되지 않을까?

과잉법이라 주장하는 이들이 오히려 주목해야 할 점은 이 법이 시행되기까지 평범한 사람들이 이 법안을 하나의 제도로서 누구보다 굳건하게 지지했다는 사실이다. 2015년 1월 9일 JTBC의 여론조사에서 국민의 70.6퍼센트가 이 법에 공감을 표시했고,[10] 2016년 8월 4일 리얼미터의 여론조사는 60퍼센트 이상이 기존의 기준인 '식사 3만 원, 선물 5만 원, 경조사비 10만 원'을 고수할 것을 지지했다.[11] 왜 이들은 이렇게까지 김영란법을 지지했던 것일까? 엘리트들이 주장하듯 이들이 단지 어리석기 때문일까? 그러나 이런 주장은 핵심을 놓친 것이다. 핵심은 한 사회의 부패 때문에 절망하는 쪽은 언제나 평범한 사람들이라는 데 있다. 부패의 수혜자는 늘 엘리트들이거나 엘리트에 기생하는 세력이다. 그러나 절망하고 등 돌리는 일이 현실을 바꾸지는 않는다. 변화는 이에 맞서 제도적 해결책을 모색할 때 찾아오기 때문이다. 그렇기에 김영란법을 지켜낸 평범한 사람들의 노력은 평가받아 마땅한 일이지 않을까?

4장

칼리클레스

우월한 자가
권력을 갖는 것이 정의롭다

소크라테스님, (……) 진정한 인간이라면 부정의한 일에 고통을 겪지는 않을 것입니다. 그런 일은 살아 있는 것보다는 차라리 죽는 게 나은 노예에게나 일어나는 일이지요. (……) 제가 보기엔 더 나은 사람들이 못난 사람들보다, 강한 사람들이 약한 사람들보다 더 많이 갖는 건 옳은 일입니다. (……) 그게 바로 자연의 법인 것입니다!

칼리클레스, 플라톤의 『고르기아스』에서

'슈퍼 갑', 땅콩 서비스에 분노하다

2014년 12월 5일 1시 무렵 뉴욕의 케네디JFK 공항에서 대한항공 KE
086편이 이륙하기 위해 활주로를 향해가던 도중 갑작스럽게 탑승 게이
트로 돌아왔다. 그리고 수석승무원인 사무장을 어둠이 깊이 내린 공항에
홀로 내려놓고 이륙하는 사건이 일어났다. 왜 이 항공편은 갑작스럽게
수석사무장을 공항에 내려놓기 위해 회항했던 것일까? 그 이유는 일등석
에서 서비스된 땅콩 때문이었다. 비행기를 돌려놓은 당사자는 당시 일등

석에 탑승하고 있던 대한항공 회장의 맏딸이자 부사장인 조현아 씨. 조 부사장은 땅콩과자 서비스가 규정에 맞지 않는다는 이유로 땅콩을 서비스한 승무원에게 고성을 질렀다. 그것도 모자라 승무원을 변호하던 사무장에게는 욕설을 퍼붓고 폭행을 가했다. 그리고 자신의 분을 이기지 못해 활주로로 향하던 항공기를 돌려 사무장을 케네디 공항에 홀로 내리게 했던 것이다. 이런 조 부사장의 행위는 항공보안법상 '항로변경죄'에 해당될 수도 있는 일종의 중범죄였다. 이 사실이 알려지는 과정에서도 대한항공 측은 사무장과 승무원에게 책임을 돌리며 은폐 시도를 했지만, 용기를 낸 사무장이 검찰조사에서 진실을 밝히며 이 사건의 전모가 드러날 수 있었다. 슈퍼 갑의 어이없는 횡포에 성난 여론이 불같이 일어나자 대한항공은 공식적인 사과성명을 내야 했고 검찰은 조 부사장을 기소하기에 이르렀다.

하지만 조 씨가 보여준 행동은 우리 사회 곳곳에서 일어나고 있는 소위 '슈퍼 갑'이라 불리는 이들이 저지르는 횡포의 한 사례일 뿐이다. 이 사건이 이슈가 되기 전에도 2013년 5월 남양유업이 주문을 하지 않았거나 판매할 수도 없는 제품들을 대리점에 강압적으로 할당하고 심지어 대리점주들의 인격까지 모독한 사건이 있었다. 슈퍼 갑의 횡포가 적나라하게 드러나면서 '남양유업 방지법'까지 발의되었지만 사회 곳곳에서 권력을 쥔 슈퍼 갑들의 횡포는 여전하다. 그렇다면 왜 슈퍼 갑이라 불리는 이들은 소위 상대적 약자의 관계에 있는 '을'을 향해 불법적인 수단을 악용하고 그들의 인격까지 모독하는 짓을 서슴없이 할 수 있는 것일까? 소크라테스와 정의를 두고 논쟁을 펼친 또 다른 인물 칼리클레스는 강자들의 입장에서 이런 질문에 답할 수 있는 근거를 제시한다.

칼리클레스, 우월한 자들의 지배를 옹호하다

우리는 2장에서 정의란 결국 강자들의 편익에 이르게 된다는 트라시마코스의 주장을, 3장에서는 권력을 쥔 자들이 근본적으로 정의에 관심이 없다는 글라우콘의 주장을 살펴보았다. 지금부터 함께 살펴보게 될 칼리클레스는 힘을 정의의 근원으로 본다는 점에서 트라시마코스와 글라우콘의 정의관과 일맥상통한다. 그러나 칼리클레스는 법이 권력을 쥔 강자들을 견제하는 데에 대해 분통을 터뜨린다. 그러고는 '권력은 힘 있는 자들이 쥐는 것이 옳다'는 당위론의 차원에서 강자들의 권력과 정의를 내세운다.

칼리클레스는 어떤 인물이었을까? 칼리클레스는 플라톤이 쓴 『고르기아스Gorgias』(기원전 380)라는 대화편에 등장하는 젊은 정치가다. 이 대화편에서 소크라테스는 소피스트이자 웅변가인 고르기아스와 '무엇이 진정한 정치인가'를 두고 서로 입에 발린 칭찬을 늘어놓으며 화기애애하게 토론을 벌인다. 그러나 격식을 차리던 토론이 순식간에 아주 격렬한 논쟁으로 번지고 만다. 사태를 그렇게 만든 장본인이 바로 칼리클레스다.

칼리클레스가 구체적으로 어떤 인물인지에 대해서는 알려진 역사적 사실이 거의 없다. 실제 인물인지 아니면 플라톤이 상상으로 만들어낸 인물인지조차도 모른다. 하지만 대부분의 학자는 플라톤이 뜬금없이 새로운 인물을 만들어낼 리가 없다는 점에서 칼리클레스를 실존했던 인물로 본다. 이처럼 칼리클레스에 대한 정보 자체가 적은 탓에 그가 누구인지에 대해서도 의견이 분분하다. 어떤 이들은 젊은 철학자로 소개하기도 하고, 어떤 이들은 펠로폰네소스 전쟁이 끝날 무렵 정치적 격동의 시기에 목숨을 잃은 젊은 청년 정치가로 보기도 한다.[1] 이들은 그에 대한 역사적 기록이 거의 없는 것은 젊은 나이에 목숨을 잃은 탓이라고 말한다. 이들의 주장처럼 이 대화편에서 칼리클레스는 아테네에서 막 정치활동을 시작한 젊은 엘리트로 등장하는데, 이 신예 정치가가 내세우는 정의관이 참으로 도전적이다.

그렇다면 어떻게 두 사람 사이에 이런 격렬한 논쟁이 시작되었던 것일까? 2장에서 잠시 언급했듯이 시민들의 직접적인 정치참여가 보장되었던 고대 아테네에서는 언변술이 중요한 역할을 했다. 이런 언변을 '수사(학)rhetoric'라고 하는데 영어 표현인 '레토릭'을 그대로 쓰기도 한다. 『고르기아스』라는 대화편의 제목은 레토릭의 달인이자 타고난 웅변가였던 고르기아스라는 인물에서 따온 것이다. 이 고르기아스가 하루는 대중을 상대로 연설을 하게 되었다. 그리고 때마침 소크라테스 역시 이 연설을 들으러 와 있었다. 당시 고르기아스는 칼리클레스의 집에 묵고 있었는데, 소크라테스를 우연히 본 칼리클레스가 서로 간에 동의를 얻어 집에서 열린 사적 토론회에 그를 초대했던 것이다. 이 토론회에는 이들 외에도 폴로스라는 고르기아스의 제자도 함께하고 있었다. 대화의 주제는 자연스럽게 낮에 소크라테스가 본 고르기아스의 연설이 되었다. 소크라테스는 고르기아스가 연설을 하며 보여준 탁월한 설득의 기술을 두고 칭찬을 하던 와중에, 설득의 수사가 정치에서 더 올바르게 쓰이기 위해서는 철학이 필요하다는 주장을 펼친다. 진정으로 수사에 능한 자는 무엇이 정의로운 일인지, 어떤 것이 더 훌륭한지와 같은 문제에 견고한 지식을 지니고 있어야 한다는 것이다.

소크라테스의 이런 주장을 애초에 못마땅하게 여긴 이는 칼리클레스가 아니라 고르기아스의 제자인 폴로스였다. 폴로스는 소크라테스를 향해 이상한 질문으로 고르기아스를 곤경에 빠뜨리지 말고 무엇이 진정한 수사인지에 대해 소크라테스가 직접 이야기해보라고 강권한다. 그러자 소크라테스는 정의와 수사학의 관계를 의술과 요리술의 관계에 비유하며, "맛을 추구하는 요리술이 건강을 목적으로 하는 양 의술로 분장한 아첨"이듯 사실상 수사학은 소피스트들이 사람들을 설득하기 위해 정의로 분장시킨 "아첨의 한 분야"라고 지적한다.[2] 그러고 나서 무엇이 올바른지에 대한 지식이 없는 자의 정치적 수사는 아첨에 불과하다고 주장한다.

소크라테스의 주장이 여기에 이르자 칼리클레스가 일어섰다. 그가 냉소적인 목소리로 말했다. "선생님의 이야기를 진담으로 받아들여야 하는지 아니면 농담으로 받아들여야 하는지 모르겠습니다." 그러고는 논쟁이 진행되어가면서 아주 무례하고도 격렬하게 소크라테스를 몰아붙이기 시작한다. 우선 칼리클레스는 폴로스를 향해 소크라테스가 내세운 "잘못된 일을 하느니 차라리 잘못된 일에 고통받겠다"는 주장부터 강력하게 반박한다. 소크라테스는 나쁜 짓을 하느니 차라리 나쁜 짓에 당하는 것이 낫다는 주장을 펼쳤는데, "불의를 행하는 것이 더 수치스러운 것이기 때문"이다.[3] 하지만 칼리클레스는 소크라테스의 이런 주장을 비웃으며 재빠르고 강력하게 되받아친다.

오, 소크라테스님, (……) 진정한 인간이라면 부정의한 일에 고통을 겪지는 않을 것입니다. 그런 일은 살아 있는 것보다는 차라리 죽는 게 나은 노예에게나 일어나는 일이지요. 잘못된 일을 당했음을 뻔히 알고도, 모욕을 당하고서도, 자신을 방어할 수도 없고 자신을 보호해줄 수 있는 이도 없는 노예 말이지요.[4]

이 같은 칼리클레스의 말은 가슴에 확 와 닿는 부분이 있다. "억압받으면서도 그 억압을 그대로 참는 것은 노예나 할 일이다!" 소크라테스의 주장을 여과 없이 따르자면 로마의 노예제도에 반대해 일어선 노예 검투사 스파르타쿠스Spartacus의 반란도 잘못된 일이 될 수 있다. 노예상태에서 벗어나기 위해 칼을 들고 일어나 누군가를 죽여야 한다면 차라리 노예로 고통받다 죽는 일이 더 나은 일일 수도 있기 때문이다. 반면 칼리클레스의 주장을 따른다면 이런 반란은 도덕과는 아무런 상관이 없다. 단지 '누가 더 강한 자인가'를 두고 힘을 겨루는 투쟁일 뿐이다. 그리고 이 싸움에서 이긴 자가 지배하는 것이 정의로운 상황이 될 것이다.

이런 맥락을 타고 칼리클레스는 그 유명한 "힘이 옳음을 만든다Might makes right"는 주장을 내세운다. 숲에서는 사자가 왕이고 그 사자를 중심으로 여우와 토끼들이 질서를 이루는 게 자연의 질서에서 올바른 일이듯, 인간의 질서 역시 강자를 중심으로 약자들이 질서를 이루는 게 올바른 일이라는 것이다. 이것이야말로 자연이 형성된 이래 유지되어온 진정한 정의의 법칙이기에 강자가 약자를 지배하는 것은 당연하고도 옳은 일이다.

내 생각에 더 나은 사람이 더 못한 사람보다, 더 유능한 사람이 더 무능한 사람보다 더 많이 갖는 것이 정의라는 것을 자연이 분명히 보여주는 것 같습니다. 그 증거는 도처에 널려 있어요. 다른 동물의 세계에서도, 인간들의 모든 공동체와 종족들 사이에서도 정의는 강자가 약자를 지배하고 더 많이 갖는 것으로 규정되어 있으니까요.[5]

이 같은 이유로 칼리클레스가 내세우는 정의를 '자연의 정의natural

justice'라고 부르기도 한다. 이는 우리가 지닌 '본성'에 충실해야 함을 강조하는 동시에 자연의 질서에 반하는 모든 법을 깨뜨려버려야 함을 역설하고 있다. 마치 니체의 논변처럼 기존의 제도적이고 관습적인 제약에서 벗어나 우리 내부에 잠재해 있는 본성의 발현을 통해 자신이 주인이 되는 자유를 되찾으라고 강변하고 있는 것이다.

> 본성이 충분히 강한 남자라면 모든 제약을 털어내고 부수고는 자유를 찾으리라 확신합니다. 그리고 (……) 자연에 반하는 법들을 짓밟고 일어나 자신이 우리의 주인임을 드러낼 것이며, 거기서 자연의 정의가 빛을 발하겠지요.[6]

그리고 한발 더 나아가 철학이 아니라 힘이야말로 옳음을 만드는 핵심이라고 단언한다. 이제 거칠 것 없는 이 청년 정치가는 소크라테스를 향해 "선생님도 철학과 작별하고 더 중대한 일들을 향해 나간다면 내 말이 진실이라는 것을 알게 될 것"이라고, 나아가 "적당한 나이에 적당히 손댄다면 철학은 분명 매력적이지만 필요 이상 오래 철학으로 소일하면 사람이 망가지고 만다"며 냉소를 퍼붓는다.[7] 그리고는 옳음을 판단하는 철학자들은 세상물정에는 어두워 정치에는 무용할 뿐만 아니라 사실상 정치와 철학은 서로 다른 일이라는 주장을 펼친다.

칼리클레스의 태도가 무례하긴 하지만, 정치란 도덕적이거나 비도덕적인 것, 다시 말해 옳음을 판단하는 철학과는 아무런 상관이 없다는 청년 정치가의 주장은 상당히 설득력이 있어 보인다. 정치란 어떤 부분에서는 도덕과 무관amoral할 수 있기 때문이다. 이런 맥락에서 보자면 사람들을 정치적으로 설득하기 위한 수사의 문제는 옳고 그름을 따지는 도덕의 문제가 아니다. 오히려 진정한 정의는 도덕의 문제와 분리될 수 없는 '법'에 있는 것이 아니라 강자가 약자를 지배하는 자연적 질서를 따르는 데 있다.

그러나 이어지는 칼리클레스와 소크라테스의 말을 듣다 보면 칼리클레스의 주장에 사뭇 고개를 갸우뚱하게 된다.

소크라테스: 칼리클레스, 처음으로 되돌아가 자네가 의미하는 '자연적 권리'라는 게 뭔지 들려주게. 내가 이해하기엔 자네가 말하는 바에 따르면 그 자연적 권리라는 게 강한 자들이 힘으로 약한 자들의 것을 취하고, 더 나은 자들이 못한 자들을 지배하며, 더 뛰어난 자가 그보다 못한 자들보다 더 많은 것을 갖는다는 것인데, 혹 내가 잘못 이해하고 있는 겐가?
칼리클레스: 아닙니다. 그게 정확하게 이전에 제가 말한 것이고 지금 제가 주장하고 있는 것입니다.[8]

너무도 당당한 칼리클레스의 태도에 당황했던 모양인지 소크라테스는 재차 묻는다.

소크라테스: 그럼 자네에게 권력을 더 많이 가졌다는 것more powerful과 더 강하다는 것stronger, 그리고 더 낫다better는 것은 같은 것이라 할 수 있는가?
칼리클레스: 분명히 말씀드리지만 같은 것들입니다.[9]

간단히 정리해보자. 칼리클레스가 말하는 자연적 정의는 '첫째, 더 강한 자가 약한 자의 것을 힘으로 취하는 것은 정의롭다. 둘째, 더 나은 자가 더 못한 자를 지배하는 것은 정의롭다. 셋째, 더 뛰어난 자가 그보다 열등한 자들보다 더 많이 갖는 것은 정의롭다'는 것이다. 칼리클레스에게 권력을 더 많이 가졌다는 것, 육체적으로 더 강하다는 것, 재능이 더 뛰어나다는 것은 지배할 자격이 있다는 점에서 동의어나 다름없다. 이후 소크라테스와 논쟁을 벌이던 칼리클레스는 이 세 가지 사이의 연관성을 잇던 끝에 강한 자의 의미를 "나랏일에 관해 그리고 나랏일을 잘 처리하는 방법에 관해 지혜로울 뿐만 아니라 용감한 사람들"[10]로 규정하며 말 바꾸기를 시도한다. 권력을 더 많이 가졌다는 것, 육체적으로 더 강하다는 것, 재능이 더 뛰어나다는 것, 이 세 가지를 논리적으로 서로 연관 짓기 어렵다는 것은 부인할 수 없다. 하지만 칼리클레스에게 강한 자는 어떤 방식으로든 권력관계에서 우월한 위치에 있는 이라는 점만은 분명하다.

법이란 강자를 제약하기 위한 약자들의 음모일 뿐이다

이렇게 강한 자의 지배가 자연의 관점에서 볼 때 정의로운 것이라고 옹호하는 논변 중에서 흥미로운 부분은 칼리클레스가 자연의 정의에 반하는 대상으로 법을 지목하며 공격하는 대목이다. 이 젊은 정치가는 자연의 정의를 가로막는 '법'을 인간의 대다수를 형성하는 약자들이 소수의 강자들에게 족쇄를 채우고자 만든 수단에 불과한 것으로 몰아붙인다.

제 생각에, 법은 인간 다수를 형성하는 약한 자들이 만들어낸 것에 불과합니다. 그들은 법과 관례를 만들어서 (……) 더 강하거나 우월한 위치로 갈 수 있는 능력 있는 자들에게 위협을 가하지요. 그리고 너무 많이 가지는 것은 부끄러운 일이다, 잘못하는 일이다, 라고 말하지요. 제가 보기엔 더 나은 사람들이 못난 사람들보다, 강한 사람들이 약한 사람들보다 더 많이 갖는 건 옳은 일입니다. (……) 그게 바로 자연의 법인 것입니다![11]

칼리클레스에 따르면 강한 자들이 약자들을 힘으로 제압하고 지배하는 것은 인간이 만든 법의 차원에서 볼 때나 잘못된 행위이지 자연의 법칙 아래서는 옳은 행위다. 강자가 힘으로 문제해결을 할 수 없도록 만들어놓은 법은 자연이 만들어놓은 정의에 반할 뿐만 아니라 강자에게는 단지 족쇄일 뿐이다. 세상은 법이라는 제약을 통해 강인한 '사자'를 남들과 똑같은 몫을 추구하는 노예로 전락시키고 있다.[12] 이런 일이야말로 진정으로 정의롭지 못하다.

칼리클레스의 이런 주장은 당시 아테네가 법으로 통치되는 민주정이라는 사실을 은연중에 반영하고 있다. 역사상 거의 대다수의 정체는 소수가 다수를 지배하는 일을 정당화하기 위해 만들어진 것이다. 군주정이든 귀족정이든 어떤 정체의 이름을 갖다 붙이든 역사적으로 모든 정체는 소수의 지배를 정당화했다. 단 하나의 예외가 바로 민주정인데, 약자들이 다수를 형성해 강자들을 제약할 수 있는 유일한 체제이기 때문이다. 칼리클레스의 입장을 충실히 따르면 민주정에서 데모스(시민)들이 법을 만들어 강자들의 권력을 제약하는 행동은 정의롭지 못한 일이다. 쉽게 말해 법은 민주정의 약자들이 강자들에게 대항하기 위해 만들어낸 편법 혹은 계책에 불과한 것이며, 잘 법제화된 민주정일수록 진정한 강자들을 제약하는 불편한 체제다. 이렇듯 강한 자들이 지배하는 것이 정의롭다는 주장은 다수의 의지에 반해 소수의 권력 행사를 제약하는 민주정에 대한 반대로까지 해석될 수 있다.

진정한 강자들의 미덕은 절제하지 않는 것이다

칼리클레스의 강자에 대한 옹호와 법에 대한 반감은 여기서 끝나지 않는다. 칼리클레스가 논쟁 중에 자신이 의미하는 강자가 "나랏일에 지혜롭고 용감한 사람"이라고 말을 바꾸자 소크라테스는 그 '통치자들'이 절제와 자제력을 통해 자신을 다스리는 이들인지 되묻는다. 그러자 칼리클레스는 '그렇지 않다'고 단호하게 답변한다.

> 소크라테스 선생님, 누구에게 종살이나 하는 사람이 어떻게 행복할 수 있겠습니까? (……) 올바르게 살아가려는 사람은 자신의 욕구가 최대한 커지도록 내버려두어야지 응징해서는 안 됩니다. (……) 누군가 왕자, 참주, 혹은 정치 지도자로 권력을 잡을 수 있는 능력을 타고났다고 생각해보세요. 솔직하게 이런 사람들에게 절제와 정의보다 더 창피하고 나쁜 것이 어디 있겠습니까? 어느 누구에게도 방해받지 않고 좋은 것을 즐길 수 있는데도 대다수의 사람이 따르는 법, 의견, 비판을 떠받들다니요. 정의와 절제가 다스리는 이런 나라에서 그들이 어떻게 행복할 수 있겠습니까?[13]

칼리클레스는 "재력만 있다면 사치와 무절제와 자유야말로 미덕이자 행복"[14]이라고 열변을 토한다. 가지고 싶은 것이 있고 욕구가 넘쳐난다면 강자들은 법이니 절제니 혹은 법이 말하는 정의니 하는 겉치레에 해당하는 것들에 구애받을 필요가 없다. 절제가 미덕인 양 취급되는 까닭은 단순히 "스스로 쾌락을 충족시킬 능력이 없는 자들이 자신들의 비겁함을 감추기 위해"[15] 칭송하기 때문이다. 이런 점에서 볼 때 강한 자의 사리 깊은 분별이란 자신의 우월함을 깨닫고 자신의 욕구를 충족하기 위해 권력을 충분히 활용하는 것이다. 주어진 권력을 절제하지 않고 쓰는 자만이 자유로운 자이며 그것이야말로 강자에게 주어진 특권이다. 현대 사회의 입장에서 해석해본다면 강자들이 군림해야 할 대상은 노동자, 병약한 자, 민주주의자, 여성, 성소수자와 같이 사회적 약자로 대변되는 사람들일 것이다. 1959년 옥스퍼드판 『고르기아스』에 서문과 비평을 쓴 에릭 도즈 Eric Robertson Dodds는 플라톤이 (소크라테스의 입을 빌려) 깨부수고자 했던 칼리클레스의 발상이 근대에 이르러 가공할 만한 르네상스를 만들어내며 프리드리히 니체에게 전해졌고, 니체의 부당하고도 바람직하지 않은 후예인 나치가 이런 발상을 다시 물려받았음을 지적한다.[16]

사례 1 **나치의 생물학적 인종주의와 단종법**

도즈의 해석에 따르자면 20세기 칼리클레스의 정의관이 가장 극단적으로 나타난 사례가 바로 나치즘이다. 나치즘의 근본에는 '생물학적 인종차별주의'라는 발상이 깔려 있다. 히틀러는 자신이 쓴 『나의 투쟁*Mein Kampf*』(1925)에서 "한 인민이 다른 인민과 동등하지 않으며" 동일한 맥락에서 "같은 인종문화공동체 내에서도 각 개인이 다른 이들과 동등하지 않다"고 강조한다. 그렇기에 "한 공동체 내에서도 누가 더 우월한지 반드시 평가해야만" 한다. 이런 평가가 게르만 민족의 우월성을 후손들에게 전하는 문제와 연관되어 있기 때문이다.

이런 발상에서 알 수 있듯 히틀러에게 인간의 가치를 평가하는 가장 중요한 기준은 유전적 우월성이다. 히틀러는 이런 유전적 우월성을 유지한다면 인종적으로 순수하게 우월한 민족을 유지할 수 있을 뿐만 아니라 문화와 사회에서도 순수한 우월성을 확보할 수 있다고 믿었다. 이런 이유로 '생물학'을 인간의 가치를 결정하는 가장 근본적인 학문으로 삼고 발전시키는데, 20세기 '우생학'은 바로 인종차별주의에 그 기원을 두고 있다.

히틀러는 게르만 민족의 생물학적 우월성을 보이기 위해 다른 인종문화집단을 '열등함', '다름', '외부인', '연약함' 등의 언어로 묘사했을 뿐만 아니라 불필요하거나 불결하다고 생각되는 민족이나 집단을 박해했다. 유대인과 집시를 말살하는 정책이나 소수 민족에 대한 박해가 이런 이유로 자행되었다.

이렇듯 우월함에 대한 집착에서 생겨난, 우생학적으로 열등한 이들을 향한 박해는 자기 집단 내부를 향해서도 망설임 없이 그 칼끝을 겨누었다. 히틀러는 1933년에 단종법Sterilization Law을 만들었는데, 그 목적은 독일 민족의 우월성에 걸림돌이 되는 집단이나 사람들을 제거하는 것이었다. 히틀러는 이 법을 근거로 'T-4'라고 불린 작전을 통해 정신장애와 육체장애를 겪고 있는 10만여 명의 독일인을 살해했다. 자연의 질서에 따라 생물학적으로 우월한 자가 지배하는 것이 당연하고, 그 우월함을 유지하기 위해서는 자기 민족이라도 결함이 있는 자는 제거해야만 했던 것이다.

우리는 흔히 인간이 자연의 질서를 따르면 아무런 문제가 없다고 말한다. 그러나 인간 사이의 지배관계에 있어서만큼은 이 말이 반드시 옳지는 않다. 바로 우리는 나치의 사례를 통해 지배관계에서 자연의 질서를 인간의 질서와 동일시할 때 생겨날 수 있는 극단적 상황을 명확하게 목격했다. 나치즘은 더 강한 자가 약한 자의 것을 취하는 것, 약한 자를 지배하는 것, 약한 자보다 더 많이 갖는 것이 옳다는 자연적 정의관이 빚어낸 극단적인 비극이었다.

사례 2   사회진화론과 제국주의 — 강한 자들만이 살아남는다

나치즘이 너무 극단적인 사례라면 우리는 이렇게 질문해볼 수 있다. "칼리클레스가 내세운 자연의 정의는 히틀러와 같이 어리석은 독재자들이 받아들인 발상에 불과한 것일까?" 하지만 강한 자들이 살아남고 지배한다는 발상은 19세기를 지배한 '사회진화론Social Darwinism' 속에도 그대로 녹아 있다. 히틀러 역시 이 발상을 숭배했지만 그 진원지는 바로 제국주의를 확장시키고 있던 19세기 영국이었다. 사회진화론의 사실상의 창시자라고 할 수 있는 허버트 스펜서Herbert Spencer(1820~1903)는 다윈의 '진화론'을 사회에 적용하여 사회 속에서 삶을 영위하는 인간 역시 '원시적인 것primitive'에서 진화해나간다는 주장을 펼쳤다. 그러다 보니 스펜서는 원시적인 것을 인간의 악덕을 그려내는 장치로 활용했다. 그리고 이를 부도덕한 것, 불합리한 것, 공격적인 것으로 묘사했다. 반면 진보한 인간은 차이, 전문화, 개인화라는 진화과정을 통해 개인성, 도덕성, 자유를 지니게 된다.[17] 이 와중에 사회진화론은 어린이, 여성, 열등한 사회계급이나 문화들을 원시적인 것으로 취급하게 되었다. 이에 더해 스펜서는 (나중에 오히려 다윈이 차용했던 용어인) '적자생존survival of the fittest'이라는 용어를 만들어내며 진화과정을 거치는 동안 강한 자들만 살아남는다는 주장을 펼친다.[18] 이런 스펜서의 사회진화론은 당시 제국주의를 정당화하는 이론으로 차용되었는데, 이 논리에 의하면 (정작 스펜서 자신은 반대했던) 제국주의는 종족 간의 충돌이었고 더 나은 종족이 살아남는 대결의 장이었다.[19] 이 이론은 이후 미국의 제국주의를 정당화하는 데도 한몫을 하게 된다.

이 사회진화론이 뒷받침한 제국주의론에 따른다면 우리나라에 대한 일본의 식민지배도 일종의 종족 간 충돌이고, 이 종족 간의 충돌에서 더 나은 종족이 지배한 것이라는 논리로 귀결되고 만다. 대부분의 사람은 자신을 현실주의자로 규정하는 경향이 있는데, 사회진화론은 이런 현실주의를 뒷받침하는 대표적인 사상이다. 그렇다면 우리가 자처하는 현실주의적 입장에서 볼 때 일본의 식민지배는 정당화될 수 있는 사회진화과정의 한 부분일까? 불행히도 이광수를 비롯한 많은 식민지시대의 우리 지식인들이 이런 결론을 내렸다. 이들이 친일파로 변모한 데에 바로 이 사회진화론의 역할이 컸다.

사례 3 1대 99 사회 — 승자가 독식하는 시장경제 원리

칼리클레스의 정의관과 일맥상통하는 사회진화론이 뒷받침하는 논리, 바로 적자생존의 논리는 자본주의 사회에서 우리 일상과 늘 함께하고 있다. 사회진화론이 가장 적극적으로 뒷받침했던 사회제도가 바로 자유시장free market이기 때문이다. 스펜서는 1848년부터 1853년까지 영국의 경제주간지 『이코노미스트Economist』지 부편집자로 활동했는데, 지금까지도 전 세계적으로 알려져 있는 이 경제주간지는 "자유시장 경제와 사회진화론의 결합"을 적극 찬양하고 있다.[20] 단적인 예로 『이코노미스트』는 "고통과 악은 자연의 질책이다. 그것들은 제거할 수 없다. 입법을 통해 이 세계에서 고통과 악을 없애려 하는 시도, 자애라는 인내력 없는 시도들은 (……) 항상 이득보다는 해를 더 많이 만들어내왔다"고 주장했다.[21] 이런 『이코노미스트』의 논변은 놀랍게도 아주 많은 부분에서 칼리클레스의 주장과 일치한다. 고통과 악이 '자연의 법칙'이라는 점, 더 나아가 법을 통해 이를 제거하려는 것이 오히려 해로운 일이라는 점 등, 한마디로 자연의 법칙을 법의 구제 아래 두는 것은 옳지 않다는 것이다. 그리고 '적자생존'과 '보이지 않는 손'의 결합을 통해 '불평등의 도덕'을 정당화시키기를 주저하지 않았다.[22] 이런 논리를 통해 사회진화론은 시장에서 승자가 이윤을 독점하는 것을 정당화시켰다.

그리고 오늘날 이런 적자생존의 시장경제 현실은 '1대 99 사회'라는 용어에서 쉽게 확인할 수 있다. 『로버트 라이시의 1대 99를 넘어Beyond Outrage』(2012)는 이런 현실을 단편적 통계들을 통해 명확히 보여준다. 라이시에 따르면 "1960년대와 1970년대 미국 상위 1%는 국가 전체 소득의 9~10%를 차지했는데, 2007년에 그 비율이 23.5%로 2배 이상 뛰었다"고 한다. 그리고 "미국의 부호 400명이 지닌 재산이 하위 50%(미국인 1억 5000만 명)가 지닌 재산보다 많다."[23] 라이시와 같은 이들은 이런 현실을 지적하며 입법을 통해 국가가 제도적으로 이 난제를 풀어야 한다고 주장한다. 그러나 좀더 적나라한 현실은 라이시와 같은 주장을 하는 이들보다 반대하는 목소리가 더 크고, 이런 반대 주장이 강력한 권력의 뒷받침을 받는다는 데 있다. 순수한 시장경제질서를 옹호하는 많은 이가 이런 입법이 시장경제질서를 위반한다고 주장한다. 입법을 통한 교정은 성공확률은 낮고 시장질서만 어지럽힐 뿐이다. 그렇다면 이들의 주장대로 불평등이 시장질서를 통해 만들어진 결과이기에 우리는 이를 그냥 두고 보고만 있어야 하는 것일까? 만약 시장에 개입하지 말아야 한다고 할 때, 이런 논리는 사회진화론적인 적자생존의 논리와 어떤 측면에서 다른 것이라 할 수 있을까?

우리에게는 당신의 인격을 살 수 있는 힘이 있다?

법에 얽매이지 않는 강한 자들의 지배를 옹호하는 칼리클레스의 주장은 2장에서 살펴본 트라시마코스의 정의관과 유사해 보인다. 하지만 트라시마코스의 강자와 칼리클레스의 강자 사이에는 커다란 차이점이 있다. 트라시마코스의 강자는 자신들이 만든 법을 사람들로 하여금 정의라고 믿게 하는 '헤게모니'로 통치하는 이들인 반면, 칼리클레스의 강자는 법의 제약 때문에 자신들의 우월한 능력과 힘을 마음껏 쓰지 못하는 이들이다. 이런 점에서 칼리클레스가 내세우는 강자들은 트라시마코스가 내세우는 강자들과 전혀 다른 위치에 있다. 오히려 칼리클레스가 내세우는 주장의 핵심은 '능력이 우월한 자들이 견제할 수 없는 권력을 쥐어야 한다'는 것이다. 언뜻 보기에는 트라시마코스와 칼리클레스가 엇비슷하게 소크라테스의 정의관을 반박하는 듯하지만, 트라시마코스는 그 법의 지배까지 교묘하게 활용하는 엘리트의 정치를 지적하고 있는 반면, 칼리클레스는 좀더 직설적으로 법의 지배 대신 인간의 지배를 옹호하고 있다.

상식적 차원에서 보자면 칼리클레스의 정의관은 법의 지배가 중심이 된 민주사회에서 설 공간이 없을 것처럼 보인다. 그러나 민주주의가 시장경제와 결합되어 있다는 점에 주목한다면 문제는 달라진다. 시장경제가 극단적인 무한경쟁에서 승리를 최고의 가치로 여기고 있는 이상 칼리클레스의 정의관이 민주사회의 심연까지 파고들 여지는 무한하다. 1997년 금융위기를 계기로 본격적인 시장경제가 도입된 이후 우리 사회는 극단적인 자유시장화를 경험했다. 그리고 그 경험이 우리에게 준 교훈, 타자와의 경쟁에서 살아남기, 소위 '적자생존'은 우리 사회에서 가장 지배적인 가치로 자리 잡았다. 많은 사람이 시장에서 타자를 누르고 더 많은 몫을 가져가는 것보다 중요한 일은 없다는 가치를 인정하고 있다.

이런 현실 앞에서 혹자들은 이런 일이 법의 지배 아래 행해지고 있기에 칼리클레스의 정의와는 다르다고 주장할 수 있을 것이다. 한편으로는 이런 반론이 합당하다고 생각하면서도 다른 한편으로는 이런 반론을 의심하게 되는 이유가 있다. 로버트 라이시가 지적하고 있는 현상이 우리 사회에서도 유사하게 일어나고 있기 때문이다. 라이시는 "부를 지닌 자들이 고의로 민주주의를 부패시키지는 않지만 그런 경향을 보이는 부유층이 민주주의를 부패시키는 과정은 치명적"[24]이라고 지적한다. 이들은 선거와 정치과정에 필요한 자금을 통해 정치에 개입하며 자신의 이권 확보에 나선다. 이런 과정을 통해 일자리 창출과 경제 활성화를 이유로 시장에서 중요한 역할을 하는 기업에 대한 각종 규제 해제와 세제감면에 대한 목소리가 하루하루 높아진다. 그러는 동안 정부의 세수는 자연스럽게 줄어들어 복지가 축소되고, 그 사이에 일반인들은 줄어든 몫을 조금이라도 더 많이 차지하기 위해 서로 경쟁한다. 결과적으로 일자리와 재력을 쥐고 있는 자들이 법적 규제에서 상대적으로 자유로워지며 정치적·사회적 영향력을 더욱 발휘하게 된다.

불행히도 우리 사회 역시 라이시가 지적하는 치명적인 현상과 유사한 상황에 직면해 있다. 이런 상황에서 일자리와 돈을 쥔 자들이 벌이는 슈퍼 갑 현상은 어쩌면 자연스러운 것일지도 모른다. 그 대표적인 예가 바로 이 글의 첫머리에 언급된, 상식의 틀을 벗어난 '땅콩회항' 사건이다. 하지만 땅콩회항 사건은 단편적인 예일 뿐, 우리 일상에서 '땅콩회항'과 같은 고용자들의 소위 '슈퍼 갑질'은 수없이 많은 곳에서 일어나고 있다. 2016년에 회자되었던 사례만 보아도 그렇다. 슈퍼 갑들은 자신이 출입하는 건물의 문이 잠겨 있다는 이유로 경비원의 따귀를 때리고(미스터피자 정우현 사장), 자신의 운전기사에게 상습적으로 폭언을 퍼붓고 폭행까지 서슴지 않았다(몽고식품 김만식 회장).

노사관계에 있어 고용자들은 임금을 통해 피고용자들이 소유한 '노동'을 산다. 그러나 땅콩회항 사건을 비롯한 '슈퍼 갑질'에서 목격할 수 있는 고용자 상당수의 의식은 자신들이 노동뿐만 아니라 피고용자들의 '인격'마저 소유할 수 있다고 믿는 듯 보인다. 그렇지 않다면 일어날 수 없는, 인격을 모멸하는 행위들이 이렇듯 일반화될 수는 없을 것이다. 지난 역사를 돌아보면 우리에게는 자본주의 정신을 만들어냈던 금욕과 절제가 이윤을 추구하는 자들의 배경문화가 될 수 있는 기회 자체가 없었던 것이 사실이다. 아니 개발독재 아래 이식된 체제는 국가가 일방적으로 강요한 자본주의로, 개인의 선택과 권리는 결여된 채 '부'의 축적만을 최상의 가치로 여기는 것이었다. 이른바 '노블리스 오블리주' 없는 천민자본주의로 갈 수 있는 여건은 이미 마련되어 있었다. 실제 천민자본주의의 틀을 아직 제대로 벗지 못한 우리 사회에서 일자리와 임금을 주는 사람들은 이제 제약할 수 없는 하나의 권력이 되어가고 있다. 더 큰 문제는 3장에서 지적했던 대로 이들의 무절제를 제약할 수 있는 제대로 된 법적 장치가 작동하지 않고 있다는 것이고, 그럴 제도적 의지도 높지 않다는 것이다.

이런 현실 속에서 한국 사회는 더 많이 노력한 자들의 사회가 아니라 이미 더 많이 가진 자의 사회로 그 모습을 바꾸어가고 있는 듯 보인다. 2016년 7월 당시 교육부 정책기획관이던 나향욱이 경향신문 기자들과 저녁식사 중 "민중은 개·돼지"이며, "신분제를 공고화해야 한다"는 막말을 쏟아내 파면당한 일이 있었다. 나 씨는 대한민국의 99퍼센트는 개·돼지들이며 이들에게 신분 상승의 기회를 준다는 것은 지금 현실에서는 무리라는 소신을 펼쳤다. 한 국가의 교육부 정책기획관의 이런 발언은 헬조선 담론, 수저론의 확산과 맞물리며 대한민국의 민낯을 숨김없이 드러내고 있다. 더 많이 노력한 자에게 그에 합당한 몫이 배당되는 것이 아니라 기존에 권력이 있는 자가 더 많은 권력을 가지고, 이미 더 많은 자본을 소유한 자가 앞으로도 더 많은 부를 소유하리라는 것, 나아가 그 권력과 소유에 작동하는 법적 제한이 없는 것이 당연시된다면 강한 자가 지배하는 것이 마땅하다는 칼리클레스의 정의관은 앞으로도 오랫동안 맹위를 떨칠 것이다.

제3부

도시와 철학자들 II :
철학자들, 힘의 정의에 도전하다

제3부는 힘의 정의가 널리 퍼져 있던 아테네에서
'옳음'을 바탕으로 한 정의관으로 도시에 도전한 세 명의 철학자,
소크라테스, 플라톤, 아리스토텔레스를 살펴본다.
스승과 제자의 관계로 얽혀 있는 세 명의 위대한 철학자들은
모두 옳음을 바탕으로 힘의 정의에 맞섰지만,
이들의 정치적 해결책은 사뭇 달랐다.
소크라테스는 부패하기 쉬운 권력과 우매한 대중 사이에서 성숙한
시민을 형성하는 지식인들의 역할을 강조했던 반면,
스승의 죽음을 비참한 심정으로 지켜보았던 플라톤은
옳음과 권력을 결합시켜 아테네의 기존 정체와는
사뭇 다른 철인통치를 꿈꾸었다.
아리스토텔레스 역시 우매한 대중을 경계했지만
정치참여가 결국 미덕을 지닌 시민을 만든다는 신념 아래
사실상 아테네의 민주정을 방어했다.
그렇다면 이들은 어떻게 같은 옳음을 추구하는 철학으로
서로 다른 정치적 대안을 모색하게 된 것이었을까?

5장

소크라테스

무지가 부정의를
만든다

당신들의 제안이 정의와 상반되는 것이었을 때, 나는 감옥에 가는 것이나 죽음을 두려워해 당신의 입장을 받아들이는 대신, 정의의 편에 서서 위험에 맞서야만 한다고 믿었습니다. (……) 30인 참주들이 나를 소환했을 때에도 (……) 내 단 하나의 관심은 죄스럽고 정의롭지 못한 어떤 일이라도 하지 않는 것이었습니다. 그것은 어떤 정체도 내가 정의롭지 못한 행위를 하도록 위협할 수 없을 만큼 강력한 것이었습니다.

플라톤, 『소크라테스의 변론』에서

도시, 철학하는 삶을 그만두라 명령하다

기원전 399년 아테네의 한 법정, 일흔에 가까운 키 작고 보잘것없는 용모를 지닌 한 노인이 자신에게 명령을 내린 도시에 맞서 열심히 변론을 펼치고 있었다. 도시가 이 노인에게 내린 명령은 조금은 당황스럽게도 '철학하는 삶'을 그만두라는 것이었고 이 명령을 거부할 경우 도시에서 추방될 수 있다고 경고했다. 그러나 노인은 단호했다. 노인은 도시의 명령을 거부하며 '철학하는 삶'이야말로 신이 자신에게 내려준 '정의로운 삶'이기에 결코 멈출 수 없다고 강변했다. 오히려 노인은 도시를 향해 자신의 잘못이 법정에서 증명된다면 그 대가로 목숨을 내놓겠다고 맹세했다. 도시는 노인의 오만함에 분노했고 첫 번째 재판에서 노인에게 유죄를 판결했다. 도시는 이 단호한 노인을 향해 다시 한번 법정에서 변명할 수 있는 기회를 주었다. 하지만 노인은 도시의 명령을 받아들이지도, 선처를 요구하지도 않았다. 오히려 내버려두면 곧 죽어갈 자신에게 유죄판결을 내려 굳이 사형에 처한다면 아테네는 도시에서 가장 뛰어난 현자를 죽였다는 불명예를 쓰게 될 것이라며 오히려 배심원들에게 충고했다. 죽음조차도 자신의 신념을 꺾을 수는 없다는 이 노인의 항변에 더욱 화가 치밀어 오른 배심원들은 최종적으로 유죄판결을 내린다. 판결이 나자 이 노인, 담담히 마지막 말을 남긴다. "이제 그대는 살기 위해, 나는 죽기 위해 서로의 길을 가야 합니다. 그러나 누구의 길이 더 나은지는 알 수 없는 노릇이지요."[1]

그렇다. 이 보잘것없는 노인이 바로 여러분이 잘 알고 있는 소크라테스다. 모순되게도 이 노인에게 사형판결을 내린 곳은 그 어느 곳보다 철학자들을 아끼고 사랑했던 도시, 바로 아테네였다. 그렇다면 왜 철학자를 사랑했던 이 도시의 사람들은 소크라테스에게 철학하는 삶을 그만두라고 명령했던 것일까? 이에 더하여 노인의 표현대로라면 "내버려두면 곧 죽어갈" 이 가난한 철학자에게 굳이 사형까지 선고해야 했던 것일까? 그리고 왜 노인은 목숨을 버리면서까지 '철학하는 삶'은 그만둘 수 없다고 항변했던 것일까?

소크라테스는 왜 기소되었을까?

소크라테스는 아테네가 가장 강성한 시기에 출생하여 페리클레스의 시대를 함께 살았을 뿐만 아니라 펠로폰네소스 전쟁에서 스파르타에 패한 뒤 참주정치를 겪고 다시 민주정을 회복하는 그 모든 과정을 함께한 인물이다. 그가 살았던 시대만큼 소크라테스의 삶 역시 역동적이었다. 소크라테스는 중산층의 석공 아들로 태어났다. 당시 아테네의 관습으로 보자면 가업을 물려받아야 했지만, "석공들은 대리석을 사람처럼 보이기 위해 온갖 고생을 감내하면서도 자신이 대리석처럼 보이지 않게 하기 위한 고생은 하지 않는다"며 최상의 삶이 무엇인지를 탐구하면서 일생을 보내겠다고 선언한다.[2] 최선의 삶을 살겠다던 이 젊은이는 포티다이아 전투와 델리움 전투에서 뛰어난 전사로서 엄청난 용맹을 떨쳤고, 한편으로 그의 친구인 카레이폰이 델포이에 문의한 신탁에서 '도시에서 가장 뛰어난 현자'로 인정받아 유명세를 타기도 했다. 아리스토파네스는 소크라테스를 풍자해 『구름』이라는 희곡을 쓸 정도였다. 이렇듯 도시의 모든 사람에게 알려진 유명인사였는데도 소크라테스는 시민이라면 누구나 역임해야 할 '공직'에는 참여하기를 거부한 특이한 인물이었다.

그러나 그 무엇보다 소크라테스를 유명하게 만든 일은 그가 도시의 곳곳을 누비고 다니며 벌였던 격렬한 논쟁이었다. 그 누구라도 관심을 보인다면 무엇이 더 나은 삶인지를 두고 논쟁을 멈추지 않았다. 아마 우리는 이렇게 질문할 수 있을 것이다. "남루하고 가난한 철학자가 벌인 더 나은 삶에 대한 논쟁이 뭐 그리 대단하기에 아테네인들이 그토록 주목했단 말인가?" 그 이유는 소크라테스가 행했던 '보편적 진리를 통해 우리 자신의 무지를 돌아보는 성찰하는 삶'이라는, 이전에는 전혀 볼 수 없었던 새로운 삶의 방식 때문이었다.

소크라테스의 시대는 소피스트의 시대라고도 할 수 있는데, 소피스트들 대부분이 아테네 밖에서 온 인물이었기에 도시인들은 이들을 그다지 달가워하지 않았다. 그럼에도 소피스트들이 살아남을 수 있었던 가장 중요한 이유는 아테네의 정치체제가 민주정이었기 때문이다. 시민이라면 누구나 정치에 참여할 가능성이 열려 있는 체제였기 때문에 뛰어난 언변술은 시민들이 반드시 갖추어야 할 중요한 정치적 덕목이었다. 더구나 자신의 발언에 대해 엄격하게 책임을 지도록 하는 아테네의 민주정에서 정교한 언변술은 필수적이기도 했다. 소피스트들은 바로 이런 기술을 돈을 받고 팔고 있었다. 심지어 소피스트들은 법정에서 변호하는 기술까지 팔곤 했다. 그렇기에 많은 소피스트가 외국인이었음에도 아테네에서 살아남을 수 있었다.

아리스토파네스는 『구름』에서 소크라테스를 소피스트로 그려내고 있지만, 사실 소크라테스는 가르침에 대한 아무런 보수도 받지 않았다. 그렇기에 가난한 이들도 마음껏 배움을 구할 수 있었고, 소크라테스는 보수를 받지 않는다는 사실에 스스로 자부심을 느꼈다. 이렇듯 당시 누가 보아도 독특하게 보였던 철학자가 남루한 행색을 하고 벌이는 논쟁은 특히 젊은이들 사이에서 더욱 유명세를 탔다. 소크라테스가 가는 곳엔 청년들이 가르침을 받기 위해 줄을 섰고, 심지어 부유층의 젊은이들 가운데도 점점 추종자들이 늘어났다. 그들 가운데 플라톤이 있었고, 더불어 소크라테스에게는 평생의 짐이 되어버린 알키비아데스도 있었다. 알키비아데스는 소크라테스가 포티다이아 전투에서 목숨을 건져준 청년 정치가로 이후 아테네를 배신하고 스파르타의 편에 서는 등 일생을 배신과 모략으로 살아간 문제의 인물이었다.

어느덧 시간이 흘러 기원전 399년, 나이가 일흔에 이르러서도 여전히 길거리 논쟁을 멈추지 않았던 이 가난한 철학자를 멜레토스라는 시인이 고발했다. "소크라테스가 도시의 신들을 믿지 않고 새로운 신들을 섬김으로써 불의를 행했을 뿐만 아니라 젊은이들을 타락시켰다"는 이유로 말이다.[3] 그렇다면 진정 소크라테스는 도시가 믿는 신을 믿지 않았던 것일까? 정말 고발장의 내용대로 도시의 젊은이들을 타락시키고 있었던 것일까?

문답법이 문제였다?

고발당한 소크라테스는 여느 시민들처럼 소피스트들에게 법정에서 변론할 말을 사지 않고 자신이 직접 변호에 나선다. 이때 소크라테스는 자신이 젊은이들을 타락시켰다고 아테네인이 믿는 가장 중요한 이유가 바로 성찰하는 삶을 위해 쓴 '문답법' 때문이라고 주장한다.

나를 따르는 젊은이들은 대개 충분한 여가를 가진 이들인데, 그것은 그들의 부모가 부자이기 때문입니다. 그들은 사람들끼리 상호 성찰(서로 묻고 답하는 문답법의 방식과 목적을 이르는 말)하는 말들을 듣는 일을 즐깁니다. 때로 이 젊은이들은 내가 하는 방식을 따라서 다른 사람들을 상호 성찰하는 시도를 하더군요. 저는 이 젊은이들이 스스로 일정 정도 지식을 가지고 있다고 생각하지만 실제로는 거의 없거나 아예 지식이 없는 수많은 사람을 찾아냈다는 생각이 듭니다. 결과적으로 질문을 당하는 사람들은 자기 자신이 아니라 저에게 화가 났고, 도시 밖에서 와 젊은이들을 타락시키는, 소크라테스라 불리는 더러운 전염병이 있다고 말하는 것입니다.[4]

소크라테스는 한 사람이 최상의 삶을 살고자 한다면 자신이 무지하다는 것을 인정하는 데서 출발해야 한다고 주장했다. 소크라테스의 이런 입장은 그가 자신이 가장 현명한 자라는 신탁을 전해 들었을 때 행한 바를 설명하는 대목에서 알 수 있다. 신이 무지한 자신을 두고 어떻게 이런 신탁을 내렸는지 궁금했던 소크라테스는 그 이유를 알고자 유명한 전문가들을 차례대로 찾아 나선다. 정치가, 시인, 장인을 차례로 찾아가 논쟁을 펼친 소크라테스는 이 사람들이 제대로 된 지식을 갖추지 않고도 아는 체하거나 자신의 분야에서 알고 있는 지식을 두고 자신이 가장 현명하다고 생각하는 착각에 빠져 있음을 알아챈다. 그리고 나서 자신이 이들보다 현명한 단 한 가지 이유는 자기 스스로 무지하다는 것을 알고 있기 때문이라고 말한다.

결국 지식이 없는 이들이 아는 척할 때, 혹은 자신이 알고 있는 제한적 지식이 마치 세상의 모든 것에 적용되는 것인 양 착각할 때, 나아가 자신의 지식의 부족함을 깨닫고 끊임없이 올바른 지식이 무엇인지를 탐구하려 하지 않을 때 올바르지 못한 행동이 나온다는 것이다. 여기서 주목해야 할 대목은 자신의 지식이 부족하다는 사실을 인정하지 않는 것, 다시 말해 지식에 대한 지나친 자신감이 무지의 시작이라는 주장이다. 소크라테스가 철학을 통한 끊임없는 자기성찰을 강조한 이유는, 자신이 올바른 지식을 지니고 있는지, 더 근본적으로는 자신의 행동이 이런 올바른 지식에 근거하고 있는지 되묻지 않을 때 우리의 행위가 불의에 빠져들 수 있기 때문이다. 누구나 잘 알고 있는 소크라테스의 "너 자신을 알라"는 말은 바로 "너 자신이 무지하다는 것을 인정하라"는 의미나 다름없다. 그래야만 앎에 대한 탐구가 지속될 수 있다.

그러나 대부분의 사람은 자신이 무지하다는 것을 좀체 인정하지 않는다. 유명한 사람일수록, 대중의 존중을 받는 사람일수록 이런 경향이 심한 것은 아테네에서도 마찬가지였던 듯하다. 소크라테스는 이런 이들을 향해 그들이 정확한 지식을 지니고 있는지 끊임없이 질문을 퍼부어댔다. 이런 쏟아지는 질문이야말로 우리가 온전한 지식을 가지고 있지 않음을 깨우쳐주는 최상의 방법이기 때문이었다. 소크라테스는 이를 문답법이라고 불렀다. 플라톤의 대화편에는 소크라테스가 상대방에게 논쟁을 하지 말고 자신의 질문을 들은 다음 답변만 하라고 강조하는 장면이 자주나온다. 이처럼 논쟁을 하지 말라는 것은 정확한 지식 없는 논쟁은 무의미할 뿐만 아니라 우리가 정확한 지식만 가지고 있다면 논쟁할 이유도 없다는 의미다. 그러나 소크라테스가 답변만 하라고 강조하는 횟수만큼이나 소크라테스와 논쟁에서 맞선 이들은 소크라테스가 말꼬리를 잡고 늘어진다고 불평하거나 심지어 윽박지르곤 한다. 이처럼 소크라테스의 문답법에 당한 사람들은 짜증스러운 것을 넘어 자신의 무지가 드러나는 것에 심한 모욕감을 느꼈다. 나아가 소크라테스에게 배운 청년들이 활용하는 문답법에 지식의 권위를 가진 사람들의 무지가 더 많이 드러나게 되자 사람들이 문답법을 설파한 소크라테스를 비난하게 되었던 것이다. 소크라테스는 이 사실을 잘 알고 있었다는 듯 법정에서 이렇게 말한다.

아테네인 여러분, 저는 이처럼 캐묻고 다녔던 탓에 많은 사람들에게 감당하기 벅찰 정도로 심한 미움을 샀습니다. 그리고 그렇게 미움을 산 탓에 모함을 받았고, '현자'라고 불리게 된 것입니다. 그도 그럴 것이 제가 다른 사람들의 주장을 반박할 때마다 그 자리에 있던 사람들은 내가 그 주제에 관해 잘 알고 있다고 생각했기 때문입니다. 그러나 여러분, 신만이 진정한 현자이십니다. 제가 볼 때 신은 저를 본보기로 삼아 (……) '너희들 가운데 가장 지혜로운 자는 소크라테스처럼 자신이 진실로 무가치한 자라는 것을 깨달은 자이니라'라고 말씀하시려 한 듯합니다. 저는 지혜로운 자가 있다고 하면 두루 찾아가 (……) 신에 봉사하기 위해 그가 지혜롭지 않다는 것을 입증합니다.[5]

소크라테스는 자신이 문답법 때문에 받았던 미움과 오해를 밝히면서 진정한 현자는 자신이 아니라 '신'이며 자신이 하고 있는 일은 신이 내려준 사명을 다하는 것이라고 주장한다. "저는 미움을 산다는 것을 알고 슬프고 두렵기도 했지만 그럼에도 신이 내려준 일을 최우선으로 해야 한다 믿었습니다."[6] 이를 통해 자신이 신을 믿지 않는다는 고소내용이 모함에 불과한 것이라고 반박한다.

그러나 자신이 도시의 젊은이들을 타락시킨 것이 아니라는 소크라테스의 변론은 법정에 둘러앉은 배심원단의 가슴을 치지는 못했다. 오히려 많은 아테네인의 가슴엔 소크라테스에게 가르침을 받았던 도시의 배신자 알키비아데스가 있었다. 이 청년에게 가득한 권력에 대한 욕망을 미리 알아보았고 이를 지혜에 대한 사랑으로 바꾸려 노력했던 소크라테스였지만, 이제 그 실패에 대한 대가를 치러야만 하는 순간이 닥쳐왔던 것이다. 게다가 스파르타에 패한 뒤 들어선 30인 참주정치의 핵심 인물이 바로 소크라테스의 친구이자 알키비아데스와 정치적 동맹자였던 크리티아스였다는 점 역시 아테네인들에겐 앙금으로 남아 있었다. 소크라테스가 도시에서 가장 뛰어난 현자라는 신탁을 받은 카레이폰은 열렬한 민주주의자였지만, 엎친 데 덮친 격으로 이미 세상을 떠난 뒤였다. 자신을 위해 법정에서 변호해줄 수 있는 사람이 전혀 없는 상황이었던 것이다.

'도시의 삶'과 어긋난 '철학하는 삶'

이처럼 소크라테스가 제기한 문답법의 문제를 심각하게 고려하다 보면 아테네인들이 소크라테스를 사형에 처한 것은 사적인 분노를 채우기 위한 것처럼 보인다. 그러나 소크라테스의 변론을 듣다 보면 도시가 반드시 사적인 원한을 갚으려 했던 것만은 아님을 알 수 있다.

처음으로 민주주의를 만들어낸 도시국가답게 아테네에서 시민들의 좋은 삶은 항상 공공사에 적극적으로 참여해 함께 도시의 문제를 해결하는 것이었다. 그리고 도시의 문제를 해결하는 가운데 시민들은 개인의 명예를 획득하고, 외적이 침입했을 때는 함께 전쟁터로 나가 맞서 싸웠다. 이런 역할은 시민들 중에서도 경제적 삶에서 독립된 이들, 쉽게 말하자면 부유한 시민들의 몫이었다. 그런데 소크라테스의 변명을 듣다 보면 그가 일생을 바쳐 성취하고자 했던 철학하는 삶은 이런 도시의 삶과 너무나 어긋난 듯 보인다.

저는 지금까지 모든 사람이 관심을 갖는 것들을 소홀히 하고 살아왔습니다. 돈 버는 일, 재산을 관리하는 일, 군인의 명예나 시민의 명예를 얻는 일, 다른 권력의 지위를 얻는 일, 혹은 정치적 집단이나 정당에 가입하는 일과 같이 우리의 도시에서 형성해왔던 일들 말입니다.[7]

한나 아렌트는 소크라테스 스스로 자신의 철학하는 삶이 정치적 삶에는 적합하지 않다는 것을 알고 평생 동안 정치에 참여하지 않았다고 주장한다. 철학한다는 것은 생각한다는 것이고, 생각한다는 것은 언제나 몸의 움직임(말하는 것, 참여하는 것)의 정지를 요구하기 때문에 끊임없이 말하고 움직여야만 가능한 정치적 활동에는 적합하지 않다고 보았다는 것이다.

도시의 입장에서 보았을 때 소크라테스가 추구한 이런 삶의 방식은 어떻게 다가왔을까? 아테네는 어느 정도 재산을 가지고 있어 경제적인 이유로 자기 의견을 남에게 휘둘리지 않고 표현할 수 있는 자유인들이 함께 이런 시민적 자유를 보장하는 도시를 방어하던 정체였다. 무엇보다 시민들이 지니고 있던 부가 기존의 도시가 지켜왔던 삶의 방식을 가능하게 한다는 점에서 돈을 버는 일이나 재산을 관리하는 일에 관심이 없다는 것은 큰 문제였다. 나아가 도시를 방어하며 얻는 명예, 공공사를 함께 처리하는 데 관심이 없다는 것은 현실적인 입장에서 볼 때 도시를 위험에 빠뜨릴 수도 있는 일이었다. 게다가 소크라테스가 부유층의 자제들에게 엄청난 영향력을 행사하고 있었다는 점을 생각해보면 도시의 입장에서는 소크라테스가 이들을 타락시키고 있다고 보아도 좋을 충분한 이유가 있었던 것이다.

부정의를 부정의로 되갚지 마라

소크라테스는 끝끝내 자신이 추구하는 철학하는 삶을 포기하지 않은 대가로 이 재판에서 패소하여 사형을 선고받는다. 소크라테스는 진실만을 말하는 것이 자신이 할 일이라며 배심원들을 향해 살려달라고 애원하기를 거부한다. 이제 소크라테스에게 남은 것은 감옥으로 돌아가 독배를 마시는 일뿐이었다.

우리는 소크라테스가 이런 형벌을 받아들인 것을 두고 소크라테스가 "악법도 법"이라 믿었기 때문이라고 흔히들 말한다. 그렇다면 소크라테스는 정말 "악법도 법"이라고 믿었던 것일까? 소크라테스의 처형일이 다가오자 그를 지지하던 사람들이 도시 밖으로 그를 빼돌릴 계획을 세워 감옥을 찾아온다. 그 주동자는 오랜 친구인 크리톤이었고, 그 이야기가 『크리톤』이라는 대화편에 생생하게 담겨 있다. 감옥을 찾아온 크리톤이 탈출을 권유하자 소크라테스는 누구나 당황해할 법한 답변을 내놓는다.

우리는, 내가 자네의 조언을 따라야 하는지 아닌지 살펴보아야만 하네. 내가 천성적으로 늘 그렇듯이 내 안에 있는 다른 어떤 것도 아닌 성찰을 통해 얻은 원칙을 따르는 게 최상이기 때문이네. 나는 내가 이미 채택한 원칙들을 지금 거부할 수가 없네. 그 원칙들은 항상 내게는 똑같은 걸로 보인다네. 난 내가 채택했던 그 원칙들을 존경하고 받든다네.[8]

탈옥 계획을 세운 이들에게는 너무나 황당한 일이었겠지만, 소크라테스는 도시 밖으로 망명하는 것이 자신이 평생 동안 추구해왔던 철학하는 삶의 원칙과 상응하는 일인지 성찰해보아야 한다고 단호한 자세를 취한다. 그 원칙들은 상황에 관계없이 언제나 똑같이 보편적으로 적용되는 것이며 절대 자신이 거부할 수 없는 것으로 '명예롭게 사는 것', '정의롭게 사는 것', '명예롭게 행동하는 것', '정의롭게 행동하는 것'이다. 만약 자신의 행위가 명예, 정의라는 원칙과 어긋난다면 절대 실행에 옮길 수 없다고 주장한다.

그러고는 크리톤을 향해 묻는다. 도시의 사람들이 잘못된 일을 하고 있다면 도시에 남아서 그들을 설득하는 것이 옳은지, 아니면 그들을 버려두고 도망가는 것이 옳은지 말이다.

소크라테스: 인간은 자신이 옳다고 인정하는 일을 해야 하는가 아니면 자신을 속이고 올바른 일을 하지 않아야 하는가?
크리톤: 인간은 자신이 옳다고 여기는 일을 해야 하네.
소크라테스: 우리가 만약 우리의 도시를 설득하지 않고 이 자리를 떠난다면, 우리가 특정한 사람들을, 진정 우리가 해를 가해선 안 되는 사람들을 나쁘게 대하는 것이겠나 나쁘지 않게 대하는 것이겠나? 그건 우리가 옳다고 인정한 원칙을 포기하게 되는 것이 아니겠나?[9]

소크라테스는 진정 정의롭고 명예로운 사람이라면 자신의 신념을 지킴과 동시에 자신이 믿는 옳은 신념에 등 돌린 사람이라 할지라도 지속적으로 설득해야 한다고 주장한다. 도시가 정의롭지 않은 방식으로 나를 취급하더라도 나 역시 도시를 정의롭지 않은 방식으로 취급해서는 안 된다. 정의롭지 않은 행위를 정의롭지 않은 행위로 돌려주는 일 자체가 정의롭지 못한 일이기 때문이다. 소크라테스에게 진정한 명예와 정의란 부정의를 부정의가 아니라 오히려 정의로 돌려주는 일이다. 만약 자신이 부정의를 부정의로 돌려준다면 그건 자신이 평생을 지켜온 원칙을 포기하는 일이기에 선택할 수 없는 것이다.

더욱이 소크라테스는 한 도시의 시민이라면 자신이 태어난 도시가 부당한 일을 가해올 때 그 도시에 폭력의 수단을 동원해 보복을 가해서는 안 된다고 강변한다. 그리고 이 시민들에게는 두 가지 선택 중 하나밖에 없다고 말한다.

자네는 전쟁터에서나 법정에서 도시 혹은 아버지의 땅이 명령하는 것이 무엇이든 간에 따르든지, 그것이 아니라면 진정으로 정의로운 것에 대하여 도시를 설득해야만 하네. 자네의 부모에게 폭력을 가하는 것이 옳지 않듯 자네 아버지 땅에 폭력을 가하는 것은 더더욱 옳지 않네.[10]

소크라테스가 제시한 선택지는 도시가 명령하는 것을 따르든지 아니면 도시를 설득하는 것이다. 이 말에 따르면 소크라테스 자신은 도시의 명령을 거부하고 두 번째 선택지인 도시를 설득하는 일을 택했던 것이다. 그리고 그 선택의 기준은 법이 아니라 어떤 상황에서도 결코 흔들려서는 안 될 자신의 도덕적 신념이었다. 우리가 소크라테스가 했던 말이라며 자주 듣곤 하는 "악법도 법이다"라는 주장은 불의 앞에서 도시를 설득할 용기가 없는 사람에게 남는 어쩔 수 없는 선택지였던 것이다.

정의를 실천하는 것은 위험한 일이다

그러나 이런 도덕적 신념을 통해 정의를 행하는 일은 소크라테스의 사례가 보여주듯이 때로 목숨을 걸어야 하는 위험한 일이다. 소크라테스는 법정에서 자신이 공적인 일을 돌보지 않았던 이유를 다음과 같이 설명한다.

> 만약 제가 오래전에 정계에 입문하려고 했다면 진즉에 죽어 여러분에게도 저 자신에게도 아무 도움도 되지 못했을 것입니다. 제가 사실을 말하더라도 화내지는 마십시오. 말하자면 여러분이나 다른 군중에 순진하게 맞서서 도시에 수많은 부정과 불법이 자행되는 것을 막으려는 사람은 아무도 살아남지 못할 것입니다. 그러니 진실로 정의를 위해 싸우는 사람은, 잠시라도 살아남으려면, 반드시 공인이 아니라 사인으로 살아가야 합니다.[11]

그리고 자신이 평의회 회원으로 단 한 번 공직을 맡았을 때 부당한 집단재판을 막으려다 정치가들과 아테네 시민들에게 위협을 당했던 사례를 든다. 더불어 30인 참주들이 자신의 입을 막으려 가했던 위협도 상기시킨다. 하지만 소크라테스는 그 모든 위협에 단 한 차례도 굴복하지 않았다.

> 평의회 회원으로 봉사하던 당시 (……) 당신들의 제안이 정의와 상반되는 것이었을 때, 나는 감옥에 가는 것이나 죽음을 두려워해 당신들의 입장을 받아들이는 대신, 정의의 편에 서서 위험에 맞서야만 한다고 믿었습니다. 우리 도시에 민주정치가 시행될 때 일어난 일이었습니다. (……) 30인

참주들이 나를 소환했을 때에도 (……) 내 단 하나의 관심은 죄스럽고 정의롭지 못한 어떤 일이라도 하지 않는 것이었습니다. 그것은 어떤 정체도 내가 정의롭지 못한 행위를 하도록 위협할 수 없을 만큼 강력한 것이었습니다.[12]

그러나 자신의 운명을 예견했던 것일까? 『고르기아스』에서 칼리클레스와 논쟁을 벌이던 소크라테스는 아테네인들이 곧 자기를 죽이려 들 것이라는 예견을 내놓는다. 그 이유는 자신만이 참된 정치술을 이야기하고 있기 때문이다.[13] 이에 더하여 자신이 변변하게 변명조차 하지 못하고 죽음을 맞게 될 것이라고 나지막이 예언한다. 쾌락을 목적으로 삼아 살아가는 사람들이 훌륭한 것을 목적으로 하는 변론을 들을 리가 없기 때문이다. 결국 법정에서 목숨을 내놓은 소크라테스, 500명의 배심원을 향해 이렇게 말한다.

배심원 여러분, 죽음을 두려워한다는 것은 지혜롭지도 않으면서 스스로 지혜롭다고 생각하는 것 이외에 아무것도 아닙니다. 그것은 자기가 모르는 것을 안다고 생각하는 것이기 때문입니다.[14]

앎과 행동을 일치시키는 사람만이 진정으로 지혜롭다는 것. 실천하지 않는 앎은 모르는 것을 안다고 생각하는 것과 다름없다는 것. 그리고 그 앎과 행동을 일치시키기 위해 때로 목숨도 내걸어야 한다는 것. 소크라테스의 이런 이야기는 이익과 힘이 난무하는 세계에서 도덕적 정의를 실천하는 일은 그 시작부터 진정 위험한 것임을 들려주고 있다.

사례 1-1 **소로의 양심적 거부와 유시민의 '항소이유서'**

어떤 이들은 이런 도덕적 정의를 실천하는 일이 제도화된 민주사회에서는 위험한 일이 아니라고 할 수도 있을 것이다. 과연 그럴까? 민주사회에서도 한 정치공동체가 공유한 가치에 반대하며 개인이 옳다고 믿는 신념을 실천하는 일은 여전히 위험한 일이다. 대표적인 사례가 바로 '양심적 거부'다. 이를 대표하는 인물이 바로 헨리 데이비드 소로Henry David Thoreau다. 소로는 부당한 법에 복종하지 말 것을 주장했고, 그 자신도 노예제도 유지에 쓰이는 정부 비용을 자기 세금으로 부담할 수 없다며 납부를 거부했다. 많은 사람이 이런 소로를 '시민불복종'의 대표적인 인물로 여기고 있지만, 공동체의 가치와 상관없이 자신이 정의롭지 못한 행위자가 되기를 거부했다는 점에서 소로의 행위는 양심적 거부에 해당한다. 양심적 거부의 가장 큰 특징은 다른 사람들의 기준을 문제 삼지 않고 자신이 듣는 양심의 목소리를 강조한다는 점인데, 소크라테스의 입장과 상당히 유사하다. 소로는 『시민불복종이라는 의무에 대하여On the Duty of Civil Disobedience』(1849)에서 양심적 거부의 입장을 좀더 구체적으로 밝히고 있다.

어떤, [혹은] 더욱 엄청난 잘못을 뿌리 뽑기 위해 자신의 삶을 바치는 것은 한 인간의 의무가 아니다. [그러지 않아도] 그는 자신과 관련된 다른 관심사를 여전히 적절하게 지닐 수 있을 것이다. 그러나 적어도 잘못된 일에서 손을 씻는 것은 그의 의무다.[15]

쉽게 말해 엄청난 불의를 제거하는 것 자체는 개인이 실천해야 할 도덕적 의무가 아니다. 하지만 적어도 그 불의를 행하지 않는 것은 개인의 도덕적 의무라는 것이다. 불행히도 소로가 강조하는 양심적 거부는 여간해서 허용되지 않는다. 노예제도에 반대해 인두세 납부를 거부했던 소로 역시 비록 하룻밤이지만 철창 신세를 져야만 했다.

소크라테스나 소로처럼 한 공동체의 지식인으로서 행사한 양심적 거부의 또 다른 대표적 예는 유시민 씨의 '항소이유서'에서도 찾아볼 수 있다. 유시민 씨는 1984년 군사정권 아래서 벌어진 일명 '서울대 프락치 사건' 때 폭력혐의로 기소되어 1년 6개월 형을 선고받았다. 수사기관 정보원으로 의심받은 네 명의 학생들이 다른 학생들과 실랑이를 벌이던 가운데 유시민 씨가 이들을 향해 폭력을 행사했다는 이유였다(후일 이 사건의 수사 책임자는 유시민 씨가 폭력을 행사하지 않았으며 군사정권이 고의적으로 조작한 것이라는 증언을 했다).[16] 1년 6개월 형을 선고받은 유시민 씨는 이에 항소하는 이유서를 썼다. 아래는 그 이유서의 일부다.

본 피고인은 우선 이 항소의 목적이 자신의 무죄를 주장하거나 1심

선고형량의 과중함을 호소하는 데 있지 않다는 점을 분명히 밝혀 두고자 합니다.

이 항소는 다만 도덕적으로 보다 향상된 사회를 갈망하는 진보적 인간으로서의 의무를 다하려는 노력의 소산입니다. (……) 자신의 행위의 정당성을 판단하는 기준으로서 본 피고인이 관심을 두고 있는 것은 하느님이 주신 양심이라는 척도이지 인간이 만든 법률은 아니기 때문입니다.

이 항소이유서는 양심적 거부의 전형을 보여주는 사례다. 여기에서 유시민 씨는 무죄나 선고형량의 여부에 관심이 없으며 자신이 관심을 두고 있는 것은 하느님이 주신 양심이라는 척도라고 분명히 밝히고 있다. 그가 행하고 있는 것은 그 무엇도 아닌 한 인간으로서 행해야 할 도덕적 의무다. 그리고 이런 도덕적 의무는 어떤 상황에서도 흔들릴 수 있는 것이 아니다. 유시민 씨는 군사정권 치하의 재판관을 향해서도 이렇게 말한다.

본 피고인은 자신에게 유죄를 선고하는 재판관이 '자신의 지위가 흔들리지 않는 한도 내에서만 정의에 관심을 갖는' 그런 정도가 아니라 '하늘이 무너져도 정의를 세우는' 현명한 재판관이기를 간절히 바라고 있는 것입니다.

이 언급에 따르면 정의는 상황에 따라 자신의 안위를 염려하면서 세울 수 있는 것이 아니다. 정의를 위해서는 때로 자신의 것을 버릴 수 있어야만 한다.

우리는 이를 두고 소크라테스나 소로나 유시민처럼 법률을 무시하거나 위반하면서까지 이런 양심의 목소리를 듣는 것이 왜 중요한지 질문할 수도 있다. 아마 유시민 씨의 '항소이유서'의 한 구절은 이에 대한 대답이 될 수도 있을 것이다.

법률에 대한 전문지식이 없는 본 피고인으로서는 정의로운 법률이 공정하게 운용되는 사회에서라면 양심의 명령이 법률과 상호 적대적인 모순관계에 서게 되는 일은 결코 일어날 수 없으리라는 소박한 믿음 위에 자신의 삶을 쌓아올릴 수밖에 없었으며 앞으로도 역시 마찬가지일 것입니다.

사례 1-2 **양심적 병역거부는 정당한가?**

우리 사회에서 양심적 거부가 가장 논란이 되는 사례는 바로 '양심적 병역거부'일 것이다. 군 복무문제가 많은 청년의 미래에 영향을 미치는 까닭에 군역은 특히나 민감하고도 중대한 사안이다. 우리나라에서는 해마다 대략 600여 명의 젊은이들이 이 양심적 병역거부로 징역형을 선고받고 있다. 기존의 군역을 거부하는 이 젊은이들의 행위는 종교나 평화주의와 같은 개인적 신념에 기반을 두고 있다. 이 젊은이들은 군대에 가지 않겠다는 것이 아니라 다른 사람들이 군역을 이행하며 부담해야 하는 의무만큼 다른 공익과 관련된 일에 종사하는 대체복무를 원하고 있다. 그러나 이런 양심적 병역거부에 반대하는 기존 질서의 입장은 확고해 보인다. 2004년 대법원의 판결은 이를 명확히 드러낸다.

> 병역의무가 제대로 이행되지 않아 국가의 안전보장이 이루어지지 않는다면 국민의 인간으로서의 존엄과 가치도 보장될 수 없음은 불을 보듯 명확한 일이다. 따라서 병역의무는, 궁극적으로는 국민 전체의 인간으로서의 존엄과 가치를 보장하기 위한 것이라 할 것이고, 피고인의 양심의 자유가 위와 같은 헌법적 법익보다 우월한 가치라고는 할 수 없다. 그 결과, 위와 같은 헌법적 법익을 위하여 헌법 제37조 제2항에 따라 피고인의 양심의 자유를 제한한다 하더라도 이는 헌법상 허용된 정당한 제한이라 할 것이다.[17]

대법원은 개인의 양심이 국민 전체의 인간으로서 존엄과 가치보다 위일 수는 없기 때문에 이를 보호하는 병역의무를 이행하지 않는 양심적 병역거부를 인정할 수 없다고 선언하고 있다. 그리고 이를 헌법적 이익이라고 표현한다. 대법원은 2014년에도 이런 판례가 유효하다는 판결을 내리기도 했다. 헌법재판소 역시 2004년, 2011년 두 차례 입영기피 처벌을 합헌이라고 선언한 바 있다.

실제 양심적 병역거부를 반대하는 사람들은 대체복무제도가 도입되면 병역기피의 수단이 될 것을 걱정하고 있다. 양심적 병역거부를 찬성하는 이들은 우리와 상황이 비슷한 대만에도 대체복무제도가 도입되었지만 병역기피자가 증가하지 않았다는 사례로 반박하곤 한다. 과연 양심적 병역거부는 대체복무라는 제도 속에 수용될 수 없는 것일까? 이 제도가 생겨나면 대만과 달리 우리 젊은이들은 이를 병역을 기피하는 수단으로 이용하려 들까?

이 문제와 관련해 많은 사람이 양심적 병역거부자들이 쓰는 '양심적 거부'라는 표현을 향해 병역의무를 이행하는 사람들은 양심이 없는 것이냐며 비난하기도 한다. 이와 관련하여 양심적 병역거부자 중 한 사람인 이조은 씨가 쓴 병역거부 소견서에는 우리가 곱씹어 볼 만한 구절이 있다.

> 나는 병역거부를 선택한다. 개인이 실존적으로 선택한 개인의 행동원칙과 규범을 도덕이라 하고, 이러한 도덕 중 보편화된 도덕을 윤리라고 전제했을 때, 나는 사회윤리에 대한 순응이 아닌 개인적 도덕으로서 실존을 선택하겠다. 나아가 내 도덕적 가치가 공리적 가치로 윤리화되길 희망한다. (……) 내가 선택한 도덕이 사회윤리

가 변하고, 법이 바뀌는 데 영향을 끼치길 원한다. 내가 선택한 병역거부의 의미가 사회에서 받아들여지고 법제화를 통해 병역거부자가 더는 감옥에 가지 않는 사회가 오길 소망한다. (……) 다만 내 선택에 오해가 생기지 않았으면 하는 바람이 있다. 내 의견을 듣고 군대 간 사람은 인간도 아니냐는 반박이 있을 수 있다. 나는 국가를 지킨다는 신념을 지니고 입대한 이들도, 혹은 그 외의 이유로 입대한 이들도 충분히 도덕적일 수 있다고 생각한다. 국가의 의무를 거부했으니 한국을 떠나라는 반박이 있을 수도 있다. 나는 나에게 폭력적일 수 있는 강제성을 거부한 것일 뿐이지 이 사회시스템 자체를 부정하는 것이 아니다. 난 한국이라는 공동체에서의 삶을 선택했고, 내 선택에 따라 이 사회의 규범을 존중한다. 내 선택에 따라 감옥에 갈 수도 있다고 생각하며, 선택에 책임을 지겠다. (……) 감옥행이 될지 대체복무가 될지는 모르겠지만, (……) 사회적 규탄이 있다면 그것 또한 내 선택에 대한 책임으로서 감내하겠다.

이조은 씨의 병역거부 소견서에는 소크라테스의 입장이 뚜렷하게 묻어나 있다. 우선 이 소견서는 병역을 선택한 이들의 도덕적 가치에도 공감한다. 다만 자신이 공감하지 못하는 것은 개인에게 폭력적일 수 있는 강제성이다. 또한 이 문제와 관련하여 이 젊은이는 자신이 살기를 선택한 공동체에 끝까지 남아 병역거부를 통해 동료시민들을 설득하겠다고 말한다. 그리고 자신의 선택에 대한 책임을 감내할 것인데, 그 이유는 법이 그래서가 아니라 이 공동체에 살기로 한 자신의 선택 때문이다. 한국의 사회시스템을 부정하지 않으며 다만 어떤 개인들에게는 폭력적일 수 있는 우리 사회의 윤리와 법이 변하는 데 기여하길 바란다고 자신의 소망을 표현한다. 이 소견서에는 비판이 파괴가 아니라 더 나은 삶이 가능한 공동체를 위한 것이라는 소크라테스의 발상이 잘 드러나 있다.

해마다 600여 명의 젊은이들이 대체복무라는 수단이 있는데도 이를 활용하지 못한 채 자신의 양심을 지키기 위해 기꺼이 감옥행을 선택한다. 이조은 씨의 말처럼 병역을 이행하는 것과 거부하는 것 모두 도덕적일 수 있다고 할 때, 우리의 선택은 양자택일일 뿐일까? 우리에게는 분명 대체복무라는 제3의 수단이 있다. 그 제3의 수단은 병역이행을 대체할 수 없는 허울 좋은 장식에 불과한 것일까?

사례2 공익제보자의 삶은 왜 위험에 빠지는가?

한 개인이 도덕적 정의를 실천하는 일이 매우 위험한 일임을 알려주는 사례로 보자면 양심적 거부보다 훨씬 더 명확한 경우가 바로 공익제보자일 것이다. 영어로는 '휘슬블로워whistleblower', 호루라기를 부는 사람, 미리 위험을 알려주는 사람이라는 의미다. 과거 우리는 이들을 '내부고발자'로 불렀는데, 두 표현 간에 상당한 차이가 있음을 충분히 느낄 수 있을 것이다. 이런 공익제보자들이 내부고발자로 취급당할 때, 그들에게는 어떤 일이 일어날까?

> 잘못된 일을 바로잡기 위해 제보를 했을 뿐인데 법원 증인신문 과정에서 신변을 보호받고 있단 느낌을 못 받았어요. 피고인의 한숨 쉬는 소리까지 들릴 정도로 가까운 거리였고 피고인의 변호사가 '당신이 제보했잖습니까'라고 다그치는 상황에서 내가 죄를 지은 듯한 압박감을 받았습니다(『한국일보』, 2015년 7월 13일자).

원래 공익제보자의 신변은 노출되지 않아야 한다. 익명성에 공익제보를 원활하게 하는 기능이 있기 때문이다. 그러나 위의 기사는 이런 보호절차가 법적 과정에서 제대로 이루어지지 않고 있으며, 이 때문에 공익제보자들이 엄청난 정신적 압박을 느낀다고 보도하고 있다. 그뿐만 아니라 『서울신문』(2014년 1월 15일자)이 공익제보자 35명을 대상으로 심층인터뷰를 한 결과에 따르면, 35명 전원이 "내부고발 이후 심적으로 우울감을 느낀 적이 있다"고 답했고 "30여 명이 내부고발을 하고 나서 신상에 위협을 느낀 적이 있다"고 답했다. 게다가 공익제보자들 대다수가 고발된 조직 내에서 적응하지 못한 부적응자 혹은 능력 없는 조직원으로 취급받는 일 또한 허다하게 일어난다. 예를 들어 청각장애인 교육시설 광주인화학교에서 교장과 교직원들이 아동학대와 성폭력을 자행한 소위 '도가니' 사건 역시 공익제보가 없었다면 풀 수 없는 조직 내 부패였다. 그러나 이 사실을 제보한 교직원 네 명은 학교에서 파면당하거나 해임되고, 시간이 지난 후 가해자는 학교로 복귀하는 일이 일어났다. 이는 단지 하나의 사례에 불과하다.

더 나아가 어떤 공익제보는 사회적 논란으로 이어진다. 황우석 줄기세포 복제조작 사건이 그 대표적인 사례다. 8년이 지난 뒤에야 모습을 드러낸 제보자 류영준 씨에 따르면, 10세 전신마비 소년에게 목숨을 담보로 줄기세포를 주입하려는 것에 대한 고발이 줄기세포 복제조작을 밝힌 진실의 시작이었지만, "지식인도 정치인도 언론도 (……) 곧이들으려 하지" 않았다. 대신 고발자를 의심했다. 그리고 소위 "애국적 과학주의"를 앞세운 이들이 이 내부제보가 얼마나 국익에 이익이 되는 것일까라는 논란을 확산시키며 사회 전체를 뒤덮었다(『한겨레』, 2014년 3월 5일자). 국가 혹은 조직의 이익과 개인의 도덕이 충돌하자 어린 목숨을 두고 한 개인의 양심이 견디지 못해 선택했던 내부제보가 국익의 문제로 변질되어버렸던 것이다.

아마 상당수의 사람이 '공익제보자'들의 행동을 정당한 것으로 여길 것이다. 그리고 이들을 보호하는 게 마땅하다고 주장할 것이다. 그러나 자신이 일하는 조직 내에 이런 공익제보자들이 있고 이들이 어려움에 처해 있다면 우리는 과연 어떤 선택을 할까? 이들을 지키기 위해 같이 헌신할까, 아니면 조직을 보호하기 위해 눈을 감을까? 그들은 우리에게 공익제보자일까, 아니면 내부고발자일까? 어쩌면 공익제보자의 사례는 '그 일이 만약 나의 일이라면'이라는 가정이 낳을 수 있는 딜레마를 가장 극명하게 볼 수 있는 경우일지도 모르겠다.

소크라테스, 도덕으로 낯선 정의를 말하다

우리는 앞서 고대 아테네에서 정의라는 말이 도덕적 함의를 담고 있지 않았으며 오히려 '상황에 맞는 행위'를 하는 것임을 보았다. 그리고 제2부의 세 장에서 정의란 강하고 힘 있는 자들의 이익에 이른다는 트라시마코스, 권력 있는 자들은 정의를 무시한다는 글라우콘, 강한 자들이 마땅히 권력을 잡는 것이 정의라는 칼리클레스의 주장을 살펴보았다. 실제 이 세 인물이 설파한 정의관이야말로 소크라테스가 등장하기 이전에 고대 그리스 사회 내 지식인들과 대중 사이에 일반적으로 알려져 있던 정의관이었다.

이런 정의관에 맞서 소크라테스가 내놓은, 옳고 그름에 대한 정확한 지식에서 우러나는 철학 없이는 참된 정의를 실천할 수 없다는 입장은 고대 그리스 사회에서 무척이나 낯설고도 충격적인 것이었다. 그것이 얼마나 충격적이었던지 소크라테스와 격렬한 논쟁을 벌였던 대부분의 사람은 소크라테스의 말을 끝끝내 진심으로 받아들이지 않았다.

그렇다면 왜 소크라테스는 철학에 근거해 올바른 지식을 가지고 행동하는 것이야말로 진정한 정의라고 보았던 것일까? 그 이유는 '무지야말로 모든 부정의의 근원'이기 때문이다. 트라시마코스와 논쟁을 벌이던 소크라테스는 진정으로 제대로 된 지식을 갖춘 사람들은 같은 일을 두고 같은 분야에서 동일한 지식을 갖추고 있는 다른 사람들을 넘어서려 들지는 않을 것이라고 말한다. 예를 들어 절대음을 제대로 알고 있는 악기 조율사는 절대음을 알고 있는 다른 조율사보다 자신이 음을 더 제대로 듣는 척하지는 않을 것이다. 하지만 무지한 사람들은 다른 사람이 지식을 갖추고 있든 아니든 상대방을 넘어서려고 한다.

> 이제 지식과 무지에 대해 생각해보게나. 누구를 막론하고 전문적 지식이 있는 사람들이 또 다른 어떤 전문가가 행하거나 말하는 바를 넘어서려 하거나 그래서 같은 일처리를 두고 자신과 동일한 지식을 지닌 사람과 같은 선택을 하지 않을 것인지 말일세. (……) 하지만 전문적 지식이 없는 자는 어떻겠나? 이 사람은 전문가이든 아닌 사람이든 그들 모두를 똑같이 넘어서려고 할 것일세.[18]

소크라테스의 이런 주장이 전달하는 메시지는 분명하다. "제대로 된 지식을 갖추지 않은 사람들이 제대로 된 지식을 갖춘 척 행동할 때 부정의가 생겨난다."

그렇다면 제대로 된 올바른 지식이란 무엇일까? 소크라테스가 말하는 지식이란 단순히 어떤 분야에 대한 기술적 지식을 말하지 않는다. 제대로 된 지식이 되기 위해서는 알고 있는 내용을 적절하게 활용할 수 있는 올바른 분별력이 있어야 하며 그것을 실제로 행동에 옮길 수 있는 용기가 있어야 한다. 이런 점에서 소크라테스는 단순한 기술로서의 지식과 참된 지식을 구별해야 한다고 말한다. 예를 들어 칼을 잘 다루고 재료를 잘 알고 맛을 잘 보는 요리사는 기술자로서 훌륭할지는 모르지만, 자신이 만드는 요리가 사람의 건강에 도움이 되는 것인지 아니면 해가 되는 것인지 정확히 알지 못한다면 진정한 요리사라고 할 수 없다. 자신이 만드는 음식에 대한 정확한 지식이 없는 요리사의 음식은 사람의 건강을 해할 수도 있기 때문이다. 무지가 부정의를 낳는 경우인 것이다.

무지가 부정의를 낳는다는 소크라테스의 주장이 여전히 납득되지 않는다면, 부패한 국가들 대부분이 낮은 교육수준을 유지하는 반면 높은 교육수준을 갖춘 국가들이 덜 부패한다는 일반적 사실에 주목해보아도 좋을 듯하다. 물론 이 높은 교육수준 안에는 도덕적·윤리적 행위의 내용이 포함되어 있을 것이다. 논리적 필연은 아닐지라도 무지와 부정의의 상관관계는 분명하다. 교육수준이 높은데도 국가에 부패가 만연한다면, 그 이유는 지식만 갖추고 도덕원칙을 갖추지 않은 사람들, 소크라테스의 표현대로 실천하지 않는 지식은 무지라는 것을 이해하지 못하는 사람들이 넘쳐나기 때문일 것이다. 교육수준이 높은 국가에서 이런 사람들이 넘쳐나는 이유는 너무도 명확하다. 우선 공교육체계가 그 앎과 실천 사이의 중요성을 가르치는 데 관심이 없기 때문이다. 그다음으로는 사회적 체계 내에서 그 앎을 실천하는 사람들이 지속적으로 손해를 입는 현상이 반복되는 사회적 학습효과 때문이다. 어쩌면 이 모든 것이 현재 우리나라의 자화상일지도 모를 일이다.

정체의 임무는 성숙한 시민을 만드는 것이다

소크라테스에게 진정한 지도자는 단순히 나라와 시민들의 물리적 욕구에 봉사하는 자들이 아니라 올바른 지식을 지니고 그 지식을 실천하는, 앎이 있는 시민들을 만드는 데 노력을 다하는 자들이다. 소크라테스는 칼리클레스와의 논쟁에서 이 청년 정치가가 절제와 정의에 대한 고려는 전혀 없이 항구, 조선소, 성벽 등으로 도시를 채워 물리적 성찬을 베푼 이들을 훌륭한 지도자라고 칭송하는 것을 두고 이런 지도자들은 단지 시민들의 욕구만을 채워주는 이들임을 지적한다. 예를 들어 아테네 역사상 가장 뛰어난 정치가로 칭송받던 페리클레스에게 시민들이 사형선고를 내리려한 이유는 그가 시민들의 욕망을 채워주었을 뿐 정의와 절제를 생각하고 실천할 수 있는 훌륭한 시민들을 양성하는 데 실패했기 때문이다.[19] 이런 점에서 국가의 궁극적 목적은 물리적 번영이라기보다는 성숙한 시민들을 길러내는 것이어야 한다.

이에 더하여 소크라테스는 정의롭지 못한 수단이나 힘으로는 성숙한 시민을 만들어낼 수 없다고 단언한다. 불의가 판치는 사회에서 구성원들은 서로를 믿지 못한 채 자신이 원하는 것을 얻고자 수단과 방법을 가리지 않는다. 이런 사회는 잠시 좋은 결과를 얻는 듯 보일 수는 있으나 결국 분열될 수밖에 없다. 소크라테스는 심지어 도둑집단도 서로에게 불의를 저지르며 분열되어서는 아무런 목적도 달성하지 못한다고 충고한다. 반면 정의는 진정한 협력과 시민들 간의 우애를 다져주기 때문에 좋은 국가를 만드는 근본이 된다.

이런 까닭에 불의는 언제든지 행하지 말아야 할 일이다. 소크라테스는 불의를 당하는 것보다 불의를 행하는 것이 더 낫다는 칼리클레스의 주장에 맞서 불의를 행하고도 처벌받지 않으려면 전제군주처럼 무소불위의 권력을 쥐거나 전제군주에게 아부하고 협력하는 길밖에 없음을 상기시킨다. 이때 전제군주는 자신과 똑같은 사람 외에는 친구를 만들 수가 없으며, 전제군주를 따르는 자들은 자신의 영혼을 버리고 군주의 습관과 생각에 자신을 맞추느라 진정으로 행복한 자들이 될 수 없다. 그뿐만 아니라 군주의 비위를 맞추는 이런 방식의 삶은 표면적으로 불의는 당하지 않을지언정 오로지 사악함만을 낳기에 가장 나쁜 것이다. 소크라테스는 이런 방식의 삶을 사는 자들은 삶의 목적 자체가 생존에 있을 수밖에 없다고 말한다. 실제 무소불위의 권력을 행사하는 많은 독재자가 한편에서는 누군가가 자신의 목숨을 노리고 있다는 불안 속에서 살아간다. 독재자들이 늘 경비를 삼엄하게 하는 이유도 그 때문이다.

소크라테스는 힘의 정의를 숭배하는, 갓 정치활동을 시작한 청년 정치가 칼리클레스에게 단지 권력을 지키거나 목숨을 보전하기 위해 힘을 가지려 하지 말고 동료 시민들을 훌륭하게 만드는 일에 전념하라고 충고한다. "정계에 입문한 지금 자네는 우리 시민들을 최대한 훌륭하게 만드는 것 외에 다른 일에 전념할 터인가? 그것이 정치가가 할 일이라는 데 우리는 누차 동의하지 않았는가?"[20]

그러나 앞서 보았듯 사람들을 진정으로 이해하고 설득하여 성숙한 시민을 형성하는 일은 사람들이 원하는 항구를 짓는다거나 조선소를 만든다거나 성벽을 쌓는 행위를 통해서는 달성할 수 없다. 이 일은 오로지 지도자로서 정의와 절제를 생각하고 행동할 때만이 가능한 것이다.

비판적 시민으로서 지식인의 역할을 다하라

이처럼 소크라테스는 정치에 갓 입문한 야심에 찬 청년 정치가가 가야 할 올바른 길에 대해 조언한다. 그러나 앞서 보았듯 소크라테스 자신은 정작 공공사, 즉 정치에 직접 참여한 적이 거의 없었다. 자신이 직접 정치에 참여한다면 살아남을 수 없을 것이라 믿었고, 이런 죽음은 도시에도 자신에게도 도움이 되지 않는다고 생각했다. 그렇다면 도시를 위해 그가 선택한 길은 무엇이었을까?

> 그래서 저는 당신 혹은 저 자신에게 아무런 도움도 되지 않는 정치에 참여하는 대신, 그대들을 개인적으로 만나, 내가 최상의 봉사라고 생각했던 것들을 해드리기로 했습니다. 그래서 여러분의 소유물에 관심을 두기보다는 여러분 자신을 보살피도록, 도시의 소유물보다는 도시 그 자체를 보살피도록 일일이 설득하려 했습니다.[21]

소크라테스는 자신이 도시의 지식인으로서 정치에 참여하는 이들이 가져야 할 자질을 향상시키는 데 노력을 기울였다고 말한다. 그 자질은 다름 아닌 자기 이익보다는 자기 성숙, 도시의 물질적 이득보다는 도시 그 자체의 성숙을 생각하는 자세다. 소크라테스는 현명한 자들이 정의에 꾸준히 관심을 가지고 실천한다면 권력을 직접적으로 소유하지 않아도 도시에 많은 영향을 미칠 수 있음을 스스로 증명했다. 그리고 추방령을 받거나 도시 밖으로 탈출하는 일을 포기하고 마지막까지 도시의 동료 시민들을 설득하는 길을 선택했다. 이런 소크라테스의 사례는 한 사회에서 비판적 지식인들이 지닐 수 있는 영향력을 온전히 보여준다. 더불어 소크라테스가 분명히 밝히듯 지식인들이 도시에 가하는 비판의 목적은 도시의 파괴에 있는 것이 아니라 동료 시민들이 올바른 삶을 살도록 하는 데 있다는 것도 명백하게 보여준다.

소크라테스는 모든 불의는 무지에서 나오며, 자신의 무지를 인정하지 않고 더는 새로운 앎도 추구하지 않을 때, 더 나아가 그 앎을 실천하지 않을 때 부정의가 생겨난다는 점을 명확히 밝혔던 인물이다. 이와 더불어 그는 도시가 불의로 기울어갈 때 자신과 같은 지식인들이 해야 할 일이 무엇인지 자신의 삶을 통해 생생하게 보여주고 있다.

아마 누군가 말하겠지요. "소크라테스여, 당신은 도시를 떠나 침묵을 지키며 조용히 살아갈 수는 없나요?" 이것이야말로 내가 당신을 설득하기 가장 어려운 점입니다.[22]

"침묵은 금이다"라는 말이 있다. 소크라테스가 이 말을 들었더라면 어떻게 받아들였을까? 소크라테스의 대답을 상상해본다.

"저는 금 따위에는 관심이 없습니다."

6장

플라톤

현자들의 통치가
정의롭다

바로 철학자, 즉 지혜를 사랑하는 이들이 나라에서 군왕이 되어 다스리거나, 아니면 현재의 군왕 또
는 최고 권력자로 불리는 이들이 '진실로 그리고 충분히 지혜를 사랑하게' 되지 않는 한, 그리하여
'정치권력'과 철학이 한데 합쳐지지 않는 한, 내 생각엔 인류에게 나쁜 일들은 종식되지 않을 것일세.

플라톤, 『국가』에서

플라톤, 철학과 권력을 결합하기로 결심하다

뉴욕의 메트로폴리탄 박물관에 가면 자크 루이 다비드Jacques Louis
David(1748~1825)가 그린 〈소크라테스의 죽음〉(1787)이라는 작품을 볼 수
있다. 이 명작은 고대 아테네의 길거리 철학자 소크라테스가 철학하는 삶
을 그만두라는 도시의 명령을 거부한 뒤 독이 든 당근으로 만든 사약을
마시고 죽기 직전의 장면을 그리고 있다. 그 주위의 모든 사람은 슬픔에
잠겨 있고 사약을 내민 집행인조차 그를 바라보지 못한 채 고개를 돌리고

〈소크라테스의 죽음〉, 1787년, 자크 루이 다비드 그림

있다. 단지 소크라테스만이 이 슬픔에서 벗어나 있는 듯 보인다. 그림 속의 그의 모습은 온몸이 근육으로 덮여 있어 도저히 일흔의 노인으로 보이지 않는 데다 곧 독배를 마시게 될 사람이라고 보기에는 너무나 침착하기까지 하다. 재판을 받고 사형을 선고받기 전에도 그러했듯이 손을 들어 하늘을 가리키며 모여든 사람들을 향해 혼의 불멸함을 차분하게 들려주고 있다. 그리고 자신의 죽음을 걱정하는 사람들을 이렇게 안심시킨다.

혼이 죽지 않는다는 것이 밝혀진 만큼, 우리의 혼과 그 거처가 실제로 그와 같거나 비슷하리라고 믿는 것은 적절하고도 가치 있는 모험일 것이라 생각하네. 그것은 고상한 모험이니까. (……) 생전에 (……) 배우는 즐거움에 열중하여 자신의 혼을 남에게서 빌린 장식물이 아니라 절제, 정의, 용기, 자유, 진리 같은 혼 자체의 장식물로 장식한 다음 운명이 부르면 언제든 저승으로 떠날 각오가 되어 있는 사람은 자신의 혼에 대해 안심할 수 있다네.[1]

그러고는 무릎을 부여잡고 슬퍼하는 죽마고우 크리톤에게 마지막 말을 남긴다. "크리톤, 우리는 아스클레피오스에게 수탉 한 마리를 빚지고 있네. 잊지 말고 갚아주게나."[2]

이 그림을 보고 있노라면 그림의 한가운데를 차지한 독배보다 침대 끝에 앉아 있는 나이 든 이의 모습이 눈에 들어온다. 이 그림을 감상하는 사람들 대다수는 홀로 등을 지고 고개를 떨어뜨린 채 세상의 모든 것을 잃은 듯한 표정으로 앉아 있는 이 사람의 정체를 알게 되면 깜짝 놀라곤 한다. 그가 바로 당시 스물다섯 살 즈음에 불과했던 플라톤이기 때문이다. 세상의 모든 시름을 등에 진 듯한 깊은 고뇌가 고스란히 플라톤의 겉모습에 녹아들어가 있는 이 그림. 다비드는 플라톤의 모습을 왜 이렇게 묘사해놓았던 것일까?[3] 그리고 이토록 깊은 슬픔에 잠긴 플라톤에게는 어떤 일이 일어났던 것일까?

왜 철학인가?

직설적으로 답하자면 이 슬픔 속에서 플라톤이 내린 결심은 '철학과 권력의 결합'이었다. 그렇다면 이렇게 물을 수 있다. "왜 철학인가?" 이 이유를 밝히기 위해서는 플라톤의 젊은 시절부터 살펴보는 게 좋을 듯하다.

플라톤은 『일곱 번째 편지Seventh Letter』(기원전 353)에서 자신의 젊은 시절에 대해 "성인이 되었을 무렵 다른 많은 사람들처럼 공적인 삶에 참여하고픈 야망을 지니고 있었다"고 직접 털어놓는다. 그런데 때마침 아테네는 법치가 전복되고 30인의 참주정치가 시작된 상태였다. 그 이전의 민주정이 부패하고 있었던 터라 플라톤은 자신의 지인과 친척들도 가담했던 참주정치에 잔뜩 기대를 걸었다. 그러나 이내 이들의 폭정에 실망했고 참주들 역시 권력을 잃고 만다. 곧이어 다가온 혼란의 시대. 민주정은 회복되었으나 정체가 몇 차례 전복되며 생긴 앙금 때문에 서로를 향한 정치적 보복이 멈추지 않고 있었다. 플라톤이 볼 때 그 보복 가운데 소크라테스의 재판이 있었다.

플라톤이 보기에 소크라테스는 민주정이든 참주정이든 언제나 도시에서 가장 정의로운 사람이었지만, 도시는 이 현자를 불경죄로 기소하고 사형에 처하는 부끄러운 짓을 서슴지 않았다. 이제 도시는 조상들이 만들어놓은 전통이나 법에 따라 더는 운영되지 않았을 뿐만 아니라 이미 썩을 대로 썩어 있는 상태였다.

마침내 저는 현존하는 모든 국가가 형편없이 통치되고 있으며 어떤 기적적인 치료나 행운의 도움 없이는 이 국가들의 법률적 조건을 실제로 치료할 수 없다는 결론을 내리게 되었습니다. (……) 그런 까닭에 저는 진정한 철학을 찬양하며, 오로지 철학만이 국가에서 또는 개인에게 정의가 무엇인지 가려낼 수 있다고 믿게 되었습니다. 그리고 인류의 병폐는 정치적 권력을 잡은 그 누군가가 진지하게 참으로 지혜를 사랑하는 자들이거나 우리 도시의 지배자들이 신의 은혜를 입어 참된 철학을 배울 때에나 끝날

수 있으리라 말할 수밖에 없게 되었습니다.[4]

아테네의 위대한 지도자 아리스토클레스의 후손이자 전설적인 입법가 솔론의 후손인 플라톤이, 조상들에게 물려받은 관습과 법으로는 도시를 통치할 수 없다는 결론을 내렸던 것이다. 이제 플라톤이 보기에 남아 있는 대안은 단 하나, '참된 철학'뿐이었다. 간단히 말해 철학을 사랑하는 이가 권력자이거나 권력자가 철학을 사랑해야만 해결되는 일이었다. 이 주장으로 플라톤은 인류의 역사에 기록될 만한 일을 이루어내는데, 이는 '지식과 권력'이 최초로 결합되는 순간이었다. 이제 플라톤에게 남은 일은 어떻게 이런 일이 이루어질 수 있는지, 그 정의로운 국가를 실현하는 여정뿐이었다. 플라톤은 실제로도 철학자들이 지배하는 정의로운 국가를 실현하기 위해 두 차례 여정에 나선다. 그러나 철학자들이 통치할 수 있는 국가는 없었으며, 철학자를 사랑하는 권력자도 찾을 수 없었다. 그럼에도 플라톤이 굽힘 없이 내세운 철인통치는 정의의 문제뿐만 아니라 통치에 있어서도 엄청난 영향을 후세에 남긴다. 지금부터 플라톤이 철인통치를 향해 떠났던 그 여정을 우리도 한번 따라가보자.

철학자들은 누구인가?

플라톤이 찾아 떠난 정의로운 국가, 소위 권력과 철학이 결합된 국가는 철인통치가 실현되는 곳이었다. 철학자들의 통치. 이런 통치방식은 고대 아테네에서도 너무나 새로운 것이어서 아주 충격적인 제안이기도 했다.

플라톤은 『일곱 번째 편지』에서 밝혔던 자신의 결심을 『국가』에서 소크라테스의 입을 빌려 전달하고 있는데, 이 이야기를 들은 글라우콘의 반응은 이런 통치의 새로움과 당황스러움을 동시에 드러낸다.

소크라테스: 내 생각으론 한 가지 변혁을 통해서 나라가 바뀌는 것을 보여줄 수 있을 것 같네. 비록 작은 일도 쉬운 일도 아니나 가능은 한 것일세. 이 일로 내가 비웃음거리가 된다고 하더라도, 혹 나쁜 평판을 흠뻑 뒤집어쓰게 된다 할지라도 나는 말해야겠네. 바로 철학자, 즉 지혜를 사랑하는 이들이 나라에서 군왕이 되어 다스리거나, 아니면 현재의 군왕 또는 최고 권력자로 불리는 이들이 '진실로 그리고 충분히 지혜를 사랑하게' 되지 않는 한, 그리하여 '정치권력'과 철학이 한데 합쳐지지 않는 한, 내 생각엔 인류에게 나쁜 일들은 종식되지 않을 것이네.
글라우콘: 소크라테스 선생님! 일단 그런 말씀을 털어놓으셨으니 각오하고 계셔야 합니다. 그야말로 수많은 그리고 결코 만만치 않은 사람들이, 이를테면 일제히 웃통을 벗어던지고서 맨몸으로 저마다 닥치는 대로 무기를 들고서 놀랄 짓들을 저지를 양으로 힘껏 달려올 것이니 말입니다.[5]

그렇다면 플라톤이 이토록 지지하는 철학자들은 어떤 사람들일까? 철학자는 한마디로 '모든 지혜를 사랑하는 사람'이다. 무엇인가를 가린다는 것은 참된 '사랑'의 태도가 아니기에 이들은 모든 지혜를 갈망한다. 그렇기에 그들은 늘 배우는 일을 반기며 배움에 만족할 줄 모른다. 그리고 무엇보다 이 철학자들은 감각이나 상황에 좌우되는 의견doxa을 지니는 사람들이 아니라 어떤 상황에도 불변하는 것을 인식하는 능력, 바로 진리를 관조할 수 있는 능력을 지니고 있어 진정한 앎epistēmē에 이른 자들이다.

> 글라우콘: 선생님께서 말씀하시는 참된 철학자들이란 어떤 사람들을 두고 말씀하시는 건지요?
>
> 소크라테스: 진리를 구경하길 좋아하는 사람들을 말하네. (……) 많은 아름다운 사물을 보되 아름다운 것 그 자체는 못 보며, 거기로 자신들을 인도하는 사람을 따라갈 수 없는 사람들, 또한 '많은 올바른 것'을 보되 '올바른 것 그 자체'를 못 보는 사람들, 그리고 또 다른 모든 예들에 있어서도 이처럼 따라가지 못하거나 보지 못하는 사람들을 가리켜 우리는 그들이 모든 것에 대해 의견은 갖지만 자기들이 의견을 갖는 것들에 대해서 아무것도 인식하지 못하고 있다고 말할 걸세.[6]

여기서 여러분이 플라톤이 말하는 진리와 관련하여 알아두어야 할 몇 가지 중요한 내용이 있다. 플라톤이 밝히고 있듯 진리는 '올바른 것 그 자체'로, 가장 중요한 속성은 '영원성'이다. 진리는 '언제나 그대로 있는 것'으로 불변하며 시간에 전혀 구애받지 않는다. 예를 들어 우리는 흔히 진리와 사실을 동일시하지만, 진리는 불변하고 시간에 구애받지 않는다는 점에서 '사실fact'과도 다르다. 달리 말하면 사실은 시간이 지남에 따라 그 시제가 현재형(is)에서 과거형(was)으로 바뀌지만, 진리는 어제도 오늘도 내일도 똑같은 시제인 현재형을 취한다. 그렇기에 가장 훌륭한 상태에 이르길 원하는 철학자들은 시간이나 상황에 따라 달라질 수 있는 '의견'을 지니는 자들이 아니다. 그들은 오로지 진리 그 자체를 바라보는 이들로, 플라톤이 말하는 철학이란 소위 진리를 관조하는 일이다. "그러니까 '각각의 실재 자체'를 반기는 사람들을 '지혜를 사랑하는 사람들(철학자들)'로 불러야지 의견을 사랑하는 사람들로 불러서는 아니 되겠지?"[7] 이말을 통해 우리는 플라톤이 말하는 '지혜'의 실체가 단순한 사실을 아는 것이 아니라 불변하는 진리에 대한 앎이라는 것을 이해할 수 있다. 그렇기에 플라톤은 지혜를 사랑하는 자는 결코 거짓을 받아들이지 않는다고 단언한다.

이런 측면에서 철학자들은 거짓을 증오한다. 그러므로 '진실함'은 철학자들이 지녀야 할 가장 중요한 덕목 중 하나다. 플라톤은 이처럼 지혜를 진실하게 사랑하는 자가 재물을 좋아할 리 없으며 저속하거나 좀스러울 리도 없다고 주장한다. 오히려 진리를 사랑하는 자는 호의적인 마음으로 가득하다. '철인통치'는 철학자가 통치한다는 점에서 철학자의 자질은 사실상 통치자의 자질과 동등하다고 보아야 한다. 이런 점에서 플라톤은 진정한 통치자가 되고자 한다면 지혜를 사랑하는 반면 거짓을 멀리하고, 물질적으로 청렴해야 할 뿐만 아니라 저속하고 좀스럽게 사람들을 시기하거나 질투해서는 안 되며, 오히려 호의를 지니고 대할 수 있어야 한다고 충고했던 것이다.

철학자, 정의가 국가를 통치하도록 하는 자

그렇다면 이런 철학자가 통치하는 국가는 어떤 모습일까? 플라톤은 인간의 삶에서 가장 훌륭한 상태는 다름 아닌 개개인이 가지고 있는 자질을 최고의 상태로 만드는 것이라 말한다. 이런 점에서 최상의 국가는 개개인이 자신의 성향에 상응하는 일을 맡아 충실히 수행하는 '분업화된 질서의 국가'다. 예를 들어 농사에 자질을 타고났다면 농부의 일을 해야 하고 건물을 짓는 일에 자질을 타고났다면 건축일에 종사해야 한다. 농부의 자질을 타고난 사람이 건물을 짓겠다고 나서면 농업의 발전이 느릴 뿐만 아니라 건축에도 나쁜 영향을 미치게 된다. 그러므로 타고난 성향에 따라 직분을 부여받고 최선의 상태에 이르도록 하는 것이 올바른 일이며 사회구성원 모두가 이것에 충실할 때 가장 조화로운 질서가 형성된다.[8]

플라톤에 따르면 이런 조화로운 질서를 이루는 성향이 있으니 지혜, 용기, 절제, 올바름(정의)이다.[9] 이 중 지혜, 용기, 절제는 국가의 주요 계층을 이루는 특정 집단의 부류가 가져야 할 덕목에 상응하는 것이고, 올바름(정의)은 이러한 덕목들이 형성되고 어떠한 상태에 있어야 하는지를 결정하는, 소위 전체를 아우르는 덕목이다.

우선 '지혜'는 통치하는 집단인 수호자들, 바로 철학자들이 가져야 하는 가장 중요한 덕목이다. 이것은 국가를 지키는 수호술과 가장 관련이 깊기 때문에 통치자의 덕목에 해당한다. 지혜는 진리와 지식에 관계되어 있으며 통치에 관한 전문지식을 습득하고 활용하는 데 필수적이다. 통치에 관한 전문지식은 혼이 가장 최고조의 상태로 연마되어 있어야 하는 인식의 부담이 따른다. 덕분에 이를 지니고 있는 집단에 속한 사람의 수가 가장 적다. 그러므로 지혜와 관련된 통치자 집단은 숫자상으로 보면 이 국가에서 가장 최소 집단이다. "성향에 따라 수립된 나라 전체가 지혜로울 수 있는 것은 이들 지도자와 집단의 지식 때문일세."[10]

플라톤은 지혜로운 통치자들이 인격적으로 완성되는 시기를 50세로 보는데, 여기에는 어릴 때부터 선발되어 받은 기본 교육을 포함하여 5년 간의 변론교육, 통치자로서의 실무교육 15년이 포함되어 있다. 이 모든 시험을 거친 사람 중 가장 훌륭한 자를 통치자로 선정하면 그가 진리를 바탕으로 좋은 국가를 만들 것이라고 말한다. 이 통치자들과 관련하여 당 시로서는 매우 신선하면서도 충격적인 대목이 있다. 여성도 남성처럼 통 치자가 될 수 있다고 주장하는 부분이 그렇다.

> 여자고 남자고 간에 나라의 수호와 관련해서는 그 성향이 같다네. (……)
> 그러니까 이런 부류의 여자들은 이런 부류의 남자들과 함께 살며 함께 나
> 라를 수호하도록 선발되어야만 하네. 그들은 능히 그럴 수 있고 그 성향
> 에 있어서도 남자들과 동류이니까 말일세.[11]

당시 아테네에서 여성들은 정치에 참여할 권리가 없었을 뿐만 아니라 시민권을 지닐 자격조차 없었다. 대부분의 아테네인이 여성은 가정, 즉 사적 영역에 적합하다고 믿었다. 그러나 플라톤은 나라를 통치하는 일과 관련해서는 남성과 여성이 지닌 다른 성향을 구분하는 것이 적절하지 않 으며 여성들도 통치자의 자질을 가질 수 있다고 역설한다.

이렇듯 남녀 구별 없이 지닐 수 있는 수호술을 지닌 통치자들을 보조 하는 이들이 외부의 침입으로부터 도시를 보호하는 '군인'이다. 그리고 이들이 마땅히 지녀야만 하는 덕목은 '용기'다. 전장에 나가야 하는 이들 에게 '용기'라는 덕목은 너무도 당연한 것처럼 보인다. 그런데 군인들의 용기에 대해 말하는 대목에서 플라톤은 우리를 또다시 놀라게 만드는 말 을 펼쳐놓는다.

소크라테스: 한 나라가 용기 있는 것은 용기를 지닌 부류가 두려워할 것들에 대한 소신을 언제나 보전케 해주는 능력을 지니고 있기 때문인데, 이 경우 두려워할 것이란 입법자가 교육을 통해 이미 지시한 것들과 그런 류의 것들일세. 혹시 자네는 이걸 용기로 부르질 않겠는가?

아데이만토스: 선생님의 말씀을 완전히 이해하지 못하겠습니다.

소크라테스: 내 말은 용기란 일종의 보전이란 의미일세. 법에 의한 교육을 통해, 두려워할 것들이 무엇이며 또 어떠한 것들인지, 이와 관련해서 생겨난 소신의 보전 말일세. 그리고 이를 '언제나' '어느 경우에나' 보전한다고 함은 고통, 즐거움, 욕망, 공포 그 어떤 상황에 처해서도 이를 버리지 않고 끝끝내 보전하여 지님을 의미하네. 두려워할 것들과 두려워하지 않을 것들에 관한 '바르고 준법적인' 소신의 지속적인 보전과 그런 능력을 나로서는 용기라 부르며 또한 그렇게 간주하네.[12]

우선 플라톤은 용기가 어떤 것을 두려워하지 않는 것이 아니라 '두려워해야 할 것을 알고 그것을 두려워하는 것'이라고 말한다. 그 두려움의 대상은 다름 아닌 입법자들(철학자들)이 정하는 법이다. 진정한 용기를 지닌 군인은 입법자의 지시를 지키고 그 어김을 두려워해야 한다. 간략히 말해 진정한 용기는 지혜를 향해 칼을 들지 않아야 하며, 그런 일 자체를 두려워해야만 한다.

다음 덕목인 '절제'는 매우 독특하다. 이 덕목은 수호하는 집단, 보조하는 집단, 노동하는 집단이 모두 동시에 가져야 하는 덕목이다. 그래서 플라톤은 이 덕목을 독특하게 '화음'에 비유한다. 조화로운 화음을 내기 위해서는 '한마음 한뜻'이 되어야 하는데, 이때 반드시 필요한 것이 절제라는 덕목이다. 플라톤은 이 '한마음 한뜻'을 누가 지배할 것이며 누가 지배를 받아야 할 것인지에 대한 세 집단 간의 합의라고 보는데, 이런 점에서 절제는 세 집단에게 모두 필요한 덕목이 된다. 그러나 이 덕목이 실제로 가장 필요한 집단은 '노동하는 집단'이다. '노동하는 집단'은 자신의 능력이 수호하는 집단이나 보조하는 집단보다 열등한 것을 인정하고 이들 집단의 지배를 받아들여야만 한다. 지배하는 임무를 인정하고 받아들이는 것은 그다지 어려운 일이 아니다. 오히려 많은 사람이 반길지도 모른다. 그러나 지배당하는 처지를 인정하고 받아들이는 일은 쉽지 않다. '노동하는 집단'이 만약 이러한 지배구조를 받아들이지 못한다면 플라톤이 생각하는 '이상국가'는 성립 자체가 불가능할 것이다. 그렇기에 플라톤은 미천한 사람들의 무절제한 욕구가 공정한 지배자들의 지혜에 의해 제압당해야 한다는 것을 강조함으로써 다수의 피지배자들이 이 미덕을 지녀야만 함을 명백히 한다. "자네는 이곳에서 다수의 미천한 사람들의 욕구가 소수의 한결 더 공정한 사람들의 욕구와 슬기에 의해 제압되고 있음을 보지 못하는가?"[13]

지금까지 우리는 플라톤이 제안한 '이상국가'를 구성하는 집단과 그 집단에 상응하는 덕목을 차례로 살펴보았다. 이 세 가지 덕목인 지혜, 용기, 절제를 한꺼번에 아우르는 근본적인 개념이 '올바름', 즉 정의다. 정의는 지혜, 용기, 절제가 생성되도록 하는 원천이며 세 덕목이 조화롭게 잘 유지되도록 하는 균형점이다. 플라톤은 이런 올바름, 다시 말해 국가에서 필요한 정의를 '자기 일을 함'과 '제 것을 소유함'이라고 밝힌다.

소크라테스: 자네도 분명 기억하겠지만, (……) 각자는 자기 나라와 관련

된 일들 중에서 자기의 성향이 천성으로 가장 적합한 그런 한 가지에 종사해야 된다는 것이었네. (……) 즉 제 일을 하는 것이 어떤 식으로든 실현되는 게 올바른 상태인 것 같으이. 〔그리고〕 통치자들이 판결을 내림에 있어 목표로 삼는 것, 즉 남의 것을 취하지 않도록 하고 또한 제 것을 빼앗기지도 않도록 하는 것 이외의 다른 어떤 것이 있을까?

글라우콘: 아닙니다. 바로 그것입니다.

소크라테스: 그러니까 이런 점을 보아도 제 것의 소유와 제 일을 함이 올바름의 상태라는 데 합의를 보겠네그려.[14]

'자기 일을 함'과 '제 것을 소유함'이란 지혜, 용기, 절제라는 세 덕목이 조화롭게 유지되는 상태와 밀접한 관련을 맺는다. 수호하는 집단과 보조하는 집단, 노동하는 집단이 자신이 할 일을 제대로 알지 못하거나 자기가 가져야 할 것 이상을 요구한다면 국가의 질서는 혼란상태에 이르게 될 것이다. 그렇기에 올바름(정의)은 지혜, 용기, 절제가 항상 변함없이 자신의 자리에서 기능할 수 있도록 유지하는 역할을 한다. 결국 올바름이란 지혜, 용기, 절제라는 덕목이 수호하는 집단, 보조하는 집단, 노동하는 집단에서 변함없이 성향에 맞게 적용되고 발휘되는 상태이자 각 집단이 다른 집단이 할 일을 넘보지 않는 것이다.

　플라톤의 이 프로젝트를 한마디로 표현해본다면 정의가 국가를 지배하도록 하여 조화로운 정치질서를 만들라는 것이다. 이 질서의 중심에서 정의가 무엇인지를 파악하고 전달하여 그 조화의 질서를 구성하는 이가 지혜를 사랑하는 통치자, 바로 철학자다. 이에 더하여 이를 보조하는 집단이 지혜를 향해 칼을 들지 않도록 용기의 덕목을, 지배당하는 집단이 지혜에 저항하지 않도록 절제의 덕목을 강조하여 정체의 안정성을 강화하고 있다.

이런 플라톤의 발상을 듣고 나면 여러 가지 비판점이 생기겠지만 무엇보다 우리의 머리를 갸웃하게 만드는 것은 그 실현 가능성이다. 누구에게나 실현 가능성이 없어 보이는 철인왕 프로젝트. 하지만 역설적이게도 이런 철인왕 같은 지도자를 갈망하는 현상은 인민주권을 주장하는 민주정체에서조차 쉽게 찾아볼 수 있다. 거기에 더하여 정치는 갈등이 아니라 조화롭게 만드는 것이라는 플라톤의 주장은 거의 모든 사람이 받아들이고 있는 발상이라 해도 과언은 아니다. 그럼에도 철학이 무용하다고 믿는 사람들이 다수인 지금 이 시대에 철학자가 통치자가 되는 일은 불가능하다. 이런 일반적인 믿음은 아테네에서도 마찬가지였다. 그러나 플라톤은 철학자가 통치하거나 권력자가 철학을 사랑하게 만드는 일 둘 가운데 하나가 불가능할 어떤 근거도 없다고 반박했다. 실제 스스로 통치자가 될 수 없었던 이 철학자는 권력자가 철학을 사랑하도록 만들기 위해 자신의 길을 떠난다.

통치할 수 없다면 권력을 지닌 통치자를 교화하라

플라톤은 자신의 신념을 실현하기 위해 시칠리아 지역을 차지하고 있던 시라쿠사의 전제군주인 디오니시우스를 찾아가 정치고문이 되고자 했다.[15] 플라톤의 열렬한 지지자이자 시라쿠사의 부유한 가문의 아들이었던 디온이 다리를 놓아 두 사람이 만나게 되었던 것이다. 그러나 이 만남은

〈디온, 디오니시우스에게 플라톤을 소개하다〉, 1876년, 네덜란드, 작자 미상

참으로 참담한 결말을 낳고 말았다. 두 사람의 만남이 여러 가지로 그려지고 있으나 정설은 디오니시우스가 플라톤을 노예로 팔아버렸다는 것이다. 디오니시우스를 앞에 두고 미덕을 모르는 그를 당당히 '참주'라고 부른 대가였다. 이후 플라톤이 지인들의 도움으로 노예의 신분에서 자유인의 신분을 찾는 이야기에는 여러 가지 설이 전해 내려온다. 분명한 것은 그가 첫 번째 여정을 성공적으로 마치지 못했다는 점이다.

이후 플라톤은 아테네로 돌아와 자신의 학원인 아카데메이아Akademia를 설립하고 제자들을 양성하는 일에 전념한다. 아테네로 돌아온 플라톤은 스승 소크라테스와 마찬가지로 정치를 멀리했다. 그러던 와중에 디오니시우스가 죽고 그의 아들인 디오니시우스 2세(혹은 '소小·디오니시우스'로도 불린다)가 왕위를 물려받았다. 마침 새로운 군주는 디온을 정치적으로 의지했고, 플라톤은 이 젊은 군주가 지혜를 사랑할 수 있게끔 해달라는 디온의 요청을 받고 다시 시라쿠사로 돌아간다. 플라톤이 얼마나 새로운 기대에 부풀어 올랐는지 충분히 짐작할 수 있을 것이다. 그러나 청년 군주에게 너무나 막대한 영향력을 행사하는 디온을 시기했던 자들이 이 기회를 망쳐버리고 만다. 디온에게 반역혐의를 씌워 유배를 보내버린 것이다. 다행히 플라톤은 여전히 새 군주를 교육할 수 있는 기회를 계속 누릴 수 있었지만, 고집 센 새로운 군주는 그의 조언을 순순히 따르지 않았다. 몇 달이 지난 뒤 실망감을 감출 수 없었던 플라톤은 군주가 부르면 언제든 다시 오겠다는 약속을 남기고 시라쿠사를 떠났다. 이후 플라톤과 디오니시우스 2세의 인연은 계속 이어지지만, 디오니시우스 2세는 철학을 자기 권력의 장식품으로 생각했을 뿐 끝내 지혜를 사랑하지는 않았다. 플라톤은 당시 심정을 『일곱 번째 편지』에 다음과 같이 쓰고 있다. "만약 디오니시우스의 제국에서 철학과 권력을 실제적으로 결합시킬 수 있었다면, 그리스와 야만인들 모두에게 실제적인 모범 사례가 되었을 것입니다."[16] 자신의 신념을 실현하려던 플라톤의 여정은 이렇게 실패로 끝나고 말았다. 그러나 플라톤은 마지막까지 자신의 신념을 버리지 않았다. 예를 들어 말기 저작인 『법률』에서도 정의로운 국가를 만들기에 가장 좋은 출발점이 참주정이라고 주장하는 모습을 볼 수 있다.[17]

다음은 『국가』에서 통치자의 자질을 설명하는 한 대목이다. 여기서 플라톤이 진정 말하고 싶었던 것은 통치자의 자질이라기보다는 '권력과 철학을 결합시키려는 굽힐 수 없었던 자신의 신념'이 아니었을까?

통치자들은 즐거운 일뿐만 아니라 괴로운 일들을 통해 시련을 겪고서도 제 나라를 사랑하는 사람들이어야 하고, 나아가 이 신념을 힘든 일이나 두려운 일들 또는 다른 어떤 변화에 처해서도 내던지지 않는 사람들로 판명되어야 하네.[18]

사례 1 **하이데거, 나치의 철학자가 되다**

마르틴 하이데거Martin Heidegger(1889~1976)는 20세기 철학에 한 획을 그은 위대한 철학자다. 그의 철학은 또 다른 20세기의 위대한 철학자 자크 데리다의 해체주의에 영향을 미치기도 했다. 그러나 하이데거는 한편으로 매우 논쟁적인 인물이다. 나치정권 아래 히틀러의 철학자로 활동했기 때문이다. 하이데거를 옹호하는 이들은 그가 총장을 맡고 있던 프라이부르크 대학을 보호하기 위해 형식상 나치당에 입당한 것이라 주장하기도 하고 나치정권 말기에 받은 홀대를 핑계 삼기도 한다. 하지만 그가 품고 있던 반유대주의와 친나치주의가 육필 메모 『블랙 노트Schwarze Hefte』에 분명하게 드러나 있을 뿐만 아니라 공적인 행적 곳곳에 묻어 있음은 부정할 수 없는 사실이다.

사실 하이데거의 사상에는 나치와 연계될 수 있는 강력한 접합

점이 있다. 실제 하이데거는 이성이라는 이름 아래 포장된 '효용'이 근대 세계를 지배하는 세계관이라고 여겼다. 그리고 이 효용만을 추구하는 근대적 인간상이 휴머니즘이라는 정치 이데올로기로 포장되어 세계를 지배하고 있다고 보았다. 하이데거는 인간에게 진정 중요한 것은 사유인데, 사유만이 현재 나를 둘러싼 세계 안에서 내 존재의 의미를 곱씹을 수 있는 길이라고 주장했다. 그러나 인간은 여간해서 사유하지 않으며 죽음과 같은 극단적 상황에 처해서야 자신의 존재 의미를 곱씹는다. 하이데거에게 정치란 공동체의 구성원들로 하여금 사유하도록 만드는 기능을 해야 하는 것이었고, 존재의 의미를 곱씹는 사유는 휴머니즘 아래 이뤄지는 평화가 아니라 혁명이나 전쟁처럼 폭력이 동반될 수도 있는 급격한 정치변동 상황에서 더 가능한 것이었다. 이렇게 보면 하이데거에게는 나치체제를 지지할 충분한 이유가 있었고 실제로도 히틀러의 철학자로서 한때 그 지위를 누렸다.

이런 친나치주의는 1933년에 행한 「독일 대학의 자기주장」이라는 총장 취임 연설에서도 여실히 드러나는데, 하이데거는 학생들이 지식을 쌓는 일뿐만 아니라 노동과 군사훈련에도 참여할 것을 독려한다. 그런데 이 나치의 철학자가 연설의 마지막에 출처까지 밝혀가며 『국가』의 한 구절을 인용한다. "위대한 모든 것은 폭풍 속에서 있다."(플라톤, 『국가』, 497d, 9)[19] 무슨 뜻일까? 하이데거가 적시한 『국가』의 이 대목에는 다음과 같은 구체적인 내용이 나온다.

소크라테스: 여기 남아 있는 문제가 있네.

글라우콘: 무엇이 남아 있습니까?

소크라테스: 어떻게 철학에 임하는 것이 도시를 파괴하지 않는 질 서 있는 것이 될 수 있을까란 문제일세. 모든 위대한 시도에는 위험 이 따르지. 속담에도 있듯 '좋은 것은 어려운 것'이네.[20]

하이데거는 이 연설에서 서구 사회의 영적인 힘이 다했으며, 세 계를 연결하고 있는 고리들이 더는 지탱하기 어려운 상태일 뿐만 아니라 문화 역시 사멸하여 무너졌으며, 그나마 강하게 남아 있던 모든 것이 혼란 속에 빠졌다고 주장한다. 독일 민족은 이런 위험에 서 이 세계를 구해내야 하는 역사적 임무를 지니고 있다. 하이데거 는 이런 일을 제대로 수행하기 위해서는 그리스의 오랜 지혜를 깊 이 사려해보아야 한다고 충고하며 "위대한 모든 것은 폭풍 속에 서 있다"라는 말을 인용한다. 이에 주목했던 에두아르드 랑발트Eduard Langwald는 하이데거가 히틀러 대신 플라톤을 인용함으로써 히틀러 의 『나의 투쟁』에 맞서고 있다고 주장한다.[21] 권력이 철학 앞에 고개 를 숙여야 한다고 생각했던 플라톤. 그리고 그를 인용한 하이데거. 그의 의도는 이 세계의 영적인 구원에 나서는 독일 민족을 격려하 기 위한 것이었을까, 아니면 독재자로부터 도시, 즉 국가를 구해낼 철학의 힘을 말하고 있었던 것일까? 랑발트의 주장처럼 하이데거 는 히틀러에 맞서고 있었던 것일까? 만약 그게 사실이라면, 하이데거는 히틀러로 하여금 철학을 사랑하도록 만들 수 있었을까? 디오니시우스 부자가 플라톤에게 그랬던 것처럼, 나치정권이 이 위대한 철학자에게 주었던 말로는 외면과 홀대였다.

사례 2 ⟩ 박종홍, 유신체제에 가담하다

이런 사례가 멀리 있는 것만은 아니다. 우리에게도 이와 유사한 일이 있었다. 서울대학교 철학과 교수이자 당시 한국을 대표하는 철학자였던 박종홍(1903~1976)이 그 사례다.[22] 유신 이전 박종홍의 작품으로 일반인에게 가장 많이 알려져 있는 글은 바로 「국민교육헌장」이다. 1970년대 초등학교(당시에는 국민학교) 1학년 1반 1번 학생부터 고등학교 3학년 마지막 반 끝번까지 모두가 달달 외우고 또 외웠던 유신시대가 강요한 교육헌장이었다. 그가 1970년에 대통령 교육문화담당 특별보좌관으로 임명된 이후 정책입안자로서 보여준 활발한 활동은 독재를 위해 철학을 복무시켰다는 비난을 피할 길이 없게 만든다. 1972년 유신정부가 들어서고 난 뒤에도 박종홍은 특별보좌관직을 버리지 않고 열정적으로 자신의 임무를 수행했다. 그의 사인이 노환에 겹친 과로사였다는 점은 박종홍이 얼마나 유신체제를 위해 열심히 일했는지 간접적으로 말해준다.

여기서 이율배반적인 점은 니체와 하이데거를 나치즘에 동조한 철학으로 누구보다 거세게 비판한 철학자가 다른 누구도 아닌 박종홍이었다는 사실이다. 이들을 그토록 혹독하게 비판했던 박종홍은 왜 유신체제에 가담했던 것일까? 자신의 제자들이 하이데거처럼 되어서는 안 된다며 유신체제 협력에 반대했음에도 왜 박종홍은 독재자의 정책입안자 노릇을 했던 것일까?

박종홍에 대한 대다수의 연구는 그가 일제시대에는 일제통치에, 미군정시대에는 미군정에, 유신시대에는 독재정권에 꾸준히 가담한 점을 들어 그의 철학이 추악한 파시즘이었고, 나아가 그 추악한 파시즘 철학을 「국민교육헌장」 등을 통해 국가 전체에 주입시켰다고 주장한다. 반면 일부 연구는 박종홍이 무엇보다 철학이 현실과 함께 있어야 한다고 생각했던 철학자였음을 강조한다. 이런 연구에 따르면 자신이 지닌 철학을 실현하기 위해서는 권력을 꾸준히 찾아다닐 수밖에 없었다거나 어려운 시대를 살았던 지식인의 어쩔 수 없는 선택이었다는 결론에 이르게 된다.

박종홍은 "내가 옳다고 생각하는 것을 행할 뿐이다"라고 말했다. 모호한 부분은 그 스스로 옳다고 생각했던 것이 무엇인지 밝힌 적이 없었다는 점이다. 진정 그가 옳다고 믿었던 것은 무엇이었을까? "교육이 국가의 백년대계"라고 믿었던 철학자. "1968년 12월 5일 대통령 박정희"의 이름으로 선포된 「국민교육헌장」에서 "나라의 융성이 나의 발전의 근본임을 깨달아, 자유와 권리에 따르는 책임과 의무를 다하며, 스스로 국가 건설에 참여하고 봉사하는 국민 정신을 드높인다"라고 썼던 이 철학자에게 '도시'와 '철학'은 도대체 어떤 관계였던 걸까? 박종홍이 교화하고자 했던 첫 번째 대상은 독재자였던 것일까, 아니면 국민이었던 것일까? 어찌되었거나 정말 아쉬운 점은 「국민교육헌장」이 일본의 메이지시대 '교육칙어'와 너무 많이 닮아 있다는 점이다. 교화된 국민의 실체가 군국주의의 신민이라면 결코 받아들일 수 없는 것이기 때문이다.

지혜로운 자는 독재를 제거한다

플라톤의 철인통치는 가끔 일종의 독재정치로 오해받곤 한다. 그리고 플라톤이 참주들을 교화하려고 했다는 점에서 플라톤이 독재를 옹호했다는 오해도 있다. 이런 오해는 플라톤 스스로가 밝히는, 독재권력에 대한 생각을 보면 금방 풀린다.

독재권력은 통치자에게도 신민들에게도 이롭지 않습니다. 이것은 제가 지닌 최소한의 신념입니다.[23]

플라톤은 독재권력이 지배당하는 신민뿐만 아니라 지배하는 통치자에게도 이롭지 않다고 충고한다. 만약 이런 권력이 신민들에게 이롭다면 이들을 교화할 이유도 없을 것이다. 플라톤은 더 강한 자들, 권력을 지닌 자들을 향해 법에 복종하라고 권유한다. 권력자들이 법에 복종할 때 도시가 가장 안전하며 나아가 행복이 충만할 뿐 아니라 정의가 실현될 수 있기 때문이다. 독재권력을 가진 이들이 법을 무시할 때, 도시는 불안정해지고 불행해질 뿐만 아니라 악이 성행한다. "만약 승자들이 스스로 법에 대한 복종에서 벗어나기보다 법에 더욱 복종한다면, 모든 것은 안전할 것이며, 행복이 충만할 것이며, 모든 악들은 스스로 떠나갈 것입니다."[24]

독재자들이 다스리는 국가의 실체는 디오니시우스를 교화하기 위해 시라쿠사에 처음 도착한 플라톤이 그곳을 기술하는 장면에 생생히 드러난다. 이들에게 행복은 하루 종일 연회가 열리고, 폭식하고, 절대 혼자 잠들지 않는 삶이다.[25] 플라톤의 이런 묘사에 따르자면 독재권력 아래 사람들이 기대하는 것은 오로지 부와 쾌락뿐이다. 그러나 절제되지 않은 부와 쾌락에 대한 추구는 부덕하며 올바르지 못한 삶에 이르게 될 뿐이다. 독재권력 아래서는 모든 사람이 부덕한 삶을 행복한 삶이라고 착각하며 살아간다는 점에서 독재권력은 철학자들이 교화를 통해 반드시 제거해야만 하는 대상이었다.

그러나 실제 플라톤의 경험에서 독재권력은 쉽게 교화되지 않았다. 우리가 살펴본 바대로 디오니시우스는 플라톤을 대면하자마자 노예로 팔아버렸으며, 그의 아들 디오니시우스 2세는 플라톤의 철학을 권력의 장식품으로 이용했다. "견제되지 않는 권력은 결코 정의에 관심을 두지 않는다." 이 대목에서만큼은 앞서 살펴본 글라우콘의 주장이 더 설득력 있는 게 아닐까?

혼란한 동굴, 민주정으로 돌아간 철학자

『국가』에서도 단언하고 있듯이 플라톤은 독재권력이 지배하는 참주정이야말로 자신이 말하는 새로운 질서를 구현하는 데 가장 적합한 체제로 여겼다. 그건 아마도 참주정이 한 사람의 권력자만 교화할 수 있다면 플라톤 자신이 꿈꾸는 이상을 실현할 수 있는 체제이기 때문일 것이다. 그러나 정작 플라톤 자신이 살고 있던 아테네의 정체는 민주정이었다. 그렇다면 플라톤의 눈에 비친 민주정은 어떤 모습이었을까?

> 가령 한 선박에서 선주가 덩치나 힘에 있어서는 그 배에 탄 모든 사람들보단 우월하지만, 약간 귀가 멀고 눈도 마찬가지로 근시인 데다 항해와 관련해서 아는 것이 고만고만하다고 하세. 이때 선원들은 키의 조정과 관련해서 서로 다투고 있네. 저마다 자기가 키를 조정해야 한다고 생각해서지. 아무도 일찍이 그 기술을 배운 적도 없고, 자신의 선생을 내세우지도 못하며 자신이 그 기술을 습득한 시기도 내세우지 못하면서 말이야. 게다가 이들은 그 기술이 가르칠 수도 없는 것이라 주장하며, 누군가 그걸 가르칠 수 있는 것이라 말하기라도 하면, 그를 박살낼 준비가 되어 있다네.[26]

플라톤이 보기에 민주정의 지도자는 일반 시민들보다는 좀 낫지만 통치술이 무엇인지 확실히 알고 있지는 않다. 이때 민주정의 문제는 통치술을 배운 적도 없는 사람들이 모두 나서서 자신이 정체를 운영해야 한다고 주장하는 데 있다. 이들은 진정한 통치술에는 관심이 없으면서도 그런 통

〈동굴의 우화〉, 1604년 얀 산레담의 판화

치술을 가르치려는 사람이 나타나면 오히려 적대감을 드러낸다. 혼란스러운 선박이라는 민주정의 이미지는 '동굴의 비유'에도 잘 드러나 있다. 동굴 속의 사람들은 한 번도 진리의 태양을 본 적이 없는 사람들이기에, 그런 태양이 있다고 말하는 사람들을 오히려 거짓말쟁이라 비난한다. 그리고 어둠에 가장 익숙해진 이들은 "저 철학자라는 자가 태양이라는 것을 보았다는 말로 동굴 속에 혼란을 부추기고 있다"고 사람들을 선동해 진리를 본 자들을 죽이려 든다.

만약 동굴로 돌아온 철학자가 줄곧 동굴에 남아 있던 죄수들과 그 그림자들을 다시 판별해야 하는 경합[허상의 실체를 가리는 일]을 벌여야 한다면, 그것도 눈이 채 어둠에 익숙해지지 않았을 때 그런 요구를 받는다면, 눈이 어둠에 익숙해질 때까지는 적지 않은 시간이 걸릴 것이기에, 그는 비웃음을 자초하지 않겠는가? 또한 그는 위로 올라가더니 눈을 버려 가지고 왔다든가, 올라가려고 애쓸 가치조차 없다는 말을 듣게 되지 않겠는가? 그래서 자기들을 〔동굴이라는 허상의 삶에서〕 해방시켜 위로 인도해 가려고 꾀하는 자를, 자신의 손으로 어떻게든 붙잡아서 죽일 수만 있다면, 그를 죽여버리려 하지 않겠는가?[27]

한마디로 민주정에 사는 사람들 대다수는 누가 진정한 지도자인지 알아보지 못한다. 민주정의 시민들은 배은망덕하게도 자신들에게 이로운 일을 하는 자들을 죽이려 들 만큼 어리석거나 정의에 대해서도 관심이 없다. 진정한 지도자가 되고자 하는 이는 법정에서 그리고 다른 공공의 장에서 무엇이 옳은지를 두고 무엇이 옳은지를 모르는 자들과 논쟁을 벌여야 할 뿐 아니라 이들의 음모와 중상모략을 견뎌내야만 한다. 그렇기에 민주정을 개혁하려는 사람들은 때로 목숨을 걸어야만 한다. 그러나 플라톤은 철학자들에게 자신의 목숨을 보전하기 위해 태양을 볼 수 있는 언덕 위에 머물러 있으라고 권하지 않는다. 오히려 "여느 시민들과의 동거를 위해 각자가 번갈아 내려가서는, 어두운 것들을 보는 데 익숙해"지라고 당부한다.[28] 그리고 그들의 지도 아래 태양을 보고 소위 혼의 전환을 통해 지혜를 사랑하게 되어 다시 동굴로 돌아갈 이들을 만들어내야 한다고 강조한다. 플라톤의 이 말을 다시 새겨보면 진정한 지도자는 고난 속에서도 언제나 다음 세대를 위해 무엇인가를 준비하는 용기 있는 자들이다. 다음 세대를 위해 진리의 언덕에 안주하지 않고 때로 목숨까지 걸어야 하는 그 혼란의 동굴로 돌아가는 일은 지혜를 사랑하는 자들이 피하지 말아야 할 임무다.

우리 시대의 위대한 정치철학자 존 롤스는 신학자 제임스 프리먼 클라크James Freeman Clarke(1810~1888)의 말을 인용해 이런 지도자의 임무를 다음과 같이 표현한다. "정치꾼은 다음 선거를 준비하고, 정치가는 다음 세대를 준비한다." 이 말은 지도자가 되고자 하는 이들에게 명확하고도 분명한 메시지를 전달한다. 더불어 이 간단한 말 한마디는 진정한 지도자가 누구인지를 가리는 정확한 기준도 제공한다. 만약 여러분이 이에 동의한다면 여러분은 이제 정치꾼과 정치가를 구분할 수 있는 큰 기준을 가졌다고 보아도 좋을 것이다. 현실에서 우리가 이 잣대를 들고 있고, 이 잣대에 견주어 누가 정치꾼이고 누가 정치가인지 분명하다고 할 때, 우리는 이번 선거에서 당장 이득을 줄 사람과 다음 세대를 준비할 사람 중 누구를 뽑을까? 문제는 우리가 당장 내게 주어지는 이익 대신 다음 세대를 준비하는 이에게 투표할 용기가 있느냐다. 다음 세대를 준비하고자 하는 이들이 맞이하는 가장 커다란 장애물은 우리가 다음 선거를 준비한 이들을 정치의 장으로 보낸다는 데 있다.

정의를 실현하기 위해 자신을 제약하는 권력

가장 지혜로웠던 스승의 죽음 앞에 좌절했던 청년 플라톤이 권력 없는 지혜가 무력하다고 생각했다는 것은 분명한 사실이다. "힘이 없는 정의는 하나의 모순인데 언제나 사악한 이들이 있기 때문"이라는 파스칼의 말처럼 소크라테스의 '권력 없는 철학'은 아테네를 결코 정의롭게 만들지 못했다. 이를 목격한 플라톤의 프로젝트는 권력과 철학의 결합이었다.

그러나 플라톤은 철학과 권력 간의 괴리를 분명히 깨닫고 있었다. 그렇기에 철학자들이 진정한 통치자가 되기 위해서는 기본적 이론교육뿐만 아니라 "동굴 속으로 내려가" 15년간의 실무경험을 쌓아야 한다고 주장했던 것이다. 이 기간 동안 이들은 "어느 쪽에서 끌어당겨도 꿋꿋이 제자리를 지키는지, 아니면 제자리를 옮기는지 시험"을 통과해야만 한다.[29] 한마디로 미래의 지도자가 될 사람이라면 부패하기 쉬운 권력 앞에서 철학을 내려놓고 아테네를 망쳤던 거짓과 조작, 폭력에 빠져들지 않는지 경험을 통해 확인할 수 있어야 한다는 것이다.

디오니시우스 2세를 교화하는 데 실패하고 아테네로 돌아왔던 플라톤은 이후 자신이 설립한 아카데메이아에서 권력을 교화할 수 있는 '철학'을 완성하기 위해 여생을 바쳤지만 정치와는 거리를 두고 지냈다. 정의를 위해 자신을 제약할 수 있는 권력자를 찾았던 플라톤. 현자로서 권력자가 부패하지 않을 수 있도록 그가 남긴 한마디는 기억해둘 만하다.

현명한 사람의 신은 법이요, 어리석은 자의 신은 쾌락이다.[30]

7장

아리스토텔레스

정치참여가 정의로운 인간을 만든다

인간은 완전할 때는 최고의 동물이지만, 법과 정의와 분리될 때는 모든 것 중에 최악이다. 실행될 채비가 갖추어진 부정의armed injustice는 더욱 위험한데, 인간은 팔arms을 지니고 태어나기 때문이다. 이 팔은 원래 지성과 덕virtue으로 사용해야 하지만, 인간은 이 팔을 최악의 목적을 위해 쓸 수도 있다. 그러므로 덕을 갖추지 못한다면, 인간은 가장 불경하고 가장 야만적인 동물이며 가장 색욕과 탐욕으로 가득 찬 존재다. 그렇기에 정의는 국가에서 인간의 유대를 만든다. 무엇이 정당한 것인지를 결정하는 정의를 관장하는 일이야말로 정치사회에서 질서를 이루는 원칙이기 때문이다.

아리스토텔레스, 『정치학』에서

아테네를 '외사랑'한 이방인, 아리스토텔레스

기원전 323년, 아라비아 반도 정벌을 준비하고 있던 알렉산드로스 3세가 죽었다는 소식이 아테네에 들려왔다. 이 소식을 듣자마자 아테네인들은 예순이 갓 넘은 한 철학자를 불경죄로 고소했다. 신변에 위협을 느낀 이 노인은 재빨리 아테네에서 벗어나 고향인 칼키스로 향한다. 이 노인, 도시를 벗어나며 한마디 말을 남긴다. "아테네가 두 번이나 철학에 죄를 짓도록 할 수는 없다." 아테네를 위해 이렇게 허겁지겁 도시를 떠날 수밖에 없었던 이 노인은 아리스토텔레스였다.

아리스토텔레스의 인생을 한마디로 요약해보라면 어떻게 표현할 수 있을까? '아테네를 짝사랑한 이방인?' 아니 모든 아테네인이 그가 얼마나 아테네를 사랑하는지 알면서도 외면했다는 점에서 '아테네를 외사랑한 이방인'이라고 표현하는 것이 더 적절할지도 모르겠다. 플라톤의 제자이면서 알렉산더 대왕의 스승이기도 했던 아리스토텔레스. 정치학과 윤리학을 비롯해 형이상학·물리학·생물학 등 그의 손이 미치지 않은 영역이 없다고 할 정도로 방대한 저작을 남긴 철학자. 키케로가 "황금이 흐르는 강"이라고 표현했을 만큼 탁월한 문체로 세상의 문제를 다루었을 뿐만 아니라 고대 그리스 도시국가의 모든 헌법을 모아 비교해놓은 업적은 비교방법론의 중요한 기초를 놓기도 했다. 이후 중세신학에서는 스콜라철학이 형성되는 데 영향을 미쳤고 이슬람교와 유대교에도 많은 영향을 끼쳤던 엄청난 인물. 이런 그가 아테네를 외사랑하게 된 이유는 무엇이었을까?

당시 아테네인들의 입장에서 보자면 아리스토텔레스는 아테네인도 그리스인도 아닌 마케도니아인이었기에 그들 사이에서는 엄청난 지지를 보낼 이유도, 인기도 없는 인물이었다. 17세에 아테네로 와서 플라톤이 만든 학원인 '아카데메미아'에 20년을 머물렀지만 결국 아무런 세력도 얻지 못한 채 스승이 세상을 떠나자 그도 아테네를 떠나야 했다. 이후 이곳저곳을 떠돌다 마케도니아의 왕 필립 2세의 부름을 받아 어린 알렉산드로스 3세의 스승이 되었다. 자신의 가르침 속에 성장한 알렉산더가 그리스 반도를 거의 정벌하고 아시아 원정을 떠나자 아테네로 돌아와 자기를 거들떠보지도 않은 '아카데메이아' 대신 '리케이온Lykeion'을 설립한 뒤 학문과 교육에 매진했다. 아테네인들은 이런 아리스토텔레스의 행보가 마음에 들지 않았지만 알렉산더 대왕의 기세에 눌려 불만을 제기할수 없었다. 그러던 와중에 알렉산더가 사망했다는 소식이 들리자마자 그를 소크라테스와 똑같은 불경죄로 기소했던 것이다. 그러나 아리스토텔레스는 죽음을 받아들였던 소크라테스와는 완전히 상반된 선택을 한다. 수배가 시작되자 아테네를 몰래 빠져나갔던 것이다. "아테네인들이 철학에 두 번이나 죄를 짓는 일을 피하기 위해서"라는 변명을 남긴 채. 하지만 아테네를 떠난 뒤 그 공허함이 너무 깊었던 탓일까? 아리스토텔레스는 시름시름 앓다 그 이듬해 아내의 옆에 묻어달라는 유서를 남긴 채 세상을 뜬다.

아테네라는 정체를 너무도 사랑했으나 아테네인에게서 전혀 사랑받지 못한 인물 아리스토텔레스. 그렇다면 여기서 우리에게 남는 의문이 하나 있다. 아리스토텔레스는 자신을 지독하게 푸대접한 아테네를 왜 그토록 사랑했던 것일까? 그 의문을 해결하고 싶다면 먼저 그의 정의관을 살펴봐야 하는데, 그러려면 윤리관에서 시작해야만 한다.

최상의 선(좋음)은 모든 행위의 목적이다

아리스토텔레스의 정의관을 이해하기 위해 살펴봐야 할 대표적인 두 가지 문헌은 『니코마코스 윤리학Ethikōn Nikomacheiōn』(기원전 350)과 『정치학 Politika』(기원전 384)이다. 이 중 아리스토텔레스가 본격적으로 정의론을 펼친 책은 『니코마코스 윤리학』이다. 아리스토텔레스는 여기서 모든 인간 행위가 지향하는 바는 어떤 궁극적인 선(좋음)을 목표로 한다고 밝힌다.

모든 기예와 탐구 그리고 모든 행위와 합리적 선택은 어떤 선(좋음)을 목표로 하는 듯 보인다. 그렇기에 모든 사람은 선이야말로 모든 것이 추구하는 대상이라고 올바르게 규정해왔다. (……) 만일 행위를 통해 이룰 수 있는 것들이 그 자체로 우리가 바라는 어떤 목적을 가지고 있다면, 그리고 우리가 이것 때문에 다른 모든 것을 바란다면, (……) 이 목적이 선(좋음), 다시 말해 최상의 선(좋음)일 것임은 명백하다.[1]

과연 인간이 행위하며 추구하는 최상의 선, 다시 말해 최상의 좋음은 무엇일까? 아리스토텔레스는 행복eudaimonia이라고 답한다. "대중과 교양 있는 사람들은 최상의 선을 행복이라 말하고, 잘 사는 것과 잘 행위하는 것을 그 행복과 같은 것으로 여긴다."[2] 아마 거의 모든 사람이 아리스토텔레스의 말에 동의할 것이다. 그 누가 행복을 거부하겠는가? 많은 사람이 명시적으로든 암묵적으로든 행복을 찾아 헤맨다. 우리가 행복을 거부할 수 있다면 그 이유는 충분히 행복해서 더는 행복이 필요 없거나 너무 깊은 불행에 빠져 행복이라는 목적 자체를 잃은 경우뿐일 것이다.

하지만 행복에는 결정적인 문제가 있다. 바로 "행복이란 무엇인가?"에 대한 대답이 사람들의 수만큼 존재할 수 있기 때문이다. 사실 행복이란 개개인의 상황과 감정에 따라 너무 다른 것이라 객관적인 판단의 잣대를 갖다 댈 수 없는 것 중 하나다. 아리스토텔레스의 말처럼 아픈 이에게는 건강이, 가난한 이에게는 부가 행복일 것이다.[3] 이런 점에서 칸트는 행복이 도덕의 토대가 될 수 없다고 생각했다. 그렇다면 어떻게 행복이란 것을 규정할 수 있을까? 다행히도 아리스토텔레스는 행복이라 부를 만한 최상의 선을 규정할 수 있는 기준을 다음과 같이 제공하고 있다.[4]

첫째, 성취 가능성으로 최상의 선이란 어떤 이상과 같이 달성할 수 없는 것이 아니라 행동을 통해 성취할 수 있어야 한다. 둘째, 자체 목적성으로 최상의 선은 그 자체로 목적이 될 수 있어야 하는데 명예, 지성, 덕, 즐거움과 같은 것들이 이에 해당된다. 아리스토텔레스는 행복이야말로 완전하게 그 자체로 목적이 될 수 있는 궁극적인 것이라 말하는데 명예, 지성, 덕, 즐거움 등은 결국 행복으로 이어지게 되기 때문이다. 셋째, 자기 충족성으로 그것을 선택했을 때 아무런 부족함이 없어야 한다는 의미로, 행복이야말로 선택했을 때 더는 다른 것이 필요하지 않은 궁극적 선이다.

그렇다면 인간은 구체적으로 어떻게 행복을 발견할 수 있을까? 아리스토텔레스는 인간은 인간만이 지니고 있는 고유한 기능을 발휘할 때 진정으로 행복해질 수 있다고 주장한다. 식물도 우리와 똑같이 생명을 지니고 있지만, 단지 식물처럼 숨 쉬는 일만 하는 인간이 행복하다고 볼 수는 없다. 아리스토텔레스가 볼 때 인간이 지닌 가장 고유한 기능은 다름 아닌 이성이었다. 그렇기에 인간다운 활동은 이성을 발휘하는 영혼의 활동과 연관되어 있다.

인간의 기능이 합리적 원칙을 담고 있는 영혼의 활동이라면, 그리고 좋은 인간의 기능은 그러한 좋고 고귀한 행위를 하는 것이라면, 인간의 좋음은 탁월함과 조화로운 영혼의 활동임이 분명하다. 만약 하나 이상의 탁월함이 있다면, 그 가운데 최상의, 그리고 가장 완전한 탁월함과 조화로운 영

혼의 활동이야말로 인간의 좋음이다.[5]

좀 쉬운 말로 풀어보자. 만일 여러분이 지하철에서 소매치기범을 보았다면 순간적으로 많은 생각이 들 것이다. 소매치기범을 밝혔을 때 일어날 수 있는 경우의 수를 이성적으로 생각해보며 두려움, 회피, 무시와 같은 다양한 영혼의 활동을 마주하게 될 것이다. 이때 여러분이 자신의 영혼 한편에 있는 용기를 따라 행동하는 것이 바로 진정한 최상의 선이며 행복이라는 것이 아리스토텔레스가 한 말의 의미다. 이렇게 본다면 아리스토텔레스가 말하는 행복은 우리가 쾌락과 동일시하는 행복과는 전혀 다르다. 아리스토텔레스는 상황에 필요한 가장 적합한 영혼의 활동을 따르며 사는 것이야말로 인간이 동물과 구별되는 것이며, 이렇게 인간이 지닌 고유한 기능을 가장 탁월하게 발휘할 때 인간이 진정으로 행복해지는 것이라 말한다.

누구나 정의롭고 행복할 수 있다

아리스토텔레스의 이런 행복관은 정의관과도 아주 밀접한 연관을 맺고 있다. 이를 알아보기 위해 아리스토텔레스가 정의를 어떻게 보았는지부터 살펴보자. 우선 아리스토텔레스에게 정의는 어떤 추상적 체계나 원칙이 아니다. 오히려 일련의 꾸준히 배양된 성향, 태도, 좋은 습관 등과 같은 '성품의 상태a state of character'다. 아리스토텔레스는 이런 성품이 좋은 판단이나 공정성의 측면에서 확실히 드러난다고 생각했다.

우리는 정의가 올바른 행위들을 행하는 자들로 만드는, 즉 올바르게 행하도록 하고 올바른 것들을 바라도록 하는 성품의 상태라는 것을 알고 있다.[6]

이렇게 정의를 규정하는 성품의 상태는 '지능이 뛰어나다'는 식의 인간이 지닌 활동 능력과는 관계가 없다. 같은 타고난 지능으로도 아주 대조적인 활동을 만들어낼 수 있기 때문이다. 결국 성품의 상태에 대한 강조는 선천적인 능력이 아니라 꾸준히 배양된 후천적 훈련이 정의로운 행위의 기반이 된다는 의미다. 여기서 후천적 훈련의 핵심은 모든 동물이 지니고 있는 본능적 혹은 계산적 '욕구'가 아니라 인간에게만 존재하는 이성적인 영혼의 활동을 따르도록 하는 것이다. 이성적 영혼의 활동을 따른다는 것은 인간다움을 실현하는 것이다. 그리고 인간다움의 실현은 후천적 노력에 따라 성취 가능할 뿐만 아니라 그 자체로 목적이며 자기 충족적일 수 있다는 점에서 행복의 모든 기준을 만족시킨다.

정의를 타고난 능력에 관계없이 후천적으로 배양된 성품의 상태로 보는 아리스토텔레스의 이런 발상은 플라톤과 뚜렷이 구별된다. 플라톤에게 정의를 구현하는 일은 철학자의 몫이다. 철학자는 태어날 때부터 특별한 자질이 필요하다. 정의가 진리 안에 있기 때문이다. 그리고 이 진리를 인식하는 일은 누구나 할 수 있는 일이 아니다. 이 때문에 플라톤은 뛰어난 능력을 지닌 여성과 남성이 만나 아이를 낳아야 한다고 주장했다. 그러나 아리스토텔레스에게 탁월함은 타고난 능력과는 전혀 상관이 없다. 정의는 진리의 저편에 있는 것이 아니라 누구나 노력에 따라 실천할 수 있는 목적이다. 꾸준한 훈련을 통해 이성적인 영혼의 활동을 따른다면 누구나 행복한 사람이 될 수 있는 것이다. 이런 점을 고려해본다면 감히 이렇게 말할 수도 있을 것이다. "누구나 정의를 실천할 수 있기에 누구나 행복해질 수 있다." 이 점을 기억하며 아리스토텔레스의 정의관을 좀더 구체적으로 살펴보자.

자격이 있는 자에게 분배하라

이제 아리스토텔레스의 정의관의 기본 얼개를 살펴보자. 아리스토텔레스의 정의론 전체를 관통하는 정의의 두 유형은 '준법성으로서의 정의justice as lawfulness'와 '공정성으로서의 정의justice as fairness'다. '준법성으로서의 정의'는 법을 포함하는 공동체의 원칙을 준수한다는 의미 혹은 법을 비롯해 공동체의 원칙이 올바르게 서 있다는 의미로 이해하면 된다. 예를 들어 올바르게 세워진 공동체의 법은 미덕을 발산하고 악덕을 자제하도록 만들 것이기에, 정의로운 사람들은 법 자체를 자연스럽게 따른다. 한편 '공정성으로서의 정의'는 그야말로 각각의 상황에 맞는 공정한 판단이 요구된다. 특히 공정성으로서의 정의는 선과 악의 문제와 연결되어 있는데, 대표적인 예가 바로 탐욕greed이다. 아리스토텔레스는 심지어 선한 것을 너무 탐욕스럽게 추구하는 것도 공정하지 못하다고 말한다. 이런 두 유형의 기준에 따라 정의로운 사람은 일반적으로 법의 원칙을 준수하고 어떤 특수한 상황을 맞이했을 때 그에 적합한 공정한 판단을 하게 된다.

준법성과 공정성이라는 두 기준에 근거해 아리스토텔레스는 도시를 관장하는 정의를 '일반정의general justice'와 '특수정의particular justice'라는

정의로운 인간이 따르는 정의의 두 유형

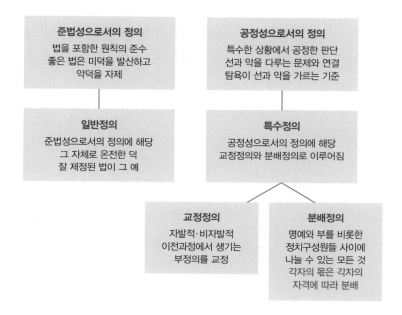

두 유형으로 나눈다. 일반정의의 예는 앞서 언급한 미덕을 만들어내고 악덕을 제한하는 올바른 법을 들 수 있다. 이런 일반정의를 아리스토텔레스는 그 자체로 '온전한 덕complete virtue'이라고 표현한다. 아리스토텔레스는 이런 '일반정의'의 잣대로 앞서 언급한 '준법성으로서의 정의'를 내놓는다. 이런 일반정의는 그 자체로 온전한 덕이기 때문에 그것이 왜 지켜져야 하는지 설명할 필요가 없을 뿐만 아니라 개별적 맥락이나 상황에 관계없이 적용되는 것이다. 그렇기에 공동체는 일반정의의 문제 때문에 크게 고민할 일은 없다.

대부분의 공동체가 관심을 기울이는 사안은 일반정의와는 구분되는 특수정의에 있다. 이 특수정의의 잣대가 공정성이다. 이와 관련하여 아리스토텔레스는 그 무엇이든 공정하지 않다면 제대로 그 원칙이 마련되지 않은 것이지만lawless, 그 원칙이 제대로 서 있지 않은 모든 것이 공정하지 않은 것은 아님을 지적한다. 예를 들어 한 사회에서 부의 세습이 지나치게 불평등하다면 그것은 원칙이 제대로 마련되지 않아 일어나는 일이지만, 상속 그 자체가 공정하지 않은 것은 아니다. 그렇기에 원칙이 서 있지 않다는 것과 공정하지 않다는 것이 동일한 것은 아니며, 이런 이유로 공정성은 전체의 부분에 해당될 뿐이다.

아리스토텔레스는 이런 부분에 해당하는 특수정의를 크게 '교정정의'와 '분배정의'로 나눈다. 교정정의는 상품거래, 임대, 저축, 고용과 같이 자발적 이전 혹은 도둑, 사기, 속임수 등에서 비롯되는 비자발적 이전의 과정에서 발생하는 부정의를 교정하는 것을 말한다. 반면 분배정의는 명예와 부를 비롯해 정치체제를 공유하고 있는 공동체 구성원들 사이에서 나눌 수 있는 모든 것을 어떻게 분배할 것인지와 관련되어 있다. 아리스토텔레스에 따르면 정치가 관심을 두는 정의란 주로 이 분배정의에 있다. 그렇다면 왜 정치는 분배정의에 관심을 두는 것일까? 그 대답은 '분배'야말로 인간들 사이에서 분쟁의 근원이라는 데 있다.

부분적 정의 중 하나의 유형은 정치적 체제를 함께하는 공동체의 구성원들 간에 나눌 수 있는 명예와 부, 다른 어떤 것의 분배에서 찾아볼 수 있다. 이런 분배에서는 한 사람이 다른 사람들과 비교해 동등하지 않은 몫혹은 동등한 몫을 가질 수 있기 때문이다. (……) 실제 분배에 있어 동등한 사람들이 동등하지 않은 몫을 받거나 혹은 동등하지 않은 사람들이 동

등한 몫을 받을 때 싸움이 일어나고 불만이 생겨난다.[7]

공정한 분배와 관련해 아리스토텔레스는 공정하지 못한 극단들 사이에 중용적인 것이야말로 공정한 것이라고 역설한다. 그럼 막연하게 들리는 분배의 중용이란 어떤 상태를 이르는 걸까? 한마디로 요약하자면 '자격이 있는 만큼 자신의 몫을 분배받는다to each according to his deserts'는 의미다.[8] 예를 들어 곡식을 수확하는 데 있어 A라는 사람이 10이라는 노동력을 투여하고 B라는 사람이 5라는 노동력을 투여해서 15라는 곡식을 수확했다면, A에게는 10이, B에게는 5가 돌아가는 것이 올바른 분배이자 중용이라 부를 수 있는 분배다. 여기에서 분배의 자격은 '기여도'로 각자가 생산에 기여한 만큼 받아가는 것이 중용이다. 고대 그리스에서 기하학이라 불린 비례식이 발달한 것도 이런 이유 때문이었다.

또 다른 예를 들어보자. 국가에 경제정책을 담당하는 공직이 비어 있다고 하자. 이 자리에 전 경제부 장관의 아들과 경제학 전문가가 지원했다고 하자. 우리는 누구나 경제부 장관의 아들이라는 타고난 사회적 우연성이 이 공직 분배의 기준이 될 수 없다는 것을 알고 있다. 중용의 분배는 경제를 잘 아는 경제학 전문가에게 이 공직이 할당되는 것이다. 그러나 우리는 이미 2장에서 유명환 전 외통부 장관의 딸 특채 사건을 통해 이와 상반되는 일이 일어나는 사례를 보았다. 결국 분배정의에서 중요한 것은 각 사안에 합당한 자격이 무엇이며 누가 그 자격을 가지고 있는지를 가리는 일이다.

지금까지 우리는 아리스토텔레스가 설파한 정의론의 기본 틀을 살펴보았다. 정리해보자면 정의의 큰 두 유형, 법칙성으로서의 정의와 공정성으로서의 정의가 있고 이 가운데 전자는 일반정의, 후자는 특수정의의 잣대로 쓰인다. 후자인 특수정의는 교정정의와 분배정의로 이루어진다. 정치체제가 다루어야 할 정의의 핵심 대상은 분배정의이며, 공정한 분배란 사안과 관련해 적합한 자격에 따른 할당이다.

좋은 정치공동체일수록 정의를 추구한다

지금까지 살펴본 아리스토텔레스의 정의관은 우리 사회에서 열풍을 일으켰던 『정의란 무엇인가』의 저자 마이클 샌델이 내세우는 공동체주의 정의관의 기초이기도 하다. 샌델은 아리스토텔레스를 다루는 장의 제목을 "누가 어떤 자격을 가졌는가?"로 붙여놓았다. 그러나 정작 샌델의 글을 펼쳐놓고 읽으면 누가 어떤 자격을 가졌는지에 대해 논하기보다는 "좋은 삶은 무엇인가?", "정치참여 없이 좋은 삶은 가능한가?"와 같은 내용으로 채워져 있다. 그렇다면 샌델은 아리스토텔레스의 정의관과는 직접적인 관련이 없는 이야기를 하고 있는 것일까?

갑자기 왜 좋은 삶이 등장하는 것일까? 아리스토텔레스는 인간이 공동체를 이루는 데는 단순히 '모여 산다'는 그 이상의 목적이 있다고 말한다. 그 목적이 다름 아닌 '좋은 삶the good life'이다. 다시 말해 최상의 선이란 행복을 추구하는 인간의 행위가 원만하게 이루어질 수 있도록 함께 모여 산다는 의미다. 이런 점에서 정치공동체는 인간이 행복을 추구할 수 있는 기본 조건이나 다름없다. 아리스토텔레스는 『정치학』에서 이런 정치공동체에서 좋은 삶의 기초를 이루는 것이 정의와 부정의를 구별하는 일이라고 밝힌다. 그 이유는 "팔을 지니고 태어나는" 인간이 법과 정의와 분리될 때 "모든 것 중에 최악"이 되기 때문이다.[9]

아리스토텔레스는 인간에게 이성적으로 올바르다고 생각하는 선을 추구할 수 있는 고유한 능력이 있음을 인정하면서도 언제든 그 선을 따르지 않거나 배신할 수도 있다고 보았다. 그렇다면 그 선을 따르지 않거나 배신하는 일은 왜 문제가 되는 것일까? 그 대답은 "인간

〈아리스토텔레스의 초상〉, 1637년,
주세페 드 리베라 그림

은 팔을 지니고 태어난다"는 표현에 담겨 있다. 이 표현은 인간이 도구를 만들 수 있는 존재임을 뜻한다. '호모 파베르', 도구를 만드는 인간. 이 말은 인간의 창조성을 표현하는 말이지만, 한편으로는 인간의 파괴성을 표현하는 말이기도 하다. 원래 도구는 인간 생활의 편의를 위해 만들어진 것이다. 그러나 인간은 이런 도구를 전혀 다른 목적에 이용하기도 하는데, 예를 들어 물건을 자르기 위해 만든 칼을 부당한 살해도구로 쓰기도 한다. 상황에 따라 적합한 이성의 명령을 따르지 못하는 인간은 탐욕에 가득 찬 가장 야만적인 동물에 불과하다. 이런 부당한 행위들은 인간을 두려움과 공포로 몰아넣고 인간들 사이의 미움과 분열을 만들어낸다. 그렇기 때문에 인간이 집단을 이룰 때 정의와 부정의를 구별하는 일은 반드시 필요한 일이며, 이런 구분을 통해 좋은 삶이 한 집단의 목적이 될 때 그 집단은 비로소 정치공동체로서의 국가가 될 수 있다. 이런 맥락에서

한 정치사회에서 지속적으로 사람들 간의 유대를 만들어가는 근원이 정의가 되는 것은 당연한 일이다.

이렇게 보면 좋은 정치사회일수록 정의를 추구하는 것이 목표가 된다. 그리고 자신들이 정의롭다고 생각하는 내용들을 법에 담아내게 될 것이다. 아리스토텔레스는 준법성으로서의 정의를 설명하며 다음과 같이 말한다.

> 우리는 정치적 공동체를 위해 행복과 행복을 이루는 부분들을 만들어내고 보전하는 것을 '올바르다(정의)'라고 말한다. 그리고 법률은 우리에게 용감한 사람의 행위를 하도록 명령한다. 예를 들어 전장에서 지켜야 할 자리를 버리지 않는다거나 도망치지 않는다거나 무기를 버리지 않는 등의 행위가 그것이다. (……) 이와 마찬가지로 법률은 다른 덕과 악덕을 구별하여 어떤 행위는 하라 하고 어떤 행위는 금지한다. 올바르게 만들어진 법률은 이를 올바르게 행하는 반면 신중하게 만들어지지 않은 법률은 이를 나쁘게 행한다.[10]

이런 설명은 공정하지 못한 행위는 어떤 방식으로든 원칙이나 법이 제대로 지켜지지 않거나 제대로 서 있지 않은 상태를 의미한다는 아리스토텔레스 자신의 주장과 서로 일맥상통하는 부분이다. 올바르게 세워진 법이라면 미덕을 만들어낼 것이고 악덕을 방지할 것이라는 주장을 본다면, 법이 정의뿐만 아니라 도덕과도 서로 분리되어 있지 않음을 어렵지 않게 알 수 있다. 아리스토텔레스의 이런 관점은 우리 사회에서 많은 사람이 가지고 있는 이상적인 법, 정의, 도덕의 일치라는 발상과 상당히 닮아 있다. 이렇듯 그 체계상 '법은 정의로워야 하며, 정의는 미덕의 일부분이다'라는 우리의 상식을 만족시켜주는 것이 바로 아리스토텔레스의 정의관이다.

그러므로 구성원들의 행복을 잘 보장할 수 있게끔 법률이 잘 만들어진 공동체일수록 법을 지키는 일은 필수적이 된다. 이런 공동체에서는 준법이 정의의 중요한 일부가 될 뿐만 아니라 행복을 추구하는 인간이 반드시 지켜야 하는 덕목이 되는 것이다. 그렇다면 법만 잘 지키면 인간은 행복한 존재가 될 수 있는 것일까?

정의로운 정치공동체일수록 정치참여를 장려한다

아리스토텔레스에게 준법은 정의를 지키는 한 방식에 불과하다. 오히려 아리스토텔레스에게 인간이 진정으로 정의로워지는 과정은 정치참여를 통해 이루어진다. 아리스토텔레스는 정치학에서 인간을 '가장 정치적인' 동물로 정의한다. 심지어 집단을 이루고 기계처럼 공동체를 움직이는 벌들보다 더 정치적인 것이 인간이다. 그리고 이런 정치적 본성은 언어사용 능력과 직결되어 있다.

인간이 벌보다 혹은 어떤 사교적 동물들보다 더 정치적인 동물임은 명백하다. 우리가 자주 말하듯, 자연은 그 어떤 일도 헛되이 하지 않는다. 인간은 자연이 유일하게 말이라는 능력을 부여한 동물이다. 단순히 목에서 나는 소리는 기쁨 혹은 고통의 표시일 뿐이며 다른 동물에게서도 찾아볼 수 있다. 그러나 말의 힘power of speech은 행동이 적절한지 아닌지 설명하기 위해 의도된 것이므로 정의로운 것과 부당한 것도 설명할 수 있다. 인간만이 유일하게 선과 악, 정의와 부정의, 유사한 것들을 이해할 수 있다는 것은 인간이 지닌 특징 중 하나다. 그리고 이런 이해를 지닌 살아 있는 존재의 결합이 가족과 국가를 만든다.[11]

아리스토텔레스가 보았을 때 인간은 복잡한 정보를 교환하고 바라는 목적을 찾기 위해 효과적으로 언어를 활용할 수 있는 유일한 존재다. 언어를 통해 무엇이 이롭고 해로운지, 좋고 그른지, 선이고 악인지를 구별해낼 수 있다. 그리고 무엇보다 이런 섬세한 언어능력을 통해 무엇이 정의이고 불의인지를 가려낸다. 사람들이 함께 모여 사는 이상 무엇이 정의이고 아닌지를 가려내는 일은 중요한 공공사이기에 필연적으로 정치가 다루어야 할 핵심 주제가 된다. 정의를 구축하기 위해 혹은 실현하기 위해 다른 사람들과 대화와 논쟁을 펼치는 가운데, 구성원들은 자신이 속해 있는 공동체가 지향하는 '좋은 삶'의 내용을 함께 형성하게 된다. 그뿐만 아니라 논의과정 속에서 그 내용을 몸소 익히게 되는 것이다. 이런 점에서 시민들의 정치참여는 '좋은 삶'을 만들어가는 과정이며, '좋은 삶'을 지향하는 정치공동체에서는 필수불가결한 요소다.

이와 관련해 주목해야 할 아리스토텔레스의 주장이 있다. 이런 정의가 구성원들 간의 유대와 좋은 삶을 만드는 정치공동체는 구성원들이 평등한 관계에 있을 때만 가능하다는 것이다. 특히 아리스토텔레스에게 특수정의는 기본적으로 구성원들 서로 간의 의무를 결정하고 그것을 어떻게 행사할 것인지에 관한 것으로, 구성원들을 결속시켜주는 정치적 정의에 해당된다. 만약 관계가 평등하지 않다면 이런 의무의 배당 자체가 공정하게 성립할 수 없을 것이다. 이런 관계의 평등은 자연스럽게 구성원들의 자유와 이어진다. 동등한 자유를 가지고 있어야만 관계 또한 평등할 수 있기 때문이다. 이렇게 볼 때 정치적 정의는 자유롭고 평등한 구성원들이 '통치'와 '피통치'에 있어 (상대적으로) 동등한 몫을 가질 때 실현 가능한 것이다.

동등한 몫을 지는 시민들이 누리는 정치적 정의는 당사자들의 상호 간 책임의 형태로 나타난다. 상호 간 책임이야말로 자유로우면서도 상대적으로(절대적이 아니다) 평등한 개인들이 이루는 정치공동체에 적합한 특성이기 때문이다. 정치에서는 시민들이 번갈아서 통치하고, 교환에 있어서는 '선은 선으로 악은 악으로' 돌려준다는 원칙에 들어 있는 상호성이 도시를 묶어주게 되는 것이다. 아리스토텔레스의 이런 발상은 추첨제도를 통해 시민들이 정치에 직접 참여했던 고대 아테네의 정치 상황을 그대로 반영하고 있다.

아리스토텔레스의 이와 같은 주장에 담긴 함의를 간략히 정리해보면 다음과 같다. 첫째, 구성원들의 관계가 평등한 공동체에서만 진정한 정의가 만들어진다. 이런 점에서 통치자와 피통치자의 일치를 주장하는 민주주의는 참된 정의가 형성되는 중요한 기반이다. 둘째, 정의로운 공동체를 이루고 유지하기 위해서는 평등한 관계에 있는 시민들에게 통치과정에 직접 참여할 기회를 주어야 한다. 국가의 통치란 무엇이 정의이고 아닌지를 구별하는 일이기에, 시민들이 통치과정에 번갈아 참여한다는 것은 무엇이 정의이고 아닌지를 구별하는 일을 하며 정의의 내용을 배우는 교육인 동시에 그것을 적용하고 실행하는 과정이나 다름없다. 이런 이유로 정

의로운 공동체가 정치참여를 장려하는 일은 당연하고도 올바른 일인 것
이다.

선출직 공직, 추첨인가 선거인가?

우리는 지금까지 아리스토텔레스가 공동체에서 좋은 삶을 위해 정치참
여를 강조했음을 살펴보았다. 이렇듯 정치참여를 강조할 때 부각되는 중
요한 문제가 바로 선출직 공직을 어떻게 분배할 것인가이다. 우리는 흔
히 얼마나 많은 사람이 선출직 공직을 맡겠느냐고 생각하기 쉽지만, 미국
의 경우에는 52만 5,000개가 넘는 공직이 선출직이라고 한다. 우리나라
는 미국보다 그 비율이 상당히 낮아 대략 4,250여 개에 불과하다. 그러나
그 비율이 상대적으로 훨씬 더 낮다는 점에서 선출직 공직을 분배하는 기
준은 더욱 엄격해야 할 것이다. 그렇다면 공직은 과연 어떻게 분배되어야
할까?

우선 아리스토텔레스가 제시하는 구체적 정의론, '자격에 따른 분배'
에서 시작해보자. 아리스토텔레스가 제시한 '플루트' 분배의 사례는 바로
이런 자격에 따른 분배에 대한 적절한 예다. 아리스토텔레스에 따르면 플
루트는 플루트 연주자에게 돌아가야 한다. 신분이 높다고, 잘생겼다고 플
루트를 차지해서는 안 된다. 문제는 플루트의 숫자보다 플루트 연주자가
더 많을 때 생겨난다. 예를 들어 플루트 연주자는 열 명인데 플루트가 두
대일 때 우리는 플루트를 어떻게 나누어야 할까? 물론 여러분은 플루트
를 더 잘 부는 연주자에게 주어야 한다고 생각할 것이다. 만약 이 플루트

연주자 열 명의 실력이 우열을 가릴 수 없을 정도로 엇비슷하다면 어떻게 나누어야 할까? 다양한 대답이 가능하겠지만 아리스토텔레스는 플루트를 연주자들이 돌려가며 불면 된다고 답한다.

그럼 이 플루트의 비유는 공직분배와 어떻게 연결되어 있는 것일까? 이 비유를 공직분배와 연결시키는 방법은 매우 간단하다. 플루트를 공직으로, 플루트 연주자를 공직을 원하는 시민으로 바꾸기만 하면 된다. 만약 자격이 비슷한 열 명의 시민이 있다고 할 때 공직이 두 자리뿐이라면 이 공직을 어떻게 분배해야 할까? 이 공직 역시 플루트처럼 돌려가며 맡으면 되는 것이다. 정치참여가 시민들의 덕성을 만드는 데 중요한 역할을 하기 때문에, 아리스토텔레스는 시민들이 번갈아 통치하는 것이 바람직하다고 말한다. 상호성의 책임에서 보자면 이야말로 올바른 통치방식이다. 이런 통치방식을 시민권의 차원에서는 "때로는 통치하고 때로는 통치받는다"라고 표현할 수 있을 것이다. 그렇다면 돌려 부는 순서는 어떻게 정하는 것이 공정할까? 아리스토텔레스에 따르면 바로 추첨이다. 아리스토텔레스의 이런 통치관은 직접민주주의와 가장 가까운데, 자격이 비슷한 시민들이 돌아가며 추첨을 통해 공직에 관여한다는 것이다. 이런 추첨제는 실제로 고대 민주주의의 꽃이라 불리는 아테네에서 널리 채택된 공직자 채용방식이었다.

하지만 문제는 근대 이후 사회의 공직분배다. 고대 민주주의와 현대 민주주의의 차이를 들어보라면 당연히 국가 규모의 차이를 들 수 있다. 근대 이후 국가가 대규모로 커지며 근대국가는 '선거제도'를 민주주의의 핵심적인 제도로 도입했다. 하지만 선거제도는 원래 엘리트를 선발하는 데 쓰였던 귀족제도였다. 생각해보면 선거는 어떤 집단에서든 가장 뛰어난 사람을 뽑는 제도다. 이 점을 생각해보면 선거제도가 왜 귀족제도인지를 쉽게 이해할 수 있다. 민주주의에서 시민들은 "선거하는 당일에만 주인이다"라는 루소의 탄식은 이 선거제도 자체가 더는 모든 시민이 번갈아가며 통치를 할 수 없는 현실을 반영하는 것이었다. 현대 사회에서 시민이 번갈아 공직을 맡아 참여한다는 이런 입장이 남아 있는 경우로는 배심원제도 정도를 꼽을 수 있을 것이다. 그러나 배심원제도는 선출직 공직이 아니라는 점에서 본질적으로 다르며, 몇몇 민주국가에서 활성화되어 있을 뿐 참여할 수 있는 인원이 적고 관여기간도 상대적으로 짧아 그 효과는 그다지 크지 않다. 결국 근대 이후의 사회에서 선출직 공직은 많은 사람이 접근을 원하는 반면 그 수가 제한되어 있다는 점에서, 희소한 자원의 공정한 분배가 가장 민감하게 드러나는 사안이 되었다고 할 수 있다.

사례 1 선출공직 후보자 기탁금제도

현대 사회에서 공직은 관리직과 대표직으로 나누어볼 수 있다. 우리 사회에서 관리직은 주로 일종의 시험을 거쳐 선발하는 것이 일반적이다. 각종 고시를 거쳐 선발된 인원들이 과연 그에 합당한 자질을 갖추었는지에 대해 많은 사람이 의문을 품는 것이 사실이지만, 이런 제도에 대한 불만을 최소한으로 표현하는 이유는 해당 인원들이 관련 공직에 필요한 지식을 객관적으로 측정할 수 있는 시험을 통해 선발되었다고 여기기 때문이다. 이런 점에서 대부분은 관리 선발 시험제도가 비록 불완전하기는 해도 어느 정도 자격에 따른 공정한 제도라고 여긴다.

민주사회에서 공직의 문제는 선출되는 대표직에 있다. 그 이유는 대표자 선출방식이 선거제도이기 때문이다. 현대 민주사회에서 선거는 합리적인 대표 선출방식으로 여겨지지만, 실질적으로 대표자가 되는 이들이 거의 정치 엘리트라는 점에서 귀족 선출제도나 다름없다. 나아가 현대 사회의 선거제도는 돈과 매우 밀접하게 결부되어 있어, 아리스토텔레스의 표현을 따르자면 과연 '목적에 해당하는 기여를 최대로 할 만한' 인물을 공정하게 선발할 수 있는 제도인지 미심쩍은 부분이 있다. 민주주의의 상징처럼 여겨지는 미국의 경우 선거자금을 많이 쓰는 쪽이 승리할 확률이 90퍼센트 이상이다. 예를 들어 버락 오바마 미국 대통령은 선거비용으로 미국 역사상 가장 많은 7억 4,100만 달러라는 천문학적인 돈을 썼다. 1인 1표가 아니라 1달러 1표라는 자조 섞인 한탄이 나오는 것도 무리가 아니다. 이런 현상은 우리 사회에서도 마찬가지라 돈 없는 사람이 선거에 출마하는 것 자체가 쉽지 않고, 출마한다 하더라도 승리를 거두기란 하늘의 별따기보다 어려운 것이 현실이다. 대표자로서 '공공사에 얼마나 기여할 수 있는 자질이 있는가'와는 전혀 상관없이 재산을 얼마나 가지고 있느냐가 대표자가 되는 전제조건인 경우가 허다하다.

공천과정에서 알게 모르게 오가는 돈의 존재를 떠나 오로지 법률 안에서 허용되는 비용만을 생각해보아도 문제는 여전히 남는다. 우리나라의 현행 공직선거법을 살펴보면 제56조 1항은 "후보자등록을 신청하는 자는 등록신청시에 후보자 1인마다 다음 각호의 기탁금을 중앙선거관리위원회규칙이 정하는 바에 따라 관할선거구선거관리위원회에 납부하여야 한다. 대통령선거는 5억원, 국회의원선거는 1천500만원, 시도의회의원선거는 300만원, 시 및 도지사선거는 5000만원, 자치구시군의 장 선거는 1천만원, 자치구시군의원선거는 200만원[으로 한다]"고 규정하고 있다. 그리고 이런 기탁금은 "대통령선거, 지역구국회의원선거, 지역구지방의회의원선거 및 지방자치단체의 장 선거의 경우, 후보자가 당선되거나 사망한 경우와 유효투표총수의 100분의 15 이상을 득표한 경우에는 기탁금 전액"을, "후보자가 유효투표총수의 100분의 10 이상 100분의 15 미만을 득표한 경우에는 기탁금의 100분의 50에 해당하는 금액, 비례대표국회의원선거 및 비례대표지방의회의원선거 당해 후보자명부에 올라 있는 후보자중 당선인이 있는 때에는 기탁금 전액[을 반환한다]"고 규정하고 있다.

이 규정은 돈으로 공직 입후보자 진입장벽을 치고 있는 경우다. 입후보를 하기 위해서는 일단 해당 금액을 마련해야 하며, 만약 유효투표수의 15퍼센트를 얻지 못하면 기탁금 전액을 잃는다. 실제 기탁금은 공직 후보의 난립을 막기 위한 하나의 방편으로 이해할 수 있다. 그러나 누구나 원한다면 참여할 수 있어야 하는 공직 입후보의 공정한 기회를 공직자가 될 수 있는 자격과는 전혀 무관하게 기탁금이라는 명목으로 그 기회의 폭을 줄이는 이런 제도를 공정하다고 볼 수 있을까?

만약 이 질문을 아리스토텔레스에게 던진다면 그는 선출공직의 목적이 무엇이냐고 물을 것이다. 만약 그 목적을 좋은 삶이라는 관점에서 이상화시키지 않고 아주 현실적인 관점에서 전체 시민의 이익을 대변하는 것이라고 한다 하더라도, 선출공직에 합당한 자질은 시민들의 이익이 무엇인지를 파악하고 그것을 정직하게 대변할 수 있는 성품을 가지고 있는지가 될 것이다. 사실 '돈'의 존재는 공직 입후보 자격과 별다른 상관이 없는 것이다. 이런 까닭에 대부분의 민주사회에서는 국가가 선거비용의 전체 혹은 일부를 부담하는 선거공영제를 채택하고 있다. 우리나라의 경우 '공직선거 및 선거부정방지법'에 따라 선전벽보의 철거, 발송, 우송, 경력방송, 합동연설회, 투개표참관인 수당, 철도이용 승차권(대통령선거 시) 등은 국가 또는 지방자치단체가 부담하고 있다. 그러나 방송광고와 신문광고처럼 실제로 많은 비용이 들어가는 항목에는 정작 지원이 빠져 있다. 국가가 부담하지 않는 선거비용에 한해 입후보자들이 쓸 수 있는 비용은 국회의원의 경우 5,700만 원으로 제한되어 있다. 1,500만 원의 기탁금까지 합하면 한 사람이 국회의원으로 나서기 위해 표면적으로 필요한 돈은 7,200만 원이다.

이런 우리 선거제도에서 눈여겨볼 부분은 선거공영제의 목적인 돈이 없는 유능한 후보자의 당선을 보장하려는 취지와 공직 입후보자 기탁금제도가 서로 충돌하고 있다는 점이다. 혹자는 앞서 언급했듯 기탁금이 무소속으로 선출공직에 나서는 후보자의 난립을 막을 수 있는 방법이라고 주장할 수 있다. 그러나 후보자의 난립은 공직선거법 제48조에 해당하는 선거권자의 무소속 후보자 추천요건을 좀더 강화한다든지, 제19조의 피선거권이 없는 자의 기준을 좀더 엄격히 하는 방식으로도 방지할 수 있다. 아리스토텔레스의 분배정의의 잣대로 보자면 결국 기탁금제도는 정의로운 분배의 수단으로 쓰일 수 있는 것이 아니다. 이와 더불어 소액후원문화가 활발하지 않은 우리 실정에서는 개인이 감당해야 하는 상당한 선거비용 때문에 결국 선출공직에 나서는 일이 기여도와는 상관없이 부자의 몫이 되거나 부자의 후원을 받는 사람만이 할 수 있는 일로 전락할 가능성이 높다.

물론 이에 대한 각자의 생각은 다를 수 있다. 하지만 이와 관련하여 우리는 몇 가지 질문을 던질 수 있다. 진정한 선출공직의 목적에 부합하는 선거제도란 선거비용 자체를 국가가 부분이 아니라 전부 부담하는 방식이어야 하지 않을까? 만약 국가가 전액을 부담하게 된다면, 너무 많은 공직 후보자들이 난립하게 되어 국가 재정에 지나친 부담을 안기는 것일까? 만약 국가의 재정부담과 공정한 공직선발의 기회가 충돌할 경우, 어느 쪽을 우선적으로 고려해야 올바른 선택이라 할 수 있을까?

사례 2 **선택적인 주민(소환)투표 불참운동은 옳은가?**

정의로운 정체일수록 정치참여를 권장한다는 아리스토텔레스의 입장에서 볼 때, 현대 사회에서 주민(소환)투표는 시민들의 직접적인 정치참여를 권장하는 가장 중요한 수단이라 할 수 있다. 흔히 투표로 의사를 표시한다는 점에서 동일한 것으로 여기기 쉬운 주민투표와 선거는 서로 다른 제도다. 영어로 '레퍼렌덤referendum'이라 부르는 주민(소환)투표가 해당 안건을 두고 주민들이 직접 찬성 혹은 반대를 표시할 수 있다는 점에서 직접민주주의에 해당하는 제도라면, '일렉션election'이라 부르는 선거는 본질적으로 엘리트 대표자를 선발하는 귀족 선발제도라는 점에서 둘 사이에는 확연히 차이가 있다. 그 취지상 주민투표는 선거보다 훨씬 민주적인 제도다.

그런데 2009년과 2011년, 이 주민투표와 관련해 공공기관과 시민단체가 주민투표 참여 자체를 반대하는 보기 드문 일이 일어났다. 첫 번째 사례는 2009년 김태환 제주도지사의 경우로 해군기지 건설, 의료민영화 추진, 지방재정 운용, 주민우선고용제도 폐지, 특별자치도와 국제자유도시에 대한 불신 등이 도화선이 되어 도지사 자격을 다시 묻는 주민소환의 대상이 되었을 때 일어났다. 당시 김 지사는 직접 제주도 선거관리위원회의 소환투표공보를 통해 투표에 참여하지 말라고 호소했다. 더불어 주민소환이 명분이 없음을 강조하며 투표율이 3분의 1을 채우지 못하면 투표함 자체를 열 수 없다는 사실을 적극 홍보했다. 심지어 지역 일간지 1면에 투표장에 가지 않는 것도 유권자의 권리라고 강조하는 광고까지 실었다. 결국 최종 투표율 11퍼센트로 주민투표가 무산되고 말았다.

두 번째는 2011년 서울시 초·중·고 무상급식을 둘러싸고 일어난 주민투표 반대운동이다. 서울시 교육위원회가 초·중·고 단계별 전면무상급식 실시를 결정하자, 서울시가 예산문제를 들어 가정환경이 열악한 일부 학생들에게만 실시해야 한다고 반대하며 주민투표를 제안했다. 그러자 무상급식을 찬성하던 시민단체와 야당이 무상급식 주민투표 불참운동에 나선 것이다.[12] 주민투표 불참운동을 주도한 측은 '아이들의 밥그릇을 뺏는 나쁜 시장'과 '이를 지키려는 선량한 시민'의 구도를 전개하며 주민투표 참여 저지에 적극 나섰다. 결국 25.7퍼센트의 투표율에 그치며 주민투표 자체가 또다시 무산되고 말았다.

이 두 사례에서 주민투표 불참운동이 정당화될 수 있었던 것은 투표 불참운동도 투표운동의 일환이라는 선거관리위원회의 유권해석 때문이었다.

이재일 중앙선관위 대변인은 8일 『한겨레』와의 통화에서 "2005년 선관위는 찬성·반대운동뿐만 아니라 투표 불참운동도 선거운동의 하나로 인정하는 유권해석을 하고, 이후 선거관리 때마다 이 원칙을 적용해왔다"며 "무상급식 관련 주민투표 과정에서 이런 유권해석을 바꿔야 할 특별한 사정이 없기 때문에, 무상급식 주민투표 불참운동을 투표운동의 하나로 인정한다"고 말했다(『한겨레』, 2011년 8월 8일자).

법적인 차원에서 보자면 이 두 불참운동에는 전혀 하자가 없었다. 그러나 문제는 정치지형에서 볼 때 김태환 제주도지사 주민소환투표의 경우는 보수진영이, 무상급식 주민소환투표의 경우는 진보진영이 불참운동을 진행했고, 각 해당 사례마다 입장을 바꾸어서로에게 투표 불참운동 자체가 옳지 못한 것이라고 비난했다는 점이다. 다시 말해 두 진영이 모두 투표 불참운동의 부당성 혹은 부정적인 효과를 인식하고 있었다.

이런 주민투표 불참운동은 다음과 같은 몇 가지 측면에서 문제가 제기될 수 있다. 첫째, 왜 주민이 투표를 통해 정당하게 결정할 수 있는 사안을 굳이 투표를 하지 않는 행위를 통해 결정해야 할까? 투표를 하지 않는 행위 자체가 반대 입장을 표명하는 것이라고 주장한다면, 투표장에 가서 반대를 표기하면 되는 것이 아니냐고 반박할 수 있을 것이다.

둘째, 투표불참의 권리에 대한 강조가 정치참여의 장려에 긍정적일 수 있을까? 제주도지사 주민소환에서 볼 수 있듯 투표장에 가지 않는 것도 정치적 권리라는 것을 공개적으로 적극 활용하게 될 때 장기적으로 정치적 무관심을 조장할 수 있으며, 나아가 정치참여에 부정적인 효과를 낳을 수도 있다.

셋째, 공적인 정책을 결정하는 주민투표를 두고 어떤 투표가 좋고 나쁜 것인지를 투표에 참여할 주민들보다 미리 앞서 판단해 투표 자체를 막는 행위는 옳은가? 예를 들어 '아이들의 밥그릇을 뺏는 나쁜 시장'과 '이를 지키려는 선량한 시민'의 구도라고 할 때, 무상급식을 반대하는 시민들은 '아이들의 밥그릇을 뺏은 나쁜 시민'이 되어버리고 만다.

넷째, 투표참여 자체로 개인의 정치적 성향을 드러내도록 만드는 것, 이에 더하여 정치적 의사를 일정한 절차를 통해 표현하지 못하게 만드는 것은 옳은가? 예를 들어 무상급식에는 찬성하지만 투표 불참운동이 잘못되었다고 생각하는 시민들이 있을 수도 있다. 하지만 투표에 참여하는 것이 '아이들의 밥그릇을 뺏는 데' 찬성을 하러 가는 행위마냥 되어 있는 상황에서, 투표참여를 통해 투표 불참운동에 반대의사를 표시하는 일을 꺼리게 될 수도 있을 것이다.

다섯째, 주민투표율이 미달되는 일이 반복되어 주민투표 무용론이 제기된다면 어떻게 할 것인가? 주민투표는 현대 민주주의에서 시민들이 자신의 의사를 직접 표현할 수 있는 몇 안 되는 직접민주주의 수단이라는 점에서 매우 의미 있는 제도다. 그러나 아무리 정당한 제도라 할지라도 제대로 작동되지 않는다면 당연히 그 제도에 대해 문제를 제기할 수밖에 없을 것이다.

자신들의 정치적 입장에서 투표 자체의 정당성에 의문을 제기하며 진행되는 주민투표 불참운동은 단기적으로는 어느 정도 성과를 거둘 수 있을지 모른다. 두 차례 사례에서 보자면 실제로 그래왔다. 그러나 장기적 차원에서 정치참여를 장려하는 데는 긍정적일 수 없는 방법이다. 정의로운 정체의 시민들이라면 의사를 표현하는 공적 절차를 회피하는 방식이 아니라 적극적으로 그 과정에 참여해 의사를 표현하는 방식으로 정책을 결정해야 하지 않을까?

온전한 인간이 되고 싶은 디자이너 지망생의 이야기

이제 우리가 서두에서 보았던 아리스토텔레스의 외사랑 이야기로 돌아가보자. 이 장을 시작하며 우리는 왜 아리스토텔레스가 자신을 지독하게 푸대접한 아테네를 그토록 사랑했던 것일까 질문했다. 그 대답은 아테네야말로 아리스토텔레스가 믿는 정의가 실현될 수 있는 조건을 지닌 정체였기 때문이다. 아테네는 2,500년 전인 당시로서는 정말 드물게도 모든 시민에게 동등한 정치참여의 자격을 부여하는 민주정이라는 정체를 지니고 있었다(물론 여성과 노예는 '시민'의 범주에 들지 못한 시대적 한계도 안고 있었다). 다른 모든 정체의 형태가 지배하는 자와 지배받는 자를 가르고 양자 사이의 불평등을 강조하고 있었다면, 아테네의 민주정만큼은 통치하는 자와 통치받는 자 간의 동일성을 강조하는 유일한 정치체제였다. 정의란 것이 평등한 자들 간에만 성립될 수 있는 것이라고 할 때 아테네는 그야말로 정의를 이야기할 수 있는 가장 적합한 곳이었던 셈이다. 자신이 태어난 고향 마케도니아에서는 아무리 노력해도 자신이 추구하는 정의는 실현할 수 없는 것이었다. 알렉산더의 결정이 곧 법이었기 때문이다. 알렉산더와 그 신하들의 관계는 결국 명령과 복종의 관계였기 때문에 그의 권력 앞에서 정의를 논하는 것은 무의미한 일이었다. 그곳은 공동체의 원칙이 아니라 알렉산더의 원칙이 지배하고 있었기에 좋은 삶은 알렉산더의 말에 얼마나 복종하고 아첨하느냐에 따라 결정될 뿐이었다. 한마디로 정의는 없고 복종만이 존재하는 곳이었던 것이다.

그렇기에 당대 곳곳에서 목격되는 민주주의에 대한 혐오는 정의와 관련해서도 위험한 현상이다. 민주주의가 발전한 곳에서는 엘리트들의 혐오가, 민주주의가 상대적으로 덜 발전한 곳에서는 대중의 혐오가 목격되고 있다. 우리 사회에서도 '일베 현상' 등을 통해 민주주의에 대한 혐오를 확인할 수 있다. 구성원들의 불평등을 전제로 하는 민주정 밖에서 정의는 언제나 강자들 혹은 강자들의 편에 서는 사람들의 몫이라는 점에서, 민주주의에 대한 혐오는 우리가 공정성을 두고 정의를 이야기할 수 있는 유일한 참여의 공간을 혐오하는 것이나 다름없다.

라인홀트 니버Reinhold Niebuhr는 『빛의 아이들과 어둠의 아이들The Children of Light and the Children of Darkness』(1944)에서 민주주의와 정의의 관계에 대해 이렇게 말한다. "인간이 지닌 정의를 행할 수 있는 능력은 민주주의를 가능하게 만든다. 그러나 인간이 부정의를 저지르고자 하는 성향은 민주주의를 필요로 하게 만든다."[13] 그리고 정치(질서)가 할 일을 이렇게 쓰고 있다. "정치의 슬픈 의무는 죄악으로 가득한 이 세상에 정의를 세우는 것이다."[14] 이 문장은 당대 민주주의와 정치가 맞닥뜨린 현실을 적나라하게 묘사하고 있는 듯하다. 하지만 아리스토텔레스의 정치는 그리고 민주정은 이렇게 비극적이지 않다. 그에게 정치는 자격을 갖춘 시민들이 참여를 통해 공동체의 일부가 되고 정의를 함께 세워나가는 일이었다. 그리고 그 일을 할 수 있는 이야말로 행복한 사람이다.

이렇게 민주적인 정치참여를 통해 인간이 온전한 존재로서 행복을 느끼는 것은 독재와 같은 어둠의 시대를 지나야만 가능한 것은 아닌 듯하다. 이와 관련해 미국 뉴욕주립대학교에 속해 있는 FIT(Fashion Institute of Technology)라는 디자인예술학교에서 지구화 관련 수업을 진행하며 필자가 경험한 일화로 이 장을 마무리하려 한다.

'지구화와 그 문제들'이라는 수업을 통해 다양한 문제를 다루는 동안 이민문제를 자연스럽게 살펴보게 되었다. 그때 한 학생이 제출한 주간보고서가 이민과 시민권을 연결시켜 생각해볼 수 있는 경우라고 여겨서 발표를 제안했다.

"전 스웨덴에서 미국에 온 지 5년이 됐어요. 지금 현재 영주권을 겨우 얻은 상태예요. 전 청소년기를 이곳에서 보냈고 앞으로도 이곳에서 살 겁니다. 그래서 이곳을 고향이나 다름없다고 생각해요. 미국 시민이 되려면 앞으로 몇 년을 더 기다려야 할지 몰라요. 이 기다림이 저를 얼마나 좌절시키는지 말로 다할 수 없어요."

이 말을 들었을 땐 이 학생이 복지가 가장 완성되어 있는 국가 중 하나인 스웨덴에서 왔다는 점에서 왜 상대적으로 훨씬 복지수준이 뒤떨어져 있는 미국 시민이 되고 싶은 것인지 궁금했다. 그래서 물었다.

"왜 그렇게 시민권을 가지고 싶은 거죠? 영주권만으로도 별다른 불편 없이 생활할 수 있잖아요."

그 학생은 주저 없이 또박또박 대답했다.

"투표권이에요. 저는 지금 이곳을 고향처럼 느낄 뿐만 아니라 내가 세금을 꼬박꼬박 내고 살아가고 있는 곳이니만큼 저도 다른 사람들처럼 똑같이 정치적 권리를 행사하고 싶어요. 단순히 이민자로 남는 것이 아니라 온전한 권리를 지닌 인간으로서 정치에 참여하고 싶습니다."

그 말을 들은 필자가 조금은, 아니 돌이켜보면 아주 어리석은 질문을 했다.

"사람들은 흔히 예술가들은 정치에 별 관심이 없다고 생각해요. 디자이너에게 정치적 권리가 그렇게 중요한가요?"

그 학생의 말은 지금도 잊을 수 없다.

"전 온전한 삶complete life을 살고 싶습니다. 정치적 권리의 행사는 그 일부라고 생각해요. 정치적 권리를 온전히 행사할 때 자신이 속한 공동체의 진정한 일부가 된다고 생각합니다. 그 공동체 속에서 제 삶을 온전히 행복하게 누리고 싶습니다."[15]

그 순간 필자가 본 것은 아리스토텔레스의 흐뭇한 미소였다.

제4부

근대의 정의,
'시민권'과 '인권' 사이

HONO

JUSTICE

제4부는 정의를 둘러싸고 오랫동안 이어진 힘 대 도덕의 대립이
어떻게 당대의 '시민권'과 '인권' 사이에 존재하고 있는지를 밝힌다.
근대에 이르러 정의의 문제를 시민권과 연결시켜
논의한 이는 토머스 홉스Thomas Hobbes였다.
홉스는 정의란 오로지 법과 그 법을 실행할 수 있는 강력한 무력을
보유한 정치권위 아래에서만 존재한다고 주장했다.
그리고 '법'보다 더 근본적인 것이 그 법을 강제할 수 있는 '절대적 힘',
폭력이라고 보았다. 홉스는 국가의 주권자를
이런 절대적 힘을 가진 존재로 그려내고 있는데,
이 논리를 따르자면 정의는 오로지 주권자의 보호를 받을 권리,
바로 '시민권'이 있는 상태에서만 존재할 수 있다.
8장에서는 이런 홉스의 주장에 따를 때 생겨나는 문제를 '난민',
'비정규이주자들', '국가 없는 사람들', 그리고 '위안부 할머니'의
다양한 사례를 통해 점검한다. 9장에서는 국가의 보호 밖에서도
정의가 존재할 수 있는 근거로 '인권'을 집중적으로 탐구한다.
왜 도덕적 인간이 이성적 인간이며,
왜 이성적 인간이 정의로운 인간인지,
나아가 왜 정의로운 인간은 인권을 방어하게 되는지
칸트를 통해 살펴본다. 이와 관련하여 세계시민주의와 테러리즘을
'지구적 자원세', '관타나모 수용소', '인천공항의 시리아 난민'
등의 사례를 통해 조명한다.

홉스

정치적 권위 없이
정의는 없다

만인이 만인을 향해 투쟁을 벌이는 전쟁상태에서 '어떠한 일도 부당하지 않다'는 명제가 도출되는 것은 너무나 당연하다. 거기에는 올바름 혹은 사악함이라든가 정의 혹은 불의라는 관념이 존재하지 않기 때문이다. 공통의 권력이 존재하지 않는 곳에 법이 있을 수 없고 법이 존재하지 않는 곳에 옳지 못한 일이 있을 수 없다.

토머스 홉스, 『리바이어던』에서

세계에서 가장 오래된 '수요집회'를 아시나요?

매주 수요일마다 일본 대사관 앞에는 연세가 지긋한 할머니들이 모여든다. 그리고 대사관을 향해 외친다. "일본 정부는 일본군 위안부 피해자에게 공식 사죄하라! 공적 배상하라." "한국 정부는 위안군 피해자의 인권과 명예회복을 위하여 적극 앞장서라!"

1992년 1월, 일본군 '위안부' 피해 여성들의 명예와 인권회복을 요구하며 일본 대사관 앞에서 시작된 집회가 25년째를 향해가고 있다. 같은 목적으로 세계에서 가장 오랫동안 열리고 있는 이 집회. 우리는 이 집회를 '수요집회'라고 부른다. 매주 수요일마다 할머니들은 일본 제국주의 전쟁에서 상실한 자신들의 명예와 인권을 회복하고자 일본 정부의 범죄 사실 인정과 공식적인 사과 그리고 법적 책임을 요구하고 있다. 이런 요구에 대해 일본 정부는 1993년 8월 고노 관방 장관의 담화를 통해 전쟁 중 여성들을 성노예로 직간접적으로 동원한 사실을 한때 인정하기도 했다. 그러나 이후 일본 정부가 보여준 행동은 당사자인 할머니들뿐만 아니라 이 집회에 관여한 사람들 그리고 이를 관심 있게 지켜보는 세계인들을 실망시키기에 충분하다. 고노 담화 이후 일본 정부의 태도는 다음과 같이 정리해볼 수 있다. 첫째, 일본 정부는 공식적으로 위안부 동원 사실을 인정할 수 없다. 둘째, 위안부 동원이 '사실이라면' 일본 정부는 이런 사실에 대해 어느 정도 유감을 표명한다. 셋째, 위안부 동원이 '사실이라 할지라도' 한일협정을 통해 해결된 문제이므로 더는 일본 정부에 법적 배상의 책임이 없다. 다만 도의적 책임 정도만이 있을 뿐이다.

그런데 2015년 12월 28일, 한일 외무 장관들이 위안부 문제가 양국의 협의 아래 타결되었다는 공동 기자회견을 열었다. 우리 정부가 위안부 할머니 당사자들의 의견을 묻지도 않은 채 협상을 타결했던 것이다. 무엇보다 충격적인 것은 다시는 이 문제를 양국의 외교 사안으로 언급하지 않겠다고 우리 정부가 약속한 것이었다. 그 '불가역'의 대가로 받아낸 것은 10억 엔이라는 위안부재단 설립금이었다. 돌이켜보면 이 타협이 이루어지기 전부터 우리 정부 역시 오랫동안 이 할머니들의 목소리에 귀를 기울이지 않았던 것이 사실이다. 왜 이런 절실한 목소리를 향해 자국의 시민을 보호해야 할 우리 정부조차 제대로 된 관심을 보이지 않았던 걸까? 왜 할머니들은 스스로 권리를 찾기 위해 나서야만 했던 걸까?

　이 수요집회는 정치적 권위와 그 권위가 지는 시민을 보호할 의무가 인권과 어긋날 때 생겨나는 '정의'의 공백을 보여주는 대표적인 사례다. 이렇듯 시민권과 인권이 충돌할 때 생겨나는 정의의 문제를 가장 선명하게 볼 수 있는 문헌이 바로 토머스 홉스의 『리바이어던Leviathan』(1651)이다. 이번 장에서는 정치적 권위가 정의의 실현에서 얼마나 중요한 역할을 하는지, 그리고 시민의 권리와 인간의 권리가 정치적 권위(앞으로 '정치권위'로 표기) 및 정의의 문제와 어떻게 얽혀 있는지 이해하기 위해 홉스의 정의관을 알아보려 한다. 홉스의 정의관을 체계적으로 이해하기 위해 우선 사회계약론이 무엇인지부터 살펴보기로 하자.

사회계약과 정치권위 세우기

정치나 철학을 공부하다 보면 가장 자주 접하게 되는 개념 중 하나가 사회계약이다. 사회계약론은 제시한 인물에 따라 그 구체적 내용이 상이하다. 그럼에도 거의 모든 계약론이 공유하고 있는 전제가 있다. '자연상태a state of nature에 살고 있는 무리가 적절한 보호를 제공할 수 있는 제3자에게 절대적인 혹은 상당한 정치권위를 부여하여 각 개인이 권리와 의무를 갖는 정치사회를 설립한다.' 이 전제로부터 우리는 자연스럽게 '자연상태'는 아무런 정치권위가 존재하지 않는 상황임을 유추해낼 수 있다. 배우 김윤진 씨가 나와서 화제가 되었던 미국 드라마 〈로스트Lost〉가 바로 이 '자연상태'를 가정하고 있다. 등장인물들이 불시착한 섬에서는 절대적 보호를 제공할 수 있는 제3자가 존재하지 않는다. 등장인물들이 로크나 루소와 같은 사회계약론자의 이름으로 등장하는 것도 이런 이유 때문이다.

하지만 역사적으로 볼 때 실제로 이런 계약이 맺어진 적은 없었다. 만약 이런 계약이 있었다고 한다면 메이플라워호에서 맺어졌던 서약 아래 성립한 미국 정도가 해당할 것이다. 그렇다면 왜 이런 계약론이 필요했던 것일까? 그 이유는 근대국가의 등장에 있었다. 근대국가는 구교세력과 신교세력이 벌인 30년 전쟁을 끝내기 위해 1648년에 체결된 평화조약인 베스트팔렌 조약을 통해 확립되었다. 이 조약의 뼈대는 각 국가의 영토 내에서 종교적 자유에 대한 배타적 권리를 인정하는 것이었는데, 이를 통해 등장한 근대국가는 영토 내 배타적 권리를 주권이라는 이름 아래 확고히 할 필요가 있었다. 근대국가는 그 정당성을 영토의 경계 내에 살고 있는 사람들의 권리를 보호하는 데서 찾았다. 쉽게 말해 계약이라는 이론적 관념을 통해 국가는 영토 내 거주자들에 대한 배타적 지배권을 인정받는 동시에, 그 대가로 구성원들은 권리라는 삶의 안전장치를 확보할 수 있었던 것이다. 이런 사회계약에 근거를 둔 근대국가관의 등장은 당시 유럽 대륙을 휩쓸던 종교개혁과 종교전쟁 속에서 불안한 개인들의 삶을 어떻게 보호할 것인가라는 문제와 깊은 연관을 맺고 있었다.

홉스의 정치권위, 전쟁에서 질서로

16세기에 접어들며 '성경'이 다양한 언어로 번역되면서 신의 말씀이 라틴어를 읽고 쓸 수 있는 사제의 권위 밖으로 벗어나게 되었다. 이로써 신의 말씀을 상이하게 해석하는 다양한 무리가 생겨났다. 그리고 각자 저마다 자신의 해석이 진정한 신의 말씀이라며 주장했고 이런 해석을 두고 다툼이 일어났다. 그리고 이런 다툼은 순식간에 종교개혁으로 번져나갔다. 종교개혁을 통해 심화된 다툼은 17세기가 시작되며 종교전쟁을 불러일으켰고 이내 유럽 대륙은 거대한 화염에 휩싸이게 되었다. 이런 상황에 대한 해결책은 여러 가지로 나타났는데, 베스트팔렌 조약을 통해 서양이 채택한 해결책은 '종교적 해석의 자유', 다시 말해 국교를 정할 배타적 권리를 각 주권국가에 주는 것이었다. 현재 우리가 알고 있는 '가치다원주의'는 이렇듯 종교적 해석의 다원주의에서 시작되었다. 홉스는 당시 일정한 영토 내에서 종교적 해석의 다원성이 지배하는 전쟁상태, 즉 제3의 중재자 없이 도덕적 가치가 그 해석에 따라 달라지는 가치다원주의 상태를 '자연상태'라고 불렀다. 종교전쟁이 보여주었듯이 이런 다양한 해석을 중재할 수 있는 절대적인 제3자가 없는 자연상태는 '만인이 만인을 향해 투쟁'하는 전쟁상태나 다름없었고, 홉스는 이런 상황을 종식시키고자 가치해석의 권위를 '리바이어던'에게 부여했던 것이다.

아마 독자 중 상당수는 가치가 다양하다는 것이 그렇게까지 큰 위협이 될까 하는 의문을 지울 수 없을 것이다. 이는 근대 이전의 인간들, 중세의 사람들이 가톨릭 성직자들이 해석해주는 하느님의 말씀 안에 철저히 통합되어 있었다는 점을 생각해보면 좀더 쉽게 이해할 수 있다. 근대로 접어들며 확산된 종교적 해석의 다원성은 통합된 가치의 상실이나 다름없었다. 무슨 일이 있어도 하느님의 말씀만 들으면 되었던 이들이 그 기준을 상실한 상황을 떠올려보라. 홉스는 이런 상황을 '자연상태'에서

'누구도 믿지 못해 불안에 휩싸여 있는 자아들'로 그려내고 있다. 모든 이가 서로 다른 도덕적 기준을 가지고 있는 탓에 다른 이들이 어떤 도덕적 원칙에 근거해 행동할지 전혀 예측할 수가 없다. 이런 이유로 자연상태에 살고 있는 개인들은 다른 이들이 언제, 어디서 자신의 목숨이나 재산을 빼앗을지 모른다는 두려움에 사로잡혀 있다.

이렇듯 통합된 원칙이 없는 불완전한 상황에서 개인들이 외부의 위협으로부터 자신을 방어할 수 있는 최선의 방법은 무엇일까? 홉스는 이런 상황에서는 "모든 개인이 모든 타자에 대해 권리를 갖는다"고 말한다.[1] 풀어 말하자면 자신의 안전을 확보하기 위해서라면 그 어떤 행위라도 할 수 있다는 것이다. '최선의 방어는 공격이다'는 이 상황에 꼭 들어맞는 전략이다. 자연상태의 개인들은 자신의 사적인 판단에 따라 자신에게 위협이 된다고 생각하는 것들을 언제든, 얼마든 먼저 공격할 수 있다. 서로에 대한 선제공격이 난무할 때 자연상태는 곧 전쟁상태, "만인 대 만인의 투쟁" 상태가 되고 만다.[2] 공통적인 도덕원칙의 부재가 전쟁상태로 이어지는 이런 자연상태에 대한 묘사는 앞서 언급한 종교개혁과 종교전쟁, 다시 말해 종교적 다원주의로 말미암아 빚어진 당시의 혼란을 적나라하게 반영하고 있다.

홉스는 이런 만인 대 만인의 투쟁 상황에 놓인 개인들이 마침내 이런 상황을 거부하고 이를 종식시키려는 계약을 맺을 것이라고 주장한다. 그렇다면 개인들은 왜 이런 계약을 맺으려 드는 것일까? 홉스는 그 결정적 이유로 '타자가 가할 수 있는 잠재적 위협에서 느끼는 공포로부터의 해방'을 든다. "만인의 만인에 대한 투쟁인 자연상태에 살고 있는 인간은 삶이 고독하고 곤궁하며 추악하고 짧을" 뿐만 아니라 항상 죽음에 대한 공포에 시달린다.[3] 그래서 자연상태에 존재하는 사람들은 죽음의 공포에서 벗어나 자신의 안전을 지키고자 하는 욕망 때문에 사회계약에 가담한다.

이렇게 계약에 가담한 이들은 구체적으로 어떻게 구속력 있는 약속을 맺게 되는 것일까? 앞서 보았듯 자연상태에서 각 개인은 자신의 사적인 (도덕적) 판단에 따라 자신의 안전을 지킨다. 사람들이 느끼는 공포는 같은 사안을 두고도 다른 사람들이 어떤 도덕적 판단을 내릴지 모른다는 불확실성에 있다. 이런 까닭에 홉스는 각 개인이 사적인 판단을 자유롭게 할 수 있는 권리를 모두 포기하고 제3자인 '주권자'에게 넘겨주자고 제안한다. 이 길만이 잠재적 위협에서 벗어날 수 있을 뿐 아니라 실질적으로도 모든 개인에게 이익이 된다. 이 제3자인 주권자가 바로 정치권위이며, 이 정치권위가 계약을 통해 설립될 때 자연상태가 종식되는 것이다.

그렇다면 한 정치사회에 참여하는 사람들 모두가 동시에 이런 계약을 맺고 시작하는 것일까? 근대국가의 규모를 생각해보면 이런 일은 가능하지 않다. 홉스 역시 이런 현실을 잘 알고 있었다. 이런 상황에 맞추어 홉스는 신약Covenant이라고 부르는 미래지향적 믿음에 근거한 계약을 제시한다.[4] 예를 들어 내가 오늘 계약을 맺는다면 그 이유는 다른 이들도 미래에 나와 동일한 계약을 맺고 '자연상태'에서 벗어나 정치사회로 진입할 것이라는 믿음이 있기 때문이다. 하지만 이런 신약을 곧이곧대로 받아들일 수는 없다. 앞서 보았듯 아무도 믿지 못한 채 불안과 공포에 휩싸여 사는 자연상태의 개인들이 다른 이들이 미래에 정치사회에 합류할 것이라는 믿음을 갖는다는 건 논리적으로 맞지 않기 때문이다. 그렇다면 홉스는 앞뒤가 맞지 않는 말을 떠들어댔던 것일까?

「리바이어던」 표지, 1651년, 아브라함 보세의 판화

홉스의 이론 속에는 이 문제를 해결할 명료한 해답이 있다. 다름 아닌 주권이 독점한 절대적 폭력의 힘이다. 여기서 홉스가 그리는 국가의 이미지, 그 유명한 '리바이어던'이 등장한다. 리바이어던은 성경의 '욥기'에 나오는 바다괴물의 이름을 딴 것으로, 지상에서는 가장 강력한 힘을 지닌 존재다. 홉스는 이런 리바이어던을 국가 주권의 절대적 힘을 상징하는 이미지로 쓰고 있는데, 1651년 런던에서 발행된 『리바이어던』의 책표지 그림에는 이런 이미지가 그대로 드러나 있다. 이 표지 그림을 보면 (마치 비늘처럼 보이는) 수많은 사람이 모여 하나의 몸을 이룬 군주가 도시의 산 정상에 우뚝 서 있는 모습이 한눈에 들어온다. 홉스는 이 수많은 사람을 '인민'이라 불렀는데, 주권의 근원은 '인민의 동의'에 있다. 반면 인민은 강력한 주권자의 보호 아래 안전할 수 있다. 그 강력함은 주권자가 오른손에 든 칼, 왼손에 든 주교장에 잘 드러난다. 칼은 절대적인 폭력의 우월성을, 주교장은 모든 판단의 독점을 상징한다. 이렇듯 절대적 권위와 폭력을 소유한 주권자는 계약에 가담한 이들의 안전을 보장하기 위해 자

기 영토 내에서 계약에 가담하길 거부하거나 이 계약에 가담한 이들에게 위협이 되는 자들을 향해 그 무력을 행사할 수 있다.[5] 이런 점에서 리바이어던은 질서를 만드는 무엇보다 강력한 존재다. 그렇기에 리바이어던의 판단은 그 자체로 질서다. 누구도 그 판단에 이의를 제기할 수 없으며, 이의를 제기하는 자에게는 거대한 폭력이 가하는 처벌이 뒤따른다.

이런 측면에서 리바이어던의 목적은 분명하다. '자연상태는 반드시 제거해야만 한다.' 그 속에서 인간은 절대 안전할 수 없다. 그러나 이처럼 강력한 리바이어던조차 제거할 수 없는 자연상태가 있다. 바로 리바이어던 간의 관계, 달리 말해 국가 간의 관계가 그렇다. 홉스는 개인들이 맞이하는 '자연상태'가 국가 차원에서 나타난 것이 국제사회의 관계라고 본다. 그렇다면 국가 간에도 제3자의 권력을 세워 지구적 차원의 권력을 설립하면 되는 것이 아니냐고 반문할 수 있다. 그러나 홉스는 이런 사회계약을 부여할 수 있는 단위는 개인들이 이루는 국가까지라고 명확히 선을 긋는다. 국가 간의 관계에 있어서는 이런 계약을 실행시킬 수 있는 절대적 힘을 가진 존재가 없기 때문이다. 궁극적으로 국가 간의 관계는 '자연상태'로 남을 수밖에 없다.

정치권위 없이 정의는 존재하지 않는다

홉스의 계약론에서 우리가 주목해야 할 대목은 '자연상태에서 정의의 부재'라는 문제다. 홉스에 따르자면 자연상태에서는 모든 수단을 동원해 자신의 안전을 확보하는 것이 가장 중요한 과제이기 때문에 정의 혹은 부정의라는 관념 자체가 존재하지 않는다.

만인이 만인을 향해 투쟁을 벌이는 전쟁상태에서 '어떠한 일도 부당하지
않다'는 명제가 도출되는 것은 너무나 당연하다. 거기에는 올바름 혹은
사악함이라든가 정의 혹은 불의라는 관념이 존재하지 않기 때문이다. 공
통의 권력이 존재하지 않는 곳에 법이 있을 수 없고 법이 존재하지 않는
곳에 불의한 일이 있을 수 없다. 힘과 속임수는 전쟁상태에서 없어서는
안 되는 중요한 미덕이다. (……) 자연상태에 '재산권'과 '지배권'이 없다
는 것은 필연적 결과이며, 따라서 '내 것'과 '네 것'의 구별도 있을 수 없
다. 각자 자신이 획득할 수 있는 것만 자신의 것이며 그나마 그것도 각자
가 보전할 수 있는 동안만 자신의 것이다. 인간이 이런 자연상태에 처했
을 때 필연적으로 맞이하는 비참한 생존조건은 이미 충분히 논했다.[6]

이런 전쟁상태에서 최고의 미덕은 생존에 필수적인 힘과 속임수다.
자연상태에서는 남을 속이는 짓, 남을 해하는 일이 전혀 불의한 행동이
아니다. '무엇이 내 것이고 네 것인지' 규정해주는 법이 없다는 것은 그
법을 정할 수 있는 정치권위가 없다는 것이고, 정치권위가 없다는 것은
정의도 존재하지 않는다는 뜻이다. 그리고 정치권위가 법을 세우고 정의
를 실현하고자 한다면 필요한 것은 도덕이 아니라 강력한 힘이다.

정의와 불의라는 말이 존재하려면 그보다 앞서 분명한 강제력이 존재해
야 한다. 그리하여 사람들이 계약을 파기했을 때 그들이 기대할 수 있는
이익보다 더 큰 처벌의 공포를 느끼도록 해 똑같이 계약을 이행할 수 있

도록 해야 한다. 또한 사람들이 포기하는 보편적 권리의 대가로 상호 계약을 통해 얻는 소유권을 보장해주어야 한다. 국가가 설립되기 전에는 이런 일을 가능하게 할 수 있는 강제력이 존재하지 않는다. (……) 어떤 강제력도 세워지지 않는 곳, 다시 말해 국가가 존재하지 않는 곳에서는 소유권이 없다. 그러므로 국가가 없는 곳에서는 그 어떤 일도 부당하지 않다.[7]

간단히 말해 한 개인은 특정 정치사회, 법을 이행할 수 있는 강력한 물리적 폭력을 독점한 특정 국가에 속하지 않는 이상 정의의 혜택을 누릴 수 없다. 현대식으로 표현하자면 '시민권citizenship'을 지니지 않은 사람들은 정의가 미치는 대상이 아니다. 이런 시민권은 물리적 강제력을 갖춘 정치공동체만 보장할 수 있다. 결국 홉스가 제시하는 시민권의 함의는 한 개인이 국가의 보호 밖에서 자신의 생명, 신체, 재산을 지키는 일은 가능하지 않다는 것이다.

홉스의 이런 주장은 우리가 일반적으로 이해하는 '인권'과 서로 충돌한다. 인권은 한 개인이 어디에 속해 있느냐와 상관없이 정의가 다루는 대상이기 때문이다. 그러나 홉스에게 이런 보편적 인권은 순전한 헛소리일 뿐이다. 그에게 시민권 없는 인권의 보호는 현실적으로 가능하지 않다. 시민권 없이 인권의 보호는 불가능한 것일 뿐만 아니라 시민권 밖에는 정의가 존재하지 않는다. 정의가 보장되는 영역은 국가의 경계 안이며, 국가의 밖은 정의의 밖이다.

그렇다면 정의의 밖에서 삶을 누리는 자들은 누구이고 어떤 삶을 살게 되는 것일까?

난민들에게 정의는 적용되는가?

'시민권 없이는 정의도 없다'는 홉스의 주장을 받아들일 때, 당대 세계에서 정의의 바깥에 존재하는 이들은 누구일까? 그 대표적인 예가 난민이다. 난민은 현재 국제사회가 해결책을 찾지 못해 고심하고 있는 심각한 문제다. 특히 유럽이 이 문제로 몸살을 앓고 있는데, 시리아 사태 때문에 중동에서 난민이 대량으로 생겨나고, 유럽으로 건너갈 수 있는 해안을 넓게 지니고 있는 리비아에 무정부상태가 지속되면서 아프리카 난민의 유입이 폭발적으로 증가하고 있다. 이 여파로 유엔난민기구UNHCR에 따르면 2016년 기준 2,103만 명가량이 유엔이 공식적으로 관리하고 있는 난민의 지위에 처해 있다.

이와 관련하여 놀라운 사실은 국가의 보호를 받지 못하는 사람들이 국제기구가 정한 기준(1951년 난민협약)을 통과하지 못하면 난민의 지위조차 얻을 수 없다는 점이다. 그렇다면 난민 지위를 결정하는 국제기구는 이들의 인간답게 살 수 있는 권리를 보장할 능력을 갖추고 있는 것일까? 만약 그럴 능력이 없다면 이들의 지위를 결정하는 행위 자체를 정의로운 것이라 할 수 있을까?

유엔난민기구를 비롯해 국제이민기구IOM 등이 난민문제를 다루는 방식은 다음 세 가지다. 첫째, 자발적 의사를 확인하고 고국으로 돌려보내는 것. 둘째, 난민으로 도착한 국가에 정착시키는 것. 셋째, 제3국으로 보내는 것. 이 중 세 번째 방식이 우리에게는 가장 익숙하지만, 실제로는 가장 드문 경우다. 이 기구들은 첫 번째 방식, 자발적 동의 아래 고국으로 돌려보내는 방법을 가장 선호한다. 그러나 난민문제가 대부분 학살이나 인종문화청소와 같은 행위로 말미암아 일어난다는 점을 고려해본다면, 이 수단에는 심각한 문제가 내재해 있다. 거대한 정치적 박해가 몇 년 안에 사라질 리가 만무하기 때문이다. 첫 번째 수단은 사실상 박해의 위험이 도사리는 곳으로 다시 돌려보내는 것과 마찬가지다. 이렇게 보면 질서를 잡아줄 물리적 폭력을 지닌 정치권위가 없는 상황에서는 정의란 존재하지 않는다는 홉스의 주장은 상당히 설득력이 있어 보인다.

많은 사람이 난민을 처리하는 이런 방식을 두고 어쩔 수 없는 현실이라고 말한다. 그리고 국가의 보호 밖에 존재하는 사람으로서 온전한 권리를 찾는 것은 불가능하다는 홉스의 견해에 동조한다. 그러나 홉스의 관점에서 볼 때 아무런 정치권위의 보호도 받지 못하는 난민들은 생존만이 목적인 자연상태에 있기 때문에 자신들의 생명을 지키기 위해서라면 무슨 일도 할 수 있다. 타국의 국경을 허락 없이 넘는 일도 이 중 하나가 될 것이다. 물론 홉스는 이런 행위를 불법이라고 부르지도 않을 것이다. 이렇듯 난민들이 생존을 위해 타국의 국경을 넘는 일을 우리는 어떻게 보아야 할까? 이런 일을 정의의 차원에서 판단할 수 있을까? 만약 판단할 수 있다면 그 이유는 무엇이며, 판단해서는 안 된다면 그 이유는 무엇일까?

프랑스 상가트 난민수용소 ― 자국민인가, 난민인가?

때로 난민문제는 이들을 수용하는 국가의 시민권과 충돌을 빚기도 한다. 2012년에 문을 닫은 상가트Sangatte 난민수용소는 이런 문제가 극단적으로 드러났던 사례다. 프랑스 칼레지역에 위치한 상가트 난민수용소는 유럽과 중동에서 자행되고 있는 정치적 폭력과 박해를 피해 탈출한 난민 지위 신청자들을 임시로 수용하기 위해 1999년에 마련됐다. 그런데 이 수용소가 영국과 프랑스를 잇는 해저터널 근처에 위치하고 있었다는 점이 문제의 발단이 되었다. 이민자들의 입장에서는 상대적으로 프랑스보다는 영국에서 경제적 기회를 더 쉽게 찾을 수 있었기 때문에 이 터널을 통해 밀입국하려는 난민들이 몰려들면서 각종 사고가 끊이지 않았다. 이 때문에 상가트 수용소는 양국 간 외교문제로까지 번져나갈 정도였다.

하지만 프랑스는 내부적으로 더 큰 문제를 떠안고 있었다. 부근의 마을 사람들이 수용소 밖으로 난민들이 나돌아 다니는 것을 극도로 싫어했기 때문이다. 이 지역은 관광업으로 생계를 유지하는 사람들이 많았는데, 난민들은 돈을 거의 쓰지 않을 뿐만 아니라 다른 관광객들에게도 방해가 되었다. 마을 사람들에게 난민들은 생계의 원천인 관광객들을 쫓아내는 존재였다. 이런 까닭에 마을 사람들은 이들을 철저히 수용소에 격리해놓길 원했다.

이런 상황은 어떻게 행동하는 것이 옳은 일일까라는 전형적인 정의의 딜레마를 불러일으킨다. 프랑스 정부는 자국민들의 생계를 위해 이들을 철저하게 격리해 수용소에 가두어놓아야 할까? 마을 사람들의 생계를 위해 난민들의 인권을 외면해도 되는 것일까? 혹은 자국민들에게 난민을 위해 희생을 감수하라고 권해야 할까?

이 난민촌에서 발생하고 있는 또 하나의 문제는 앞서 언급했던, 수용소를 탈출해 불법적으로 영국 국경을 건너는 일이었다. 해마다 수천 명 이상이 영국으로 탈출을 시도하자 영국의 한 일간지는 영국 정부기구와 민간인들에게 난민촌에 기부를 하지 말라고 요구했다. 이런 요구는 양심 있는 영국인들의 입장에서 본다면 선택하기 어려운 문제였을 것이다. 인간이 한 정치공동체에 속하지 않는 이상 정의의 혜택을 누릴 수 없기에 자국민을 위한 정의에 손을 들어주어야 하는 것일까? 아니면 인간성의 보호는 정치공동체에 속하는 일보다 훨씬 중요한 보편적인 가치이기에 인권의 손을 들어주어야 하는 것일까?

홉스의 입장에서 볼 때 영국 일간지의 요구는 당연히 정의롭다. 한편 난민들이 국경을 건너는 일 역시 부정의한 일이 아니다. 불의하지 않은 일을 향한 정의의 요구. 이 모순적인 상황 자체가 난민의 처지를 명백히 드러낸다.

불법이주 노동자들에게 정의는 적용되는가?

난민과 비슷하게 정의의 밖에 존재하는 이들이 바로 '불법'이주 노동자들이다. 현재 한국은 일본과 더불어 아시아에서 외부인구 유입이 가장 많은 국가이며, 2015년 기준으로 불법체류 중인 노동자만 21만 명에 이른다.[8] 이런 불법체류자들이 겪고 있는 문제는 열악한 작업환경과 임금을 받지 못하는 등 부당한 대우를 당한다 하더라도 공적 보호를 전혀 받을 수 없다는 데 있다. 이는 불법이라는 말 자체에 내재한 논리 때문이다. 우리가 말하는 공공성이라는 것은 거의 대개의 경우 '합법성'을 전제로 한다. 법을 존중하는 사회일수록 합법적이라는 것은 대개의 경우 그 자체로 정당성을 내재하고 있다. 법을 존중하는 사회에서 불법적이라는 것은 그 자체로 부당하고 배제되어야 하는 것이다. 그러므로 불법적인 것이 공권력 앞에 그 모습을 드러낸다는 것은 사회적으로 배제를 당하게 된다는 의미와 다르지 않다. 모든 불법적인 것은 사회의 공적 권력 앞에 그 모습을 보이지 않아야만 한다. 불법체류 노동자들에게 가해지는 이 '보이지 않아야 한다'는 압박은 이들을 고용하고 있는 일부 고용주들에게는 이들을 낮은 임금과 열악한 환경에서 장시간 노동시킬 수 있는 좋은 구실이 된다. 우리나라의 이주민 센터에 따르면 임금을 지불하지 않는 고용주의 20퍼센트 정도가 상담소의 임금 지불 요청에 끝까지 응하지 않는다고 한다.

그러나 불법이주민이라 할지라도 우리 정부는 고용주들에게 임금을 지불하도록 규정하고 있다. 이런 과정에서 임금을 체불한 고용주들은 왜 불법체류자에게 임금을 꼭 지불해야 하느냐고 항변한다. 이 항변은 '불법이주자들에게 우리 정부가 합법적인 보호를 제공하는 것이 옳은가 아니면 그럴 필요가 없는가'라는 질문의 연장선상에 있다. 그러나 임금의 지불문제는 노동자들의 지위가 합법인가 혹은 불법인가의 문제와는 전혀 관련이 없는 것이다. 임금은 고용주와 노동자가 노동을 주고받은 대가로 지불되는 것이기에 임금지불 자체와 이들의 불법거주는 아무런 관련이 없다. 임금의 원천은 거주의 합법성에 있는 것이 아니라 노동을 주고받는 '교환의 정의'에 근거한다. 물론 이런 교환의 정의가 실현되는 것이 불법체류자들에게 반드시 좋은 것만은 아니다. 불법체류 노동자가 정부에 확인되는 순간, 임금은 지불받을 수 있어도 추방당하는 결과를 낳을 수 있기 때문이다. 불법체류 노동자들이 공적 기관에 부당노동행위에 대해 호소할 수 없는 이유가 여기에 있다.

이런 불법이주 노동자들은 많은 선진국에서 소위 3D 직종, 더럽고dirty, 위험하고dangerous, 어려운difficult 일을 떠맡는다. 하지만 이런 일을 떠맡긴 국가의 사람들은 불법적인 외부인들이 자국민의 일자리를 빼앗아간다고 비난한다. 심지어 이들을 잠재적 범죄자로 취급하며 추방해야 한다고 주장한다. 2016년 미국 대통령 선거에서 공화당의 트럼프 후보가 이런 주장을 바탕으로 강력한 이민정책을 제시했다. 그러나 그의 정책과 주장은 혐오와 증오만을 불러일으켰다.

만약 우리가 이들에게도 보이는 존재가 될 자격이 있다고 여긴다면, 다시 말해 보호받을 자격이 있는 존재라고 여긴다면 마주해야 할 근본적인 질문이 있다. "생존을 위해 국경을 건넌 이 노동자들을 불법이주자라고 부르는 것은 진정 옳은 일일까?" 현재 유엔에서는 '불법이주자illegal migrant'라는 말 대신 '비정규이주자irregular migrant'를 정식 용어로 쓰고 있다. 국경을 넘는 일은 기본적으로 타자를 직접적으로 해하는 일이 아닐 뿐만 아니라 인간의 존재 자체를 '불법'으로 정의하는 것은 인간성 자체를 거부하는 행위이기 때문이다. 그러나 불법을 대체한 비정규라는 표현이 인권을 믿는 사람들에게는 결코 만족스러울 수 없을 것이다. 비정규라는 말이 여전히 정상적인 법적 보호를 받을 수 없음을 뜻하기 때문이다.

사례 4 **국가 없는 사람들과 〈우리 학교〉의 조선인들**

유엔난민기구 보호대상에 보면, '국가 없는 사람들stateless people'이라는 분류항목이 있다. 그야말로 아무런 국적조차 가지지 못한 사람들을 분류해놓은 항목이다. 모든 사람이 국가가 어떤 방식으로든 점령한 영토에 태어나는 현실에서 이런 사람들이 설마 있겠느냐고 생각할 수도 있다. 그러나 유엔난민기구가 규정하고 있는 국가 없는 사람들의 수는 이미 1,000만 명에 이른다. 실상이 그렇다 하더라도 이런 국가 없는 사람들의 문제가 우리와는 아무런 관련이 없다고 생각할지도 모른다. 그러나 국가 없는 사람들은 우리 식민지 유산의 일부로 지금도 현존하는 문제다. 식민지시대 강제노역으로 일본 본토로 끌려간 뒤 해방 이후 일본을 떠나지 못한 채 남은 많은 조선인이 있기 때문이다.

이들을 재일동포라고 표현하지 않고 조선인이라고 표현한 데는 이유가 있다. 해방 이전 강제노역으로 끌려간 사람들은 일본 패망 이전 대부분 일본 국적을 지니고 있었다. 그러나 해방 이후 일본 정부가 이들에 대한 보호의 의무에서 벗어나기 위해 국적을 박탈하자 일본에 남은 사람들은 외국인으로 등록을 해야만 했다. 그러기 위해서는 당연히 국적을 선택해야만 했다. 그러나 해방 이후 한반도는 미국과 소련의 강제점령으로 남과 북의 경계가 갈려버린 상태였다. 경계의 분단을 따라 이념적으로도 극심하게 분열해 사실상 두 개의 나라가 존재하고 있었다. 이 당시 일본에 남은 대다수의 사람은 남과 북 어느 쪽도 선택하지 않고, 1910년 한일강제병합으로 지구상에서 사라져버린 '조선'을 국적으로 선택했다. 일본 정부로서는 이들의 선택이 무엇이든 상관없었다. 자국인과 외국인을 구분해 보호의 의무에서 벗어나는 것이 목적이었기 때문이다. 결국 재일동포 중 상당수의 사람이 사라져버린 국가의 사람들, '국가 없는 사람들'이 되어버렸다.

하지만 해방 이후 오랫동안 이런 조선인들의 존재는 부각되지 못했다. 이들이 관심을 받게 된 계기는 〈우리 학교〉라는 조선인 학교를 다룬 다큐멘터리 영화가 상영되면서였다. 이 영화는 재일조선인들이 존재하지 않는 조국으로 돌아가는 그날, 자신의 자녀들이 말과 글을 잃지 않도록 하기 위해 세운 학교에 대한 이야기다. 그러나 많은 사람이 이런 사실을 전혀 모르고 있었는데, 이런 무관심은 분단 이후 우리가 겪었던 극심한 빈곤과 한일협정의 영향이 컸다. 사실 1970년대 초반까지 북한의 경제력은 남한의 경제력을 앞서 있었다. 이런 경제력을 바탕으로 북한이 재일동포 사회의 우리 학교들을 남한보다 먼저 지원하기 시작했고, 상대적으로 빈곤했던 남한 정부는 이들에게 관심을 둘 수가 없었다. 문제는 북쪽의 지원을 받기 시작하면서 조선인 학교들이 이들의 영향권 아래 들어간 것이었다. 극심한 이념대립으로 치닫고 있던 상황에서 남한 정부에 이들의 존재는 눈엣가시일 수밖에 없었다. 이즈음 일본한테 돈을 얻어내기 위해 한일협정을 맺었던 남한 정부는 이런 재일조선인들의 법적 지위 강화에 전혀 관심을 두지 않았다. 이후 이 조선인들은 일본 사회에서 끊임없이 정치적·사회적 차별을 받으며 살아오고 있을 뿐만 아니라 조총련과 민단으로 분리되어 내부적으로도 서로에게 상처를 주고받고 있다.

지금은 과거와 달리 많은 재일조선인이 내부적 분열과 외부적 차별에서 벗어나 평범한 삶을 살기 위해 매년 일본으로 귀화를 하거나 한국 국적을 선택하고 있다. 그럼에도 2013년 외교통상부 통계에 따르면 아직도 4만여 명의 우리 동포들이 여전히 남과 북 그 어떤 국적도 선택하지 않은 채 사라진 국가인 조선의 시민으로 남아 있다. 이런 상황에서 벗어나고자 한국 국적을 선택한 재일동포들이 맞닥뜨린 현실은 일본이 아닌 우리 정부가 가하는 차별이다. 예를 들어 우리 정부는 이들을 해외외국인 거주자로 취급하며 우리나라 주민등록증과는 구별되는 신분증을 발급하고 있다. 주민등록증에 해외주소를 명기하고 '해외거주자'라고 표기하는 간단한 방법으로 이들을 구분할 수 있는데도 동일한 신분증조차 내주지 않고 있는 것이다. 한나 아렌트는 실제 역사를 들여다보면 시민의 권리 없이 인간의 권리가 제대로 보호된 적이 없었음을 지적하며 '권리를 가질 권리', 바로 '정치공동체에 속할 권리'를 주장했다. 그러나 재일동포의 경우 한국이라는 정치공동체를 선택해도 여전히 차별받는 존재로서의 삶을 살아가고 있다. 이들에게 대한민국은 '국가가 있으되 사실상 없는 국가'인 것이다.

현재 상당수의 재일동포들, 특히 재일조선인들은 남과 북, 일본이라는 세 개의 경계 사이에서 그 어떤 국가로부터도 제대로 된 보호를 받지 못한 채 경계의 줄타기 같은 삶을 살아가고 있다. 한국 국적을 지니고 북한의 축구 대표선수로 뛰며 2010년 남아공 월드

컵에서 뜨거운 눈물을 흘렸던 정대세 선수나 청소년 대표 시절 한 국 선수들로부터 '쪽발이'라는 모멸에 찬 말을 듣고 일본 대표선수 의 길을 택한 이충성 선수의 사례는 그 경계의 삶을 여실히 보여주 었다. 그러나 이 선수들은 그 경계선에서 성공한 사례라는 점에서 차라리 덜 아프게 바라볼 수도 있다. 자신들의 할아버지·할머니 세 대가 일본에 당한 차별을 듣고 자라나서 일본으로는 결코 귀화할 수 없었거나 귀화하지 않는 쪽을 택한 평범한 재일동포들. 분단된 조국 앞에 이념의 선택을 강요당하는 사이, 그 어느 쪽도 선택하지 않고 여전히 남아 있는 평범한 조선인들. 이런저런 이유로 하나의 국적을 선택했지만 조국이 권리부여를 거부한 우리 국적의 재일동 포들. 이들이 살아가는 남, 북, 일본이라는 경계 사이에 우리가 적 용할 수 있는 정의는 과연 존재하는 것일까? 만약 존재할 수 있다 면 그 정의는 어떤 모습일까?

위안부 할머니들, 경계의 '안' 그리고 정의의 '밖'에서

이 장의 서두에서 제기한 위안부 할머니들의 사례는 난민이나 비정규이 주 노동자, 재일조선인들과 같이 '정의'가 미치지 못하는 경계 밖의 삶, '시민권'이 보호해주지 못하는 삶을 살아가는 이들의 이야기가 아니다. 오히려 이 할머니들의 문제는 그 '시민권'을 집행하는 정부가 자국민의 보호에 관심이 없을 때 생겨나는 인권의 부재 사례라고 할 수 있다.

역사적으로 일본 정부는 '위안부'와 관련된 모든 법적 문제가 한일협정을 통해 해결되었다고 주장해왔다. 그러나 한일협정 당시에는 '위안부'는 그 존재 자체가 드러나지 않았던 문제였다. '위안부' 할머니들의 문제를 정확히 인지한 시기가 1989년이었기 때문이다. 만약 일본 정부의 주장이 옳다면, 일본 정부는 실체가 드러나지 않은 사안에 대해 이미 보상을 한 셈이다. 그리고 서두에서 이미 언급했듯이 2015년 한국 정부와 일본 정부는 또 한 번 상호 간 어이없는 조약을 맺는다. 피해자의 동의를 전혀 구하지 않고 '최종 협상타결'을 맺었을 뿐만 아니라 다시는 이 문제를 외교적으로 다루지 않겠다는 '불가역'이라는 조건까지 달았던 것이다. 이런 불가역의 조건은 전쟁 피해국가의 입장에서 보자면 세계사에서 찾아보기 힘든 사례였다.

이런 일본 정부와 우리 정부의 협상은 그 자체로 정당성에 의문을 제기할 수 있다. 무엇보다 법적인 차원에서 보자면 전쟁에서 여성에 대한 모든 범죄는 인권을 위반한 범죄다. 그런데 많은 사람이 위안부 할머니들에 대한 사과요구를 국가 대 국가의 사과요구로 받아들인다. 일본의 사과를 받아들이는 게 대한민국 전체인 양 생각한다. 하지만 이런 생각은 인간에 대한 범죄(인권 위반)를 국가 간 범죄와 혼동한 주장이다. 법적인 차원에서 보자면 할머니들의 사과 요구와 대한민국이라는 정체성 사이에는 별다른 관련이 없다. 국가주의가 강력한 우리 사회에서 실제 위안부 할머니들조차 때로 이 사실을 정확히 인식하지 못하는 경우가 있지만, 이런 할머니들의 개념적 혼동이 정의의 관계 자체의 객관성을 흔들지는 못한다. '위안부 강제노역'이 인권 범죄인 한 사건의 주체는 피해자인 할머니와 가해를 한 일본 정부다. 많은 사람이 우리 정부 역시 피해자로 간주하는 경향이 있는데, 할머니들과 우리 정부는 엄연히 다른 당사자들이라는 점을 기억해야 한다. 우리 정부는 피해자들이 자국민이기 때문에 자국민의 보호 차원에서 이들이 권리를 찾을 수 있도록 지원하는 의무를 지는 주체다. 그렇기에 피해 당사자의 정부는 피해자의 위임 없이 협상의 주체가 될 수 없다. 만약 정부가 피해자들에게 의견을 묻지 않고 협상해버리는 것을 정당화한다면, 이것은 인권 위반을 시민권의 문제로 환원해 해결하는 것이나 다름없다.

그렇기에 우리 정부를 향해 다음과 같이 물을 수 있다. "피해 당사자가 배제된 채, 피해 당사자의 의사를 묻지 않은 이들이 대리자로 나서서 이들을 대신해 협정을 맺는 일을 정의롭다 볼 수 있는가?" 일본 정부 역시 다음과 같은 질문에 답해야만 한다. "피해 당사자들로부터 아무런 위임도 받지 않은 이들과 일종의 계약을 맺고 그 계약이 정당하다고 주장할 수 있는가?"

위안부 문제 등 일본과의 관계 청산을 두고 우리 사회에서 일부 지도자들은 미래를 위해 이제 그만 과거를 잊고 용서하자고 주장한다. 일본과의 화해를 주장하는 일부 세력은 역사 청산이라는 어려운 과정을 생략하고 미래를 위해 과거를 잊자고 말한다. 용서라는 실질적 과정 없이, 과거의 진실을 규명함 없이 미래에 우리가 얻을 경제적·정치적 이익을 위해 화해하자는 것이다. 그래서 위안부 할머니들을 향해서도 이제 그만하라고 말한다. 이런 이유로 1965년의 굴욕적인 한일기본조약도, 2015년의 위안부 협상 최종타결도 잘한 일이라고 주장한다. 그리고 이런 논리를 국가의 이익이라는 허울 아래 지지한다. 그러나 홉스는 단호히 말한다. "자국민을 보호하지 못하는 주권자는 존재의 자격이 없다." 홉스의 논리를 따르면 개인에게 정의를 실현시켜줄 존재는 단 하나, '힘' 있는 자국 정부뿐이다. 우리 위안부 사례가 난민의 사례나 비정규이주 노동자들의 사례보다 더 불행한 이유는, 홉스가 규정하는 '정의의 밖'이 아닌 '정의의 안'에 머무르는 존재로서 자국의 적절한 관심과 보호를 받지 못하고 있기 때문이다.

시민권의 밖, 정의의 공간을 어떻게 열 것인가

홉스는 말한다. 실현시켜줄 강력한 '힘'을 갖춘 정치권위 없이 정의는 존재할 수 없다고. 그렇기에 자신을 보호해줄 정치권위를 지니지 못한 사람들은 언제나 정의의 '밖'에 머무르게 된다고. 우리는 이런 정치권위가 보장하는 권리를 두고 '시민권'이라 부른다. 홉스에 따르면 "인간은 시민으로 존재할 때 인간답게 살 수 있다." 현실적으로 시민권 없이 인권을 보장하는 것은 매우 어려운 일이다. 그러나 우리가 홉스의 주장을 받아들일 때, 지구상에는 1억 명에 가까운 사람들이 권리의 밖, 그리고 정의의 밖에 존재하게 된다. 2016년을 기준으로 3,400만을 웃도는 난민 및 국가 없는 사람들을 비롯해 지금 현재 6,530만 명에 이르는 국내 실향민들internally displaced peoples; IDPs이 존재하기 때문이다.[9] 이들은 정치적 박해 때문에 고향을 잃어버렸을 뿐만 아니라 그 박해를 피해 국경조차 건너지 못했다는 점에서 난민보다 더 심한 인간성의 위기를 맞고 있는 존재들이다. 우리가 이들을 우선적으로 보호할 의무가 있는 국내 정부에 모든 책임을 물을 때, 이들은 자신을 박해하는 사람들의 보호를 받아야 하는 어처구니없는 상황에 빠지고 만다. 어처구니는 맷돌 손잡이를 말한다. 손잡이 없는 맷돌을 생각해보라. 어디에 쓸 수 있겠는가? 그렇기에 우리는 시민권의 밖에 정의의 공간을 열어둘 필요가 있으며, 그 정의의 공간을 인권이라는 이름으로 확보할 수 있어야 한다. 다음의 9장에서 살펴볼 칸트는 이런 공간을 '인간성에 대한 존중'이라는 보편원칙으로 열고 있다.

그러나 홉스가 자연상태에서는 그 어떤 정의도 없다고 했을 때, 그 말은 시민권의 밖에 있는 이들을 두고 아무것도 해줄 수 없는 존재이기에 그냥 내버려두라는 뜻은 아니었다. 오히려 홉스의 논점은 어떤 이들이 정의의 밖에 존재하고 있다면, 그들이 자신의 생명을 보호하기 위해 어떤 짓을 하더라도 정의의 잣대로는 판단할 수 없다는 것이다. 실제 투박하고 불친절한 홉스조차 정의의 밖에서 고통받고 있는 타인에게 깊은 연민을 느끼고 있었던 듯 보인다. 홉스는 무미건조하지만 차분한 목소리로 우리 스스로를 돌아보게 만든다.

연민pity은 타인이 겪는 재난을 두고 느끼는 슬픔을 말한다. 이런 감정은 같은 재난이 자신에게도 일어날 수 있다는 상상에서 나온다. 따라서 이런 감정은 동정compassion이라고 부를 수 있고, 오늘날 쓰이는 표현으로는 동료감fellow-feeling이라고 할 수도 있다. 하지만 최상의 상황을 누리고 있는 사람들은 거대한 악에서 비롯되는 재난에 최소한의 연민밖에 느끼지 못하는데, 자신은 그런 재난을 겪지 않을 것이라고 생각하기 때문이다. 타인이 겪는 재난을 못 본 척하거나 느끼지 못하는 감정을 일반적으로 잔혹함cruelty이라 부르는데, 이런 감정은 자신의 운명이 안전하다고

느끼기 때문에 생겨난다.[10]

시민권은 사람들에게 안전한 삶의 보호망을 제공한다. 오늘날의 시민권은 시민적 자유와 정치참여, 나아가 복지에 대한 권리까지 보장한다는 점에서 한 개인이 누릴 수 있는 최상의 안전망이라 할 수 있다. 그리고 우리는 이런 권리를 '정의'라는 이름 아래 누리고 있다. 이런 정의를 누리는 사람들은 홉스의 표현에 따르자면 "최상의 상황을 누리고 있는 사람들"이다. 홉스는 이런 정의를 누리는 사람들이 타인이 겪는 재난에 대해 무심한 감정을 '잔혹함'이라 부른다. 그 잔혹함이 다름 아닌 정의의 혜택을 입는 자들이 '나는 안전하다'고 느끼는 데서 나온다는 홉스의 담담한 말 한마디가 가슴을 치는 것은 필자만이 아닐 것이다.

9장

칸트

인간성이 존재하는 모든 곳에 정의는 있다

만약 정의가 사라진다면, 인간이 더는 이 지상에서 살아갈 가치는 없을 것이다.

이마누엘 칸트, 『법이론』에서

파리 테러와 인천공항에 발 묶인 시리아 난민

2015년 11월 13일 저녁, 파리의 스타드 드 프랑스Stade de France 경기장은 프랑스와 독일 간 국가대표 친선 축구경기로 후끈 달아올라 있었다. 8만 명 이상을 수용할 수 있는 이 경기장에는 프랑수아 올랑드 대통령도 있었다. 150년 역사를 자랑하는 바탕클랑Bataclan 극장에서는 1,300여 명이 모여서 '이글스 오브 데스 메탈'의 콘서트를 즐기고 있었다. 밤 9시 20분, 한 창 열기로 가득 달아오른 파리의 거리 곳곳에서 폭발음과 총소리가 들려오기 시작했다. 10분이 지난 스타드 드 프랑스 경기장 밖에서도 폭발음이 들려왔다. 20분이 더 지난 뒤 바탕클랑 극장에는 테러범들이 난입하여 AK-47 소총을 난사했다. 그리고 이내 무고한 시민들 60여 명을 방패로 삼아 인질극을 벌였다. 두 시간이 지난 자정에 올랑드 대통령이 국가비상사태를 선포했다. 15분 뒤 바탕클랑 극장에서 테러범들이 인질들을 살해하기 시작했다. 긴박하게 이어진 모든 혼란이 정리된 것은 14일 오전 1시나 되어서였다. 그사이 131명의 무고한 시민들이 목숨을 잃었다. '이슬람국가IS'를 지지하는 테러범들이 파리에서 벌인 이 극악무도한 사건은 전 세계로 신속하게 전파되었다. 프랑스뿐만 아니라 전 세계의 사람들이 공포와 슬픔에 휩싸여 파리와 함께 눈물을 흘렸다.

이 사건으로 말미암아 프랑스 정부는 셍겐 협정Schengen agreement을 일시 중지시켰다. 셍겐 협정은 유럽연합EU 회원국의 시민들에게 자유로운 국경 출입을 허용하는 유럽 통합의 핵심적 약정이다. 프랑스는 다른 국가에도 셍겐 조약에 가입한 국가나 지역을 통해 출입하는 사람들의 신원확인을 강화해달라고 요구했다. 유럽 통합의 실질성뿐만 아니라 그 상징성 때문에 셍겐 조약은 2014년 이후 이어진 대규모 난민 유입사태에도 흔들리지 않고 있었다. 이 조약이 이처럼 위협에 처하게 된 결정적 이유는 테러범들이 난민으로 가장해 파리에 숨어들었다는 사실 때문이었다.

이 소식이 전해지자 당장 제일 난감한 입장에 처하게 된 이들은 난민이었다. 세계 곳곳에서 난민신청자들의 발이 묶이기 시작했다. 인천공항에서도 65명의 시리아 난민신청자들의 발이 묶였다. 파리 사태의 여파로 '인도적 체류허가'조차 받지 못하게 된 것이다. 국가정보원이 국회의 국가정보위원회에 보고하며 이 사실이 알려지자 난민 수용 여부를 놓고 찬반 논쟁이 벌어졌다.

테러 위협을 걱정하는 사람들은 커다란 위험을 감수하면서까지 왜 우리가 난민을 보호할 책임을 지느냐고 묻는다. 이런 난민 수용이 오히려 자국 시민들을 잠재적 위협에 처하게 만드는 것이 아니냐고 되묻는다. 그렇다. 우리는 당연히 질문할 수 있다. "왜 우리가 자국민이 아닌 사람들의 인권까지 보호하는 의무를 져야만 할까?" 이 질문에 가장 적절히 답변을 줄 수 있는 이가 이마누엘 칸트Immanuel Kant(1724~1804)라는 사실에 대해서는 별다른 반론이 없을 것이다. 칸트야말로 당대 인권론의 철학적 기반을 제공하고 있기 때문이다. 이런 질문에 대한 답을 찾고자 한다면 칸트의 '도덕철학'부터 살펴보아야 한다.

경험이 아닌 이성을 활용하라

칸트의 도덕철학은 '도덕형이상학'이라 불린다. 도대체 도덕형이상학이라는 것이 무엇일까? 칸트는 자신의 도덕이론을 자유의 법칙에 관한 학문이라고 정의하며 다음과 같이 말한다.

경험이라는 근거에 기반을 두고 있는 모든 철학은 경험적인 철학이라 부를 수 있는 반면, 오직 선험적a priori(경험을 배제하고 오롯이 이성만을 활용한다는 의미) 원칙들로만 가르침을 제시하는 모든 철학을 순수철학이라 부를 수 있다. 그 순수철학이 단지 형식적이기만 하면 논리학이라고 하고, 지성의 특정한 대상에 한정된다면 형이상학이라고 할 수 있다. 이렇게 해서 자연형이상학과 도덕형이상학이라는 두 가지 개념이 생겨난다. 자연학은 경험적인 부분도 갖지만 이성적인 부분 또한 갖는다. 윤리학도 마찬가지인데 윤리학에서는 경험적인 부분을 실천적 인간학이라 하고, 이성적인 부분을 도덕이라 부른다.[1]

결국 도덕형이상학은 경험의 세계를 배제한 채 오로지 이성만을 행위의 근거로 삼는 학문이다. 칸트는 도덕법칙이 인간에게 구속력을 지니려면 확신할 수 있는 절대적 필연성이 있어야 한다고 보았다. 핵심은 이 절대적 필연성을 경험에서 찾을 수는 없다는 점이다.

그렇다면 왜 경험에서는 절대적 필연성을 찾을 수 없는 것일까? 간단히 말하자면 경험은 인간 개개인이 지니고 있는 상대적인 욕구로 말미암아 어쩔 수 없이 사적인 욕망이 반영될 수밖에 없기 때문이다. 각자가 느끼는 정도가 다른 감각은 그 자체로 상대적이기 때문에 보편적이어야 하는 도덕적 행위의 절대적인 나침반이 될 수 없다. 그러므로 도덕법칙이 보편적이기 위해서는 경험을 배제하고 오로지 이성만을 활용해서 찾아내야만 한다. 결국 도덕형이상학은 이성의 한계를 설정하고, 그 한계 내에서 철저하게 이성만으로 인간의 삶에 필요한 도덕법칙을 찾는 철학적 방법론이다.

어떻게 보편적인 도덕법칙을 찾을 수 있을까? — 정언명법

그렇기에 첫 번째 질문은 다음과 같다. 인간의 행위와 관련해 이성으로 알 수 있는 한계는 어디일까? 칸트는 『영구평화론Perpetual Peace』(1795)에서 인간의 이성은 미래에 무슨 일이 일어날 것인지를 예측할 만큼 계몽되어 있지 않으며 단지 '내가 무엇을 해야 하는가' 정도를 알 수 있을 만큼만 계몽되어 있다고 말한다. 그렇기에 우리가 확고히 알 수 있는 지식은 '지금 내가 무엇을 해야 하는가'라는 동기뿐이다. 다행히도 그 일을 수행하는 데 필요한 법칙을 찾을 수 있는 정도의 이성적 능력도 갖추고 있다. 그러므로 우리 행위의 기준은 행위가 유발할 수 있는 결과보다는 현재 우리가 가장 확실하게 알고 있는 지식인 '동기'가 되어야 한다.

그렇다면 이 확정된 지식을 근거로 어떻게 보편적 도덕법칙을 찾을 수 있을까? 쉽게 말해 경험을 배제하고 오로지 이성만을 활용할 수 있는 방식이 있기는 한 걸까? 칸트 역시 사람들이 이 문제로 골머리를 앓을 것이라는 점을 간파하고 있었다. 그래서 자기 스스로 도덕법칙을 찾을 수 있는 틀을 제공한다. 이 형식틀이 그 유명한 '정언명법categorical imperative'이다. 여기서 우리가 꼭 기억해야 할 핵심적 내용이 있다. '자기 스스로 도덕법칙을 찾는다'는 표현에서도 유추할 수 있듯이 칸트에게 도덕법칙을 형성하는 주체는 언제나 개인이다. 그 이유는 도덕법칙이 경험이 아닌 이성에서 나오기 때문이다. 우리는 일반적으로 도덕을 사회로부터 배운다고 생각한다. 하지만 그것은 경험을 중시하는 인간에게만 해당될 뿐이다. 이성적 인간은 상대성이 끼어들 여지가 넘치는 경험을 배제한다. 보편적인 것은 오히려 우리 개인의 이성 안에 있다. 그러므로 도덕은 어떤 외부의 권위가 부여한 법칙을 습득하는 데서 시작하는 게 아니라 개인이 자신의 이성을 활용해 도덕준칙moral maxim을 스스로 만드는 데서 시작한다. 이른바 자기입법self-legislation의 원리로 이처럼 개인들은 자기 행동의 원리를 스스로 형성할 수 있다는 점에서 도덕적으로 자율적인 존재다.

하지만 개인이 스스로 정한 도덕준칙이 반드시 옳다는 보장은 없다. 인간 개인의 이성이 신의 이성이 아닌 이상, 그 자체로 완벽할 수는 없기 때문이다. 인간 개인이 발견한 주관적 도덕준칙이 하나의 보편적인 도덕법칙moral law이 되기 위해서는 모든 타자에게도 받아들여질 수 있는 행위 원리로 인정되어야만 한다. 이런 보편성을 확인할 수 있도록 만들어진 장치가 바로 '정언명법'이다. 그렇기에 '정언명법'의 절대적 기준은 "너의 행위가 다른 사람에게도 보편적으로 받아들여질 수 있도록 하라"는 것이다.

이렇듯 한 개인의 주관적 도덕준칙을 넘어 객관적이고 보편적인 도덕법칙이 되는 과정을 '정언명법 절차'라고 부르는데, 이 과정을 살펴보면 어떻게 주관적 준칙이 객관적인 도덕법칙으로 전환되는지 쉽게 이해할 수 있다.[2]

첫째, 한 개인은 다음과 같이 도덕준칙을 주관적으로 설정한다.

내가 C의 상황에서는 E라는 목적을 이루기 위해 U라는 예외적인 상황이 없다면 A라는 행위를 하는 것이 당연하다.

(C=상황circumstances, E=목적ends, U=예외unless, A=행위action)

둘째, 개인이 자신의 주관적 법칙을 객관화한다.

모든 이가 C의 상황에서는 E라는 목적을 이루기 위해 U라는 예외적인 상황이 없다면 당연히 A라는 행위를 할 것이다.

셋째, 이제 이렇게 객관화된 보편적 인식을 자연법a law of nature으로 전환한다.

모든 이가 항상always C의 상황에서는 E라는 목적을 이루기 위해 마치 자연법을 따르듯 당연히 A라는 행위를 할 것이다.

넷째, 자연법의 일부가 된 도덕준칙이 시간이 지나며 모든 사람이 수용하는 보편적 도덕법칙이 된다.

이런 정언명법을 통해 도덕을 만드는 형식이 어렵게 느껴진다면, 좀 더 단순하게 '역지사지의 태도'를 떠올려보자. '내가 받아들일 수 없는 일은 타자도 받아들일 수 없다.' 그러므로 내가 세우는 준칙의 근거는 언제나 '타자가 받아들일 수 있어야 한다'는 것이다. 내가 세운 준칙을 주변 사람들이 받아들이고, 도시의 사람들이 받아들이고, 국가의 사람들이 받아들이고, 이웃 국가의 사람들이 받아들이고, 인류가 받아들일 때 이 준칙은 보편적인 도덕법칙이 된다. 이런 정언명법의 형식은 올바른 도덕준칙을 세우지 않고는 올바른 도덕적 행위를 할 수 없다는 의미를 담고 있다. 겉으로 볼 때 아무리 선하게 보이는 도덕적 행위라 할지라도 그 행위가 보편적 법칙에 상응하지 않는 것이라면 도덕적이지 않다는 것이다.

왜 '조건 없이' 의무적으로 도덕법칙을 따라야 할까?

칸트의 정언명법이 '정언'이 되는 이유는 이렇게 찾아낸 도덕법칙을 어떤 조건도 붙이지 않고 의무적으로 실천에 옮겨야만 하기 때문이다. 만약 어떤 조건이라도 붙는다면 '가언명령hypothetical imperative'이 된다. 칸트는 이런 의무를 복종으로 표현하는데, 예외가 없다는 뜻이다. 여기서 드는 의문은 명백하다. "왜 조건 없이 도덕법칙에 복종하고 의무적으로 실천해야만 할까?" 칸트는 그 이유를 여러 가지로 설명하고 있지만, 우리가 가장 쉽게 이해할 수 있는 이유로는 인간이 차지하고 있는 특이한 존재론적 위치를 들 수 있다. 칸트에 따르면 인간은 이성으로 알 수 있는 지성적 세계와 감각으로 확인할 수 있는 감각적 세계에 동시에 양발을 딛고 서 있는 유일한 존재다. 신은 지성적 세계에만 관계하기 때문에 '어떤 일을 하려 한다'는 의지만으로도 모든 이성적 법칙과 일치되어 움직인다. 반면 인간은 욕망으로 가득 찬 감각적 세계에도 동시에 연결되어 있기 때문에 때로는 지성적 세계가 알려주는 법칙에 순응하기를 거부한다.

예를 들어 신은 완전히 지성적인 세계에 속해 있는 존재이므로 모든 인간을 사랑하려는 의지를 갖는다면 의심의 여지없이 이를 실천할 수 있다. 반면 사람은 모든 인간을 사랑하겠다는 의지를 갖더라도 수많은 난관이 따른다. 어쩌면 모든 인간을 진실로 사랑하는 일은 머릿속으로나 가능한 일일지도 모른다. 사실 '머릿속으로나 가능하다'는 이런 푸념 속에는 칸트가 말하는 핵심이 숨어 있다. 이런 사랑이 이성적으로만 가능하다는 의미이기 때문이다. 인간은 경험적이며 감각적인 세계에 존재하기 때문에 의지만으로는 자신의 생각을 실천할 수 없다. 그렇기에 경험적이며 감각적인 세계에서 실천되는 도덕적 행위는 복종의 형식을 취하는 '조건 없는' 의무적 행위여야 한다.[3]

이렇듯 도덕법칙에 대한 복종이 권유도 미덕도 아닌 의무인 까닭은

〈칸트와 친구들의 저녁식사〉, 1892~1893년, 에밀 두어스트링 그림

도덕법칙이 실천을 위해 존재한다는 간명한 사실 때문이다. 실천되지 않는 도덕법칙은 의미가 없다. 이런 점에서 칸트가 가장 경계했던 것이 행복을 도덕적 행위의 근거로 삼는 일이었다.[4] 만약 기쁨이나 행복 때문에 올바른 일을 한다면, 그것이 존재하지 않는 상황에서는 올바른 일을 행하지 않을 수도 있기 때문이다. 더불어 행복을 도덕적 행위의 기반으로 신뢰할 수 없는 결정적 이유는 그 기준이 극히 자의적이기 때문이다. 만약 우리가 행복을 도덕적 행위의 기준으로 삼는다면, 행복의 수만큼 도덕적 기준이 만들어질 수도 있다.

거짓말하지 않기와 침묵하기

이성의 명령을 조건 없이 의무적으로 따라야 한다는 칸트의 도덕관과 관련해 가장 흔히 제시되는 예가 바로 '거짓말하지 않기'다.[5] 실제 칸트는 어떤 상황에서도 거짓말을 하지 말아야 한다고 강조한다. 심지어 선한 거짓말white lie조차 도덕적으로는 옳지 않다고 주장한다. 하지만 선한 거짓말이라는 말 자체가 동기 차원에서 보자면 좋은 의도에서 출발했다는 의미다. 왜 이런 거짓말조차 허용되지 않는 것일까?

예를 들어 여러분이 일제 치하에 살고 있는 사람이라고 가정해보자. 어느 날 일본 순사들에게 쫓기고 있는 독립운동가가 여러분의 집에 숨어들었다. 독립운동가가 쫓기고 있으니 숨겨달라고 간절히 호소한다. 여러분 역시 조국의 독립을 원하는 사람으로서 이 독립운동가를 보호하고 싶어 그를 숨겨주었다. 곧이어 순사들이 달려와서 여러분에게 독립운동가가 이 집에 숨어들지 않았느냐고 묻는다. 여러분은 이 독립운동가를 숨겨주기 위해 다른 길로 빠져나갔다고 거짓말을 했다. 여러분의 거짓말 덕분에 독립운동가는 목숨을 보전하고 무사히 위험에서 벗어날 수 있었다.

여러분의 이런 행위를 두고 칸트는 어떤 평가를 내릴까? 물론 조금의 망설임도 없이 잘못된 행위라고 단언할 것이다. 여러분의 그 선한 동기가 미래에 일어날 확실하지 않은 상황, 거짓말을 했을 때 체포되지 않을 것이라는 미래에 대한 예측에 기반을 두고 있기 때문이다. 칸트는 여러분에게 이렇게 물을 것이다. '독립운동가가 여러분에게 말을 하지 않고 뒷길로 집을 빠져나갔다가 순사들에게 체포되는 상황이 벌어졌다면 어쩔 것인가?' 이 경우 여러분의 선한 거짓말은 여러분의 의도와는 달리 최악의 결과를 낳는 셈이 될 것이다.

이를 두고 여러분은 이 거짓말이 '타자의 생명을 보호해야 한다'는 도덕적 의무에서 비롯된 것이라고 반박할 수도 있다. 이 말은 상당히 강력한 주장이다. 그러나 결국 여러분의 행위는 올바른 목적을 위해 올바르지 않은 수단을 이용한다는 점에서, 올바른 목적을 위해 올바른 수단만을 활용해야 한다는 또 하나의 도덕적 의무를 위반한 셈이다.

그렇다면 칸트의 '거짓말하지 않기 딜레마'를 풀 길은 없는 것일까? 우리는 흔히 이런 '거짓말하지 않을 의무'를 '진실해야 할 의무duty to be truthful'와 연결시킨다. 그러나 '진실해야 할 의무'가 '마냥 솔직해야 할 의무duty to be candid'를 뜻하지는 않는다.[6] 이와 관련해 칸트의 수업을 들었던 헤르더가 적어놓은 노트를 토대로 만들어진 『윤리학 강의Lecture on Ethics』(1784~1785)에는 흥미로운 대목이 나온다. 칸트가 강의에서 거짓말하지 않기 위한 수단으로 침묵할 수 있어야 함을 이야기하며 침묵할 수 없는 강요된 상황을 비판적으로 그렸다는 것이다. 이 강의를 통해 칸트는 만약 침묵조차 할

수 없는 상황이라면 거짓말을 할 수밖에 없게 될 것이라는 점을 인정하고 있는 듯하다.[7]

이런 거짓말하지 않기라는 도덕적 권리가 구현된 좋은 제도적 예가 바로 '묵비권'이다. 묵비권은 범죄자들이 자신에게 불리한 증언을 하지 않을 권리다. 대부분의 민주사회가 묵비권을 인권을 보호하는 법적 대처로 인정하고 있고, 우리 헌법도 제12조 2항에 "형사상 자기에게 불리한 진술을 강요당하지 아니한다"고 규정하고 있다. 미국의 경우, 미란다 원칙Miranda Rights이라고 하여 경찰이 범죄자를 체포했을 때 반드시 알려주어야 할 권리들이 있는데, 이 원칙 안에도 묵비권이 포함되어 있다. 묵비권은 진실해야 할 의무가 마냥 솔직해야 할 의무로 이어지는 것은 아니라는 점을 명료하게 보여주는 제도적 장치다.

실천적 입장에서 볼 때 '진실해야 할 의무'는 거짓말을 하거나 남을 속이는 짓을 해서는 안 된다는 도덕적 의무를 명확하게 부여한다. 그러나 이것이 아는 것과 생각하는 모든 것을 솔직하게 다 말해야 할 의무로 곧장 이어지는 것은 아니다. 어떤 이들은 진실을 알고도 말하지 않는 행위를 두고 진실을 숨기는 행위라고 비난할 수도 있다. 하지만 이런 행위가 남을 속이는 행위라고 확정적으로 말할 수도 없다. 예를 들어 독립운동가를 숨겨준 여러분이 거짓말을 하지 않아야 할 의무와 독립운동가의 목숨을 보호해야 한다는 목적 사이에서 갈등하다가 차라리 말을 하지 않는 길을 선택했다면, 칸트 역시 여러분의 행위를 두고 비난하지는 않을 것이다.

그러나 여전히 딜레마는 남는다. 우리가 진실을 알고도 침묵해야 하는 상황이 반드시 선한 거짓말을 위한 상황만은 아니기 때문이다. 예를 들어 여러분이 잔혹한 범죄를 목격했다고 하자. 여러분이 이 사건의 유일한 목격자이지만, 증언을 할 경우 범죄자들의 보복이 있을 수도 있다. 경찰이 증인보호 프로그램을 제공하겠다고 하지만, 이 프로그램에 참여할 경우 여러분의 신분을 바꾸고 가족과 친구들과의 관계도 포기해야만 한다. 무엇보다 증인보호 프로그램이 범죄자의 보복에서 안전하다는 보장도 없다. 이 상황에서 진실을 알고 있지만 증언하는 대신 침묵을 선택했다고 하자. 이런 침묵은 사실상 거짓이나 다름없다. 칸트는 분명 이런 선택을 두고 이성의 명령이 아니라 욕망의 명령에 복종한 것이라고 잘라 말할 것이다. 그러나 이런 침묵을 명백한 거짓이라고도 할 수는 없다. 침묵과 거짓이 동일한 것은 아니기 때문이다. 이런 상황에서 침묵하는 것은 단지 용기가 없기 때문일까? 자신의 목숨을 지키기 위한 침묵을 두고 단순히 용기가 부족하다는 비난은 적절한 것일까? 만약 우리가 이런 비난이 적절하지 않다고 생각한다면, 이런 상황에서 우리가 지켜온 일상을 모두 희생하면서까지 용기를 다해 사실을 증언해야 하는 이유는 무엇일까? 칸트는 '인간성에 대한 존중' 때문이라고 답한다.

왜 인간은 스스로를 존중해야 하는가?

앞서 우리는 인간이 도덕법칙에 조건 없이 복종하는 이유가 지성의 세계와 감각의 세계에 동시에 관여하고 있는 인간의 존재론적 한계 때문이라고 했다. 그러나 이런 복종의 이유는 인간을 욕망의 존재로만 바라보는 부정적 관점에 방점을 두고 제시된 것이다. 오히려 칸트가 더 조명하고 싶었던 것은 이성으로 만든 도덕법칙에 스스로 복종을 선택하는 긍정적 능력이었다. 칸트는 이런 자발적 복종의 능력을 '자유'라고 불렀다. "자유로운 자는 이성에 복종한다." 또한 칸트는 이성에 대한 이런 자발적 복종을 '인간성humanity'의 핵심으로 보았다. 욕망은 언제나 우리를 이기적으로 만드는 '야수성animality'에서 벗어나지 못한다. 만약 우리가 도덕법칙을 존중하지 않은 채 살아간다면, 동물적 만족 이외에 인간으로서 가치 있는 삶을 추구할 수 없다. 결국 가치 있는 삶은 옳은 일을 함으로써 실현된다. 칸트는 단호히 말한다. "만약 정의justice가 사라진다면, 인간이 더는 이 지상에 살아갈 가치가 없을 것이다."[8] 이것은 도덕교과서가 들려주는 지루한 원칙의 문제가 아니다. 정의의 부재는 인간성의 부재이기에, 정의가 없는 곳에 인간이 존재할 이유가 없는 것이다. 그곳에서 인간은 자연과 동료들을 파괴하는 야수로 남을 뿐이다. 스스로를 미워하는 자신, 타자의 존중이 없는 곳에 남겨진 자신을 상상해보라. 그 삶은 외롭고도 끔찍하다.

칸트는 『실천이성비판』(5:87)에서 이렇게 자신과 세계에 의미를 부여하기 위해서는 인간 스스로 인간성을 신성한 것으로 여겨야 한다고 말한다.

도덕률은 신성하다(그래서 위배할 수 없다). 실제 인간은 충분히 신성하지 못하다. 그러나 인간은 자기 개인 스스로 인간성을 신성하다고 여겨야 한다. 모든 창조물 중에서 인간이 선택하는, 그리고 인간이 힘을 발휘할 수 있는 모든 것은 단순히 수단으로 쓰일 수도 있을 것이다. [하지만] 인간은 그리고 그와 함께 모든 합리적 창조물은 그 자체로서 목적이다. 인간은 자신이 지닌 자유의 자율성이라는 덕을 통해 신성한 도덕률에 복종한다. 단지 이 이유만으로 모든 의지, 심지어 모든 개별 인간이 지닌 자신의 개인적 의지는 그 자체의 관계에서 합당한 존재로서 자율성과의 일치라는 조건에 구속된다.[9]

이 구절에 따르면 인간은 이성을 통해 세운 도덕법칙에 스스로 복종하고 그 안에서 자신을 제약해야만 한다. 이런 '자발적인 내부적 제약'에 대한 복종을 선택하는 행위만이 진정한 자유다. 이렇게 합리적인 존재로서 스스로 제약하는 행위는 인간이 스스로를 신성한 존재로서, 그리하여 그 자체로 목적으로 대하는 근거가 된다. 칸트는 아주 솔직하게 인간 자체가 신성한 것은 아니라고 말한다. 모든 인간이 스스로를 제약할 수 있는 합리성을 지닌 것은 아니기 때문이다. 그러나 칸트는 우리 인간 스스로를 합리적일 수 있다고 믿고, 그리하여 신성한 존재로 여기자고 제안한다. 스스로 그렇게 믿고 자신을 대할 때만이 우리의 합리성에 대한 믿음이 실현될 수 있기 때문이다. 결국 우리가 스스로를 신성한 존재로 대해야 하는 까닭은 현실에서 우리 모두가 합리적이기 때문이 아니라 우리 모두가 합리적일 수 있는 잠재성을 지니고 있기 때문이다. 개인 한 사람, 한 사람 모두에게 이런 잠재성이 깃들어 있는 만큼, 신성한 존재로서 인간은 수단이 아니며 그 자체로 하나의 목적인 것이다. 그러므로 인간은 스스로를 보호해야 하고(자살의 금지), 사회적으로도 보호받아 마땅한 존엄한 존재다.

> 인간은 그 자신이 의무의 주체이기에 자신의 삶을 사는 동안 그 자신의 생명을 포기할 수 없다. (……) 한 개인 자신에게 깃들어 있는 도덕의 주체를 파괴하는 일은 세계로부터 도덕성 그 자체를 뿌리째 뽑아내는 짓이다.[10]

누구의 생명이라도 보호해야 마땅하다는 이런 발상이 인권의 차원으로 발전하면, 인간성이 깃든 개인 한 사람 한 사람은 각자 권리를 지니고 그 권리를 보호받을 수 있는 존재가 된다. 더불어 우리는 이런 권리의 원천인 인간성을 방어해야만 할 의무를 진다. 앞서 예시에서 보았던 증언 프로그램에 참여해야 하는 이유 역시 잔혹한 범죄에 대한 침묵이 인간성을 방어해야 할 의무를 어기는 것이기 때문이다. 인간성은 어떠한 상황에서도 존중되어야 한다. 그렇기에 자신의 생명을 끊는 일도 정당화될 수 없다. 그러나 최근 죽음으로 인간의 존엄을 지키려는 사람들이 있다. 도대체 어떤 이유로 죽음을 통해 존엄을 지키겠다고 하는 것일까?

사례 2 존엄사―나는 죽음으로 인간의 존엄을 지키고 싶다

2014년 1월, 스물아홉 살의 브리타니 메이너드Brittany Maynard는 뇌

종양 2기라는 진단을 받았다. 머리를 여는 수술을 통해 종양을 제거했지만, 그해 4월에 암이 재발했다. 의사는 브리타니에게 6개월이 남았다고 말했다. 브리타니는 고심 끝에 의사의 도움을 받아 삶을 끝내기로 결심했다. 그러나 그녀가 살고 있던 캘리포니아는 존엄사의 권리를 인정하지 않았다. 결국 브리타니는 존엄하게 죽기 위해 존엄사가 허용되는 오리건 주로 옮겨갔다. 그녀는 죽기 전까지 인간에게는 스스로 존엄하게 죽을 권리가 있음을, 그리고 이를 위해 의사의 도움을 받을 수 있는 권리가 보장되어야 함을 알리는 운동을 펼쳤다. 그녀는 자신의 존엄사를 예고하고 자신의 소망을 담은 메시지를 영상으로 남겼다. 이 영상은 그녀의 죽음 이후 존엄사법Dying with Dignity Act을 둘러싸고 논란이 벌어진 캘리포니아 주 상원에서 상영되었다. 주 상원은 2015년 9월 11일 찬성 23표, 반대 14표로 존엄사법을 통과시켰다. 이로써 캘리포니아는 오리건, 버몬트, 몬태나, 워싱턴과 더불어 존엄사를 인정하는 다섯 번째 주가 되었다. 이 법은 정신이 건강하고 삶이 6개월 미만으로 남은 환자들 두 명 이상이 지켜보는 가운데 의사들의 도움을 받아 스스로 생명을 끝낼 수 있도록 허용했다. 다만 이 법을 10년간만 한시적으로 운영하며, 10년 후 의회의 승인을 다시 받아야 한다는 조건을 달았다.

칸트는 자살은 우리 인간성을 보존하는 터전을 제거하는 것이나 다름없기에 결코 허용할 수 없는 것이라고 단언했다. 생명을 죽이는 일은 인간성을 죽이는 일이다. 그러나 불치병으로 생이 얼마남지 않은 사람들이 자신의 생을 편안하게, 다시 말해 존엄하게 죽고 싶다는 주장은 일반적인 자살과는 전혀 다른 것이다. 오히려 이들이 주장하는 것은 인간으로서는 견딜 수 없는 고통에서 벗어나 죽음으로써 자신의 존엄을 지키고 싶다는 것이다. 이 존엄사는 치료가 불가능한 상황에서 죽음에 임박한 이들이 의미 없는 생명연장을 위한 치료를 받지 않겠다는 것으로, 단순히 고통을 줄이기 위해 생명을 단축하는 안락사와는 근본적으로 다르다.

존엄사가 거의 모든 주에서 금지되어 있는 미국 연방대법원의 판결은 존엄하게 죽을 권리가 미국 헌법상에 보장된 권리는 아니라는 것이었다. 그리고 독일과 영국 등을 비롯해 대부분의 서구 사회에서도 이런 권리를 보장하지 않는다. 여러 이유가 있지만 그 핵심을 요약하자면, 당사자의 요청이라 할지라도 한 사람의 목숨을 박탈하는 것은 그 자체로 잘못된 일이기 때문이다. 더불어 의사들은 이런 요청을 결코 받아들여서는 안 되는데, 의사라는 직업의 목적이 생명을 살리는 것이지 편안히 죽도록 하는 것은 아니기 때문이다. 또한 목숨을 박탈하는 일에 관여하는 사람들의 도덕적 부담도 고려해야만 한다. 극악무도한 범죄를 저지른 사형수들을 처형하는 교도관들이 엄청난 인간적 부담감에 시달린다는 간단한 사실을 떠올려보면, 무고한 이의 생명을 끊는 일에 관여하는 사람들의 도덕적 부담을 어렵지 않게 이해할 수 있을 것이다.

만약 우리 주변의 지인이 이런 고통을 겪고 있는데, 그 지인이 존엄사의 권리를 주장한다면 우리는 어떤 선택을 할 수 있을까? 인간의 존엄을 지키기 위해 우리는 그의 주장을 받아들여야만 할까, 아니면 거절해야만 할까? 1997년 보라매 병원에서는 아내가 남편의 무의미한 생명연장 치료를 거부하고 퇴원을 요구했다. 이렇게 퇴원한 남편이 사망에 이르자 아내와 담당 의료진은 '살인죄 및 살인방조죄'로 유죄를 선고받았다. 이 사건 이후 거의 20년이 지난 2016년 1월, 국회는 '웰다잉법(호스피스·완화의료 및 임종과정에 있는 환자의 연명의료 결정에 관한 법률안)'을 통과시켰다. 환자가 의사를 표시하고 의사 두 명이 확인하는 절차가 있다면 존엄사를 선택할 수 있도록 허용하는 법률이었다.

그러나 논란은 여전하다. "죽음으로 인간의 존엄을 보호하고 싶다." "그 어떤 이유로도 의도적으로 생명을 끝내는 일을 존엄하다고 볼 수는 없다." 진정 인간의 존엄을 지키는 길은 어떤 것일까?

칸트의 세계시민주의, 세계화시대에 부활하다

모든 인간이 이렇게 엄격하게 지켜야만 할 존엄성을 지니고 있는 한, 칸트의 도덕법칙은 시간과 공간에 관계없이 모든 이에게 적용되는 것이다. 한마디로 표현해보자면 이성의 명령을 따르는 모든 인간은 각자가 '단일한 도덕공동체'의 일원인 것이다. 이런 점에서 칸트의 인간에 대한 존중은 자연스럽게 세계시민주의로 확장된다. 칸트의 입장을 물려받은 세계시민주의자들은 기본적으로 평화주의자들인데, 전쟁은 기본적으로 인간성을 죽이는 행위이기 때문이다. 세계시민주의자들에게 평화와 도덕은 불가분의 관계다.

칸트는 세계의 평화를 어떻게 만들 것인지 『영구평화론』에서 펼쳐놓는다. 칸트는 여기서 평화의 확장을 통해 인간의 존엄성을 방어할 수 있는 두 가지 방식을 내놓는다. 첫 번째는 '온전한 세계시민주의complete cosmopolitanism'[11] 입장으로 '세계공화국world republic'이라는 발상이다. 이 세계공화국은 그 자체로 공화국인 국가들을 구성원으로 한다. 그리고 이 세계공화국에서 공적으로 강제되는 법은 국가들 간, 각기 상이한 국가들의 시민들 간, 그리고 시민들이 아닌 개인들과 국가들 간의 외부적 관계를 규율한다.[12] 이런 입장에 따르면 단일한 세계정부가 필요하고, 그 세계정부는 개별 공화국에서 살고 있는 개개인의 삶도 모두 보살피게 된다. 그러나 칸트는 세계정부가 당장 현실성이 없을 뿐만 아니라 폭압적으로 변할 때 견제할 세력이 없다는 점에서 문제가 있다고 보았다. 여기서 대안으로 제시하는 두 번째 입장이 '실용적 세계시민주의pragmatic cosmopolitanism'다. 칸트는 세계정부 대신 평화를 추구하는 공화국들이 '평화연맹foedus pacificum'을 만들자고 제안한다. 이 대안의 특징은 국가 간의 경계를 명확히 인정하고 있다는 점이다. 자유로운 공화국들은 서로 간 평화를 지키기 위해 저마다의 주권과 영토를 인정하고 상호 불간섭의 원리를 고수한다. 이 대안에서 세계시민주의 권리는 '환대받을 권리rights of hospitality'를 통해서 실현된다. 손님으로서 낯선 땅에 도착했을 경우 호의 혹은 환대를 받을 수 있다는 일시적인 권리를 지닌다는 것이다.

실제 칸트 이후의 세계는 두 번째 대안을 기반으로 삼아 발전해왔다. 지금의 국제연맹 체제의 모델이 사실상 칸트의 평화연맹이다. 평화연맹에서는 자유로운 공화국만이 구성원이 될 수 있다는 점만 다를 뿐이다. 칸트 이후 지상의 모든 개인에게 평등한 권리를 보장하는 '온전한 세계시민주의' 프로젝트는 불가능한 것으로 여겨져왔다. 그런데 1980년대 이후 세계화시대가 도래하자 불가능한 것으로 여겨졌던 '온전한 세계시민주의'를 주장하는 이들이 등장하기 시작했다. 이들은 세계화시대에 민족국가들이 그 힘을 잃고 있을 뿐만 아니라 세계의 경제와 정치가 통합되기 시작했음을 지적했다. 국제무역기구WTO와 같은 막강한 국제기구의 등장, 거대한 초국가 기업의 성장은 경제적으로 국가 간의 경계를 지우고 있다. 이와 더불어 유럽은 민족국가를 정치적으로 통합하는 유럽연합이라는 거대한 프로젝트를 가동시키고 있다. 더불어 1980년대 이후 이루어진 기술혁신은 세계의 시간과 공간을 압축시켜버렸다. 서울과 뉴욕 간 편지 한 통을 주고받기 위해 소요되던 20일의 시간은 이메일 한 통 보내는 짧은 시간으로 대체되었다. 드넓게만 여겨지던 세계가 말 그대로 '지구촌 global village'이 되어버린 것이다. 이런 세계화의 흐름을 따라 칸트 스스로도 불가능하다고 보았던, 죽었다고 생각한 '온전한 세계시민주의'가 부활할 수 있는 완벽한 조건이 갖추어지고 있는 것이다.

빈곤에 빠진 세계

1980년대 이후 모습을 드러낸 온전한 세계시민주의자들이 가장 먼저 주목했던 대상은 지구 곳곳에서 극심한 빈곤에 시달리고 있는 사람들이었다. 현재 국제사회가 설정한 빈곤선은 1인당 하루 1달러 90센트다. 한 달에 58달러, 대략 6만 원선이다. 이 기준은 2015년에 바뀐 것으로, 그 이전에는 1달러 25센트였다. 한 달에 37달러 50센트, 약 4만 원선이었던 것이다. 4인 가족 기준으로 한 달에 16만 원 정도였다. 세계은행WB의 통계에 따르면 1981년 기준으로 인류의 44퍼센트인 19억 9,000만 명이, 1999년 기준으로는 37퍼센트인 19억 5,000만 명이 빈곤선 아래에 살고 있었던 것이다. 실제 이 빈곤선이 현실적이지 않다는 수많은 비판이 있었지만 국제사회는 통계상의 문제 때문에 이 빈곤선을 현실화할 수가 없었다. 빈곤선이 올라가면 빈곤인구가 급격하게 늘어나기 때문이다. 무수한 비판이 가해진 결과 2015년 세계은행이 설정한 새로운 빈곤선이 1달러 90센트다. 물가상승 등을 생각해본다면 여전히 현실적이지 않은 기준이다. 이 기준에 따르면 2012년 기준으로 8억 9,600만 명이 빈곤선 아래로 떨어진다. 그런데 이 기준을 3달러 10센트로 올리면 개발도상국에서만 21억 명이 빈곤선 아래 살고 있는 셈이 된다. 온전한 세계시민주의자들이 빈곤을 문제 삼았을 무렵인 1990년에 3달러 10센트를 적용해본다면 인류의 66퍼센트가 4인 가구를 기준으로 40만 원의 소득도 없이 살고 있었다. 이런 현실은 온전한 세계시민주의자들로서는 도저히 용납할 수 없는 것이었다. 더군다나 이들의 눈에 1987년 이후 냉전체제가 붕괴되면서 빈곤에 빠진 인류를 구제하기 위해 쓸 수 있는 여윳돈은 충분히 있었다. 그러나 냉전에 쓰이던 비용은 고난에 빠진 인류를 구하는 데 쓰이지 않았다. 오히려 문명의 충돌이라는 이름 아래 새로운 적이 탄생했고 더 많은 돈을 전쟁과 무력에 쏟아붓고 있었다.

이에 온전한 세계시민주의자들이 맞서 지구적 분배원리를 요구하기 시작했다. 이들은 세계 곳곳에서 빈곤에 빠진 사람들, 특히 경제발전의 능력도 의지도 없는 국가에서 고통받는 개인들을 도와야 한다고 주장했다. 이들에게 국가 간의 경계가 인류를 구하는 일의 경계일 수는 없었다. 특히 세계시민주의자들에게 빈곤은 인간의 존엄을 파괴하는 최악의 근원이기에 시급히 해결해야 할 지구적 정의의 해결과제였다. 예를 들어 1998년 대략 58만 8,000명이 전쟁으로 죽고, 그 외 살인이나 폭력으로 73만 6,000명이 사망한 반면, 기아나 예방 혹은 대처 가능한 질병으로 죽은 이는 1,800만 명이나 되며, 이러한 숫자는 전체 사망 인구의 3분의 1을 차지한다.[13] 뿌리 깊은 문제는 이런 빈곤을 가난한 이들 스스로 해결할 수 없다는 점이며, 이들이 살고 있는 국가의 정부도 마찬가지라는 사실이다. 그렇기에 이를 근본적으로 해결하고자 한다면 전 세계를 제도적으로 통합하는 분배개혁이 필요하다. 그렇다면 어떻게 이런 일이 가능하다는 것일까?

사례 3 지구적 자원세—'원조의 의무' 대 '분배의 의무'

우리가 분배개혁 문제를 다루기 위해 던져야 할 가장 기초적인 질문은 다음과 같다. "온전한 세계시민주의자들이 주장하는 '분배의 의무'는 어디에서 비롯되는 것일까?" 이들이 전 세계가 분배의 의무를 진다고 보는 이유는 개발도상국에서 가난 때문에 빚어지는 인간 존엄성의 위기가 단지 그 국가들 내부문제에서 생겨난 것만은 아니라는 데 있다. 오히려 이들이 볼 때 선진국이 국제사회에서 추구해온 정책들과 이 정책들을 통해 형성된 세계질서에서 개발도상국에 만연한 인권의 위기가 상당 부분 비롯되었다. 예를 들어 국제무역기구는 무역의 공정성을 강조하고 있는 것처럼 보이지만, 개발도상국이 강세를 띠는 농산물 등에는 예외적인 규정을 두어 기존 선진국의 산업을 보호하고 있다. 이들이 볼 때 기존의 선진국들은 '워싱턴 컨센서스'로 불리는 단일한 세계경제질서로부터 막대한 이득을 얻고 있고, 이러한 질서가 후진국에서 생겨나는 빈곤의 주요 원인이다. 예를 들어 1970년 개발도상국들이 지고 있던 '대외채무'는 702억 달러였던 것이 1980년에는 5,690억 달러로, 2013년에는 그 단위가 바뀌어 6,857조 달러로 불어난 상태다.[14] 이 숫자는 현 세계경제질서에서 누가 얼마나 많은 이득을 얻고 있는지 정확하게 보여준다. 적어도 세계경제질서가 국가 간 협력을 전제로 하고 있다면 이 질서 안에서 피해를 입는 이들에게 적절한 제도적 보상이 필요하다. 그러므로 선진국은 곤궁에 처한 국가에서 빈곤으로 고통받는 사람들에게 적절히 자원을 분배해야만 한다.

이런 맥락에서 세계시민주의자인 토머스 포기Thomas Pogge는 지구상에 존재하는 불평등을 완화하고 빈곤한 이들을 돕기 위해 '지구적 자원세Global Resource Tax'를 마련하자고 주장한다. 기본적인 발상은 각 국민들이 어떤 국가의 영역 내에 있는 자원에 대한 소유와 통제의 권리를 갖되 그 자원을 추출하여 이용하고자 할 때 이에 대한 세금을 내고, 이 세금을 통해 마련된 기금을 현재와 미래에 세계의 곳곳에서 가난으로 고통받는 이들을 위해 쓰자는 것이다.

찰스 베이츠Charles Beitz 역시 '천연자원'이 지구 곳곳에 불균등하게 분포되어 있다는 사실에 관심을 가지고, 자원의 분포는 인간들의 인위적인 노력으로 구성된 것이 아니기 때문에 이 자원을 최소한의 평등원리 안에서 재분배해야 한다는 주장을 펼친다. 베이츠는 왜 대부분의 사람이 국내 사회에서 도덕적 의무를 강조하면서도 국제사회로 그 관계가 확장될 경우 국제사회는 도덕이 없는 홉스적 자연상태라고 규정짓는지에 대해 의문을 제기한다. 이러한 입장에서 베이츠는 국내 사회에서 한 개인이 도덕적인 입장에서 다른 개인에게 지는 정치적·경제적 의무를 국제사회에도 그대로 옮겨놓는다.

부유한 국가들이 빈곤으로 고통받는 국가에 도움을 주는 전통적인 방식은 원조다. '원조'라는 형식은 부유한 국가가 가난한 국가를 돕는 일종의 시혜적 행위지만, 이를 시혜로 보지 않고 의무로 보는 이들이 있다. 원조를 의무로 본다는 점에서 이들 역시 대부분이 칸트주의자다. '원조의 의무'를 지지하는 대다수가 '실용적인 세계시민주의'의 입장을 취한다. 이들은 국가의 경계가 도덕 그 자체의 경계는 아니지만 그 실천에 있어 경계는 될 수 있다고 본다. 이 경계를 기준으로 일정 영토 내에 살고 있는 사람들의 삶에 대한 책임은 무엇보다 자국의 정부가 일차적으로 져야만 한다. 이 자국 정부가 빈곤 개선의 의지가 있다면 부유한 국가는 이 국가를 원조할 의무를 진다. 이들이 볼 때 한 사회가 얼마나 많은 자원을 지니고 있는지는 빈곤을 해결하는 데 중요한 열쇠가 아니다. 이들에게 진정한 열쇠는 한 사회가 부를 저축하고 다음 세대에 그것을 물려주는 정치문화가 있느냐다. 그래서 자원의 분배만큼이나 절실한 개혁은 정치문화의 개혁이다.

일반적으로 우리는 분배의 의무보다는 원조의 의무를 더 현실적인 것으로 본다. 지구적 차원에서 분배체계를 형성하는 일 자체가 불가능하다고 보기 때문이다. 그러나 원조의 의무는 국가 대 국가의 도움 주고받기 형식을 취하고 있다는 데 치명적인 문제가 있다. 이 형식에서는 정부가 빈곤개선의 의지가 없거나 그 능력을 결여하고 있는 국가의 사람들은 원조의 유무를 떠나 지속적으로 고통받는다. 그렇다면 전 세계 차원에서 분배체계를 만드는 일이 정말 가능한 것일까? 무엇보다 최근 초국가 기업들의 국제적인 조세회피를 차단하기 위해 만들어진 '구글세'의 공조 속도를 보면 분배의 의무를 위해 '지구적 차원의 분배체계'를 만드는 일도 가능해 보인다. 그렇기에 분배의 의무를 현실적이지 않다는 이유로 배제하는 것은 더는 유효하지 않다는 생각이다. 지구적 차원에서 인간의 존엄을 방어하기 위해 고려해야 할 정의의 선택은 무엇이어야 할까? "원조의 의무인가 분배의 의무인가, 그것이 문제다."

메가테러리즘, 인간성의 보호에 도전하다

2000년대 이후, 인간의 존엄을 보호하기 위한 노력 앞에 실로 난감한 도전이 부각되었다. 이른바 거대한 규모로 자행되는 '메가테러리즘mega-terrorism'으로 2001년 9월 11일 뉴욕의 세계무역센터 쌍둥이 빌딩이 붕괴되면서 본격적으로 주목받기 시작했다. 당시 세계시민주의자들은 이런 메가테러리즘이 일시적 현상이길 바랐다. 그러나 9·11 테러 이후 곧장 이어진 '테러와의 전쟁'은 세계시민주의자들의 평화에 대한 갈망을 산산조각 내고 말았다. 더군다나 이 메가테러리즘이 문명의 충돌에서 비롯된 것처럼 보이며 냉전시대 이후 새로운 적대적 구도가 완성되었다.

무엇보다 테러리즘은 자신의 이상을 알리기 위해 민간인을 무작위적으로 공격한다는 점에서 인간성을 존중하는 그 누구도 허용할 수 없는 행위다. 문제는 테러와의 전쟁이 기존에 우리가 보아왔던 국가 간의 전쟁과 전혀 양상이 다르다는 데 있다. 국가 간의 전쟁은 한쪽의 중앙정부가 점령당함으로써 막을 내리지만 테러와의 전쟁은 다르다. 2011년 미국이 파키스탄에서 수행한 작전을 통해 9·11 테러를 주도한 알카에다al-Qaeda의 오사마 빈 라덴Osama bin Laden을 사살했지만, 알카에다에서 그의 자리는 이내 다른 이로 대체되었다. 알카에다는 지금도 활발히 활동하고 있다. 이런 대규모 테러활동은 이슬람국가, 보코하람 등의 단체가 등장하며 그 규모 면에서 그리고 잔혹성 면에서 더욱 심각해지고 있다. 이렇듯 테러와의 전쟁은 본질적으로 아무리 죽여도 다시 살아나는 '좀비와의 전쟁', '유령과의 전쟁'이나 다름없다. 이런 유령과의 전쟁은 테러리즘에 맞서 싸우러 나선 이들조차 인간성에 대한 존중을 포기하게끔 만들고 있다.

관타나모 수용소와 인천공항

앞서 우리는 진실해야 할 의무가 아는 것을 모두 말해야 하는 의무가 아니라는 것을 설명하기 위한 사례로 묵비권을 살펴보았다. 묵비권은 법률상으로는 '자기부죄self-incrimination' 금지원칙의 일부다. 그리고 '자기부죄 금지원칙'이란 범죄를 저질렀다고 의심받거나 이로 말미암아 기소된 이가 스스로에게 불리한 진술을 강요당하지 않을 권리다. 이런 묵비권을 인정하는 가장 근본적인 이유는 피의자들(의심받아 조사를 받는 사람들)이 강제적으로 자기에게 불리한 증언을 하게 될 경우가 있기 때문이다. 칸트의 입장에서 본다면 누군가에게 증거 없이 어떤 자백을 강요하는 행위는 한 개인의 마음 혹은 영혼 속으로 침입해 그 개인의 마음을 조작하는 행위나 다름없다는 점에서 인간성을 해치는 결과를 낳는다.

이렇게 증거 없이 증언을 얻어내기 위해 동원되는 최악의 수단이 바로 '고문'이다. 우리 헌법이 제12조 2항을 통해 "모든 국민은 고문을 받지 아니하며, 형사상 자기에게 불리한 진술을 강요당하지 아니한다"라고 하여 '고문'과 '자기부죄 금지원칙'을 함께 묶어 놓은 이유가 여기에 있다. 고문 등을 통해 얻어낸 자백이 재판에서 증언으로 채택되지 않는 간명한 이유는 고통을 가해 얻어낸 증언을 통해서는 확고한 진실을 기대할 수 없기 때문이다. 그리고 칸트적 입장에서 보자면 고문이야말로 우리가 스스로 인간성에 대한 믿음과 신뢰를 내려놓는 가장 부도덕한 행위이기도 하다.

　그럼에도 테러 방지를 이유로 이런 부도덕한 행위가 자행되고 있는 곳이 관타나모 수용소다. 관타나모는 1898년 미국-스페인 전쟁에서 승리한 이후 1903년부터 미국이 쿠바에 '조차료'를 지불하며 실효적으로 지배하고 있는 영토다. 미국의 입장에서 보았을 때 실질적으로 미국이 통치하지만 형식적으로는 쿠바 영토다. 관타나모에는 일상적인 미국법이 아니라 군사법이 적용되고 있다. 이렇듯 법적 지위가 애매한 까닭에 관타나모는 테러범들을 고문할 수 있는 최적의 장소가 되었다.

　이곳 관타나모에 지어진 수용소의 문제는 수감자 대다수가 확인된 테러범들이 아니라는 데 있다. 관타나모에서 통역 자원봉사를 했던 마비쉬 룩사나 칸Mahvish Lukhsana Khan은 『나의 관타나모 다이어리My Guantánamo Diary』에서 수많은 무고한 사람들이 아프가니스탄에서 관타나모로 잡혀왔다고 밝힌다. 미군이 테러범을 신고할 경우 5,000~2만 5,000달러를 준다고 홍보했기 때문이다. 일인당 소득이 하루 1달러도 되지 않는 아프가니스탄에서는 엄청난 액수였고 이로 말미암아 무고한 사람들이 고발당했다는 것이다. 이 외에도 파키스탄 정보기관이 미국 정보기관들에 무고하게 팔아넘긴 사람들도 상당수 관타나모에 수용되었다. 관타나모 수용소에 있는 수감자 중 단지 5퍼센트 정도만이 미국 정보기관이 직접 체포한 것이라고 한다. 미군은 이들에게 정보를 빼내기 위해 잔혹한 고문을 가하는 일을 주저하지 않았다. 심지어 공신력 있는 아랍방송인 알 자지라 기자 알 하즈도 이 수용소에서 고문을 당해 큰 스캔들이 되었다.[15]

칸트에 따르면 범죄를 저지른 데 대한 법적 처벌은 반드시 이루어져야 한다. 이런 처벌이 없다면 정의가 실현되지 않을 것이다. 하지만 처벌은 반드시 범죄자가 범죄를 저질렀다는 확고한 근거 아래서만 법정을 통해 부여되어야 한다. 처벌이 어떤 다른 선을 향상시키기 위한 수단으로 쓰여서는 결코 안 된다. 예를 들어 범죄를 저지른 이를 어떤 처벌을 대신해 여러 사람을 구할 수 있다는 명목 아래 아주 위험한 의료실험 등에 이용해서는 안 되는 것이다.

고문은 밝혀진 범죄에 근거한 처벌이 아니라는 점에서 법적으로 정당화될 수 있는 아무런 근거가 없다. 칸트는 정당한 처벌을 이야기하며 『도덕형이상학』에서 다음과 같이 말한다.

당신이 사람으로서 감당하지 못할 그 어떤 악이라도 다른 사람에게 가하는 것은 자신에게 가하는 것이나 마찬가지다. 만약 당신이 그를 모독한다면 당신은 당신 자신을 모독한 것이다. 만약 당신이 그에게서 무엇을 훔친다면 당신 자신에게서 훔친 것이다. 만약 당신이 누군가를 때린다면 당신 자신을 때린 것이며, 만약 당신이 누군가를 살해한다면 당신 자신을 살해한 것이다.[16]

2006년 미국 대법원은 관타나모에서 행해지는 군사재판이 불법이라는 판결을 내렸다. 이후 많은 이가 부시 대통령이 어쩔 수 없이 관타나모 수용소를 폐쇄할 것이라고 예상했지만, 외교·국방 정책을 승인하는 미국 상원이 이를 거부함으로써 관타나모 수용소는 2016년 현재 아직까지도 폐쇄되지 않은 채 남아 있다. 미국의 상원이 폐쇄에 반대한 것은 미국의 안전이 인간의 존엄보다 더 중요하다고 보았기 때문일 것이다.

미국의 관타나모 수용소에서 벌어지고 있는 일들은 테러라는 공포가 주는 효과를 단적으로 볼 수 있는 사례다. 바로 '이성의 마비'다. 미국은 테러에 맞선다는 이유로 평범한 사람들을 마구잡이로 잡아들였을 뿐만 아니라 범죄가 확정되지 않은 이들을 수감하고 증거를 얻어내기 위해 고문을 자행하는 일을 서슴지 않았다. 이처럼 테러가 퍼뜨리는 공포는 우리의 이성을 좀먹는다. 앞서 살펴본 파리 테러 이후 인천공항에 발 묶인 시리아 난민들 역시 테러가 퍼뜨리는 공포의 피해자들이다. 이들이 인천공항에 머무는 동안 행한 우리 정부의 태도는 테러리즘에 대한 조심스러운 접근이라는 명분으로도 정당화될 수 없는 것이었다. 파리 테러 이후 시리아 난민 28명은 7개월이 넘도록 난민심사를 거부당한 채 인천공항 송환대기실에 구금되어 있었다. 이들은 제대로 씻을 수조차 없고, 창이 없어 햇볕조차 들지 않는 방에서 햄버거로 끼니를 때우며 바닥에 누워 잠을 청했다. 식사의 경우 돼지고기를 먹지 않는 무슬림이라 할지라도 선택의 여지는 없었다. 이들의 비참한 생활상이 알려지자 CNN을 비롯한 몇몇 해외 언론이 보도에 나서기도 했다. 더불어 여러 인권단체와 노동단체가 나서서 심사기회라도 부여하라고 촉구했지만 우리 정부는 요지부동이었다. 2016년 7월 4일, 파리 테러 이후 8개월이 지나서야 28명 중 26명이 비로소 인천공항 밖의 땅을 디딜 수 있었다. 이 기간 동안 칸트가 내세운, 낯선 땅에 들어선 이들이 손님으로서 '환대받을 권리'는 테러리즘의 공포 앞에 전혀 작동하지 않았다. CNN은 "1994년부터 지금까지 한국에서 난민 지위를 인정받은 시리아 난민은 단 세 명에 불과"하며 나머지는 인도적 체류허가를 받았을 뿐이라고 보도했다.[17] 인천공항에 발 묶였던 시리아 난민들 역시 난민이 아니라 인도적 체류허가를 받은 이로서 이 땅에 들어설 수 있었다.

인간의 의무, 인간성을 보존하라

칸트는 한 사회 그리고 이 세계가 유지하는 질서의 기반이 물리적인 힘이 아니라 도덕원칙이라고 말한다. 칸트의 입장을 빌려 말하자면 인간성에 대한 존중이 높은 사회와 세계일수록 도덕적인 곳이고, 그런 곳일수록 성숙한 사회와 세계이며, 성숙한 곳일수록 정의로운 사회와 세계다. 이 논리를 거슬러 내려가며 설명해본다면 정의로운 사회와 세계일수록 인간성에 대한 존중이 높고, 그 존중에 대한 증거는 인권에 대한 적극적인 보호로 나타난다. 인간성에 대한 이런 존중을 바탕으로 권리를 정의할 때, 홉스가 정의라는 이름으로 품지 못했던 난민, 이주 노동자, 국가 없는 사람들 역시 정의가 보호해야만 할 대상이 된다. 더 나아가 용서할 수 없는 테러범들조차 정의라는 이름으로 보호해야 할 인간성의 영역을 지니게 되는 것이다.

그러나 우리는 여전히 타자라는 이유로, 낯설다는 이유로, 나의 가치관과 맞지 않는다는 이유로 다른 삶을 살아가는 이들의 인간성을 무시하고, 외면하고, 때로 감당하지 못할 경멸과 차별을 퍼붓기도 한다. 칸트는 이를 두고 이렇게 말한다.

> 의무를 위반할 때마다 우리 자신을 돌아보면, 우리가 사실은 우리의 준칙이 보편적인 법칙이 되는 것을 바라지 않음을 알게 된다. (……) 오히려 우리는 우리 준칙에 반대되는 것이 보편적인 법칙이기를 바란다. 의무를 위반할 때 우리는 다만 우리 자신을 위해서나 우리의 욕망을 위해서 마음대로 그 법칙에 예외를 두고 싶어한다.[18]

우리 사회는 민주화 이후 인간의 존엄성에 바탕을 두고 '인권'이라는 보편적 법칙을 꾸준히 확장시켜왔다. 그러나 2016년 대한민국에서 보편적 원칙으로서 인권의 위상은 무척이나 위태로워 보인다. 2008년 이후 우리 정부는 '집회 및 결사의 자유', '표현의 자유' 등 기본적 인권의 문제와 관련해 끊임없이 국제사회의 지적을 받아왔다. 우리가 추구하는 인권의 수준이 국제사회가 제시하는 공유된 수준에 미치지 못한다는 것이다.

그러나 우리 정부는 오히려 '국가인권위원회'를 축소하는 등 국제사회의 권유를 전혀 수용하지 못하고 있다. 인권에 대한 정부의 무관심과 더불어 우리 사회에서 확산되고 있는 '일베 현상'은 '모든 사람이 평등하게 존중받아야 한다'는 민주사회의 가장 기본적인 원리와 가치를 파괴하고 있다. 이 현상에 가담하고 있는 이들은 '우리는 차별에 찬성하고 타자를 혐오한다'는 논리를 당당히 내뱉는다. 이런 '일베 현상'은 타자를 누르고 생존하는 것이 최고의 미덕이 된, 나아가 보수와 진보의 대결이 극단화되며 적 없이 살아남을 수 없는 자들의 시대를 만들고 있는 우리의 자화상이다.

이런 차별과 혐오의 논리는 정부만이 아니라 우리 구성원들 사이에서도 인권을 불편하게 느끼는 사람들이 생겨나고 있다는 명백한 신호다. 차별과 혐오에 찬성하는 이들은 각자 나름의 이성적 근거를 대고 있지만, 이들이 정작 잊고 있는 핵심은 이성 그 자체가 인간에 대한 차별과 혐오에 반대한다는 것이다. 차별하는 이와 차별에 반대하는 이가 서로를 향해 '벌레'라고 거리낌 없이 불러대는 호칭 속에 적나라하게 담겨 있는 차별과 혐오의 연쇄고리는, 인간에 대한 존중이라는 보편원칙에 예외를 만들려는 시도를 넘어 그 원칙을 파괴하는 잔혹함의 사슬이다. 혹 우리는 어느 순간 자신만의 이성적 논리에 사로잡혀 "인간은 다른 모든 인간 존재에게 내재한 인간성을 존중할 의무가 있다"는 보편적 이성의 소리를 외면하고 있는 것은 아닐까? 인간성을 파괴하는 차별과 혐오를 해결하는 것은 또 다른 차별과 혐오가 아니라 인간성 그 자체에 대한 존중임을 잊고 있는 것은 아닐까?

제5부

우리 시대의 정의,
효용과 권리 사이

제5부는 당대 정의론의 핵심인 '효용'과 '권리' 사이의 대결을
밝히고 있다. 효용은 현재 우리 삶을 지배하고 있는
공리주의의 핵심적인 개념이자 기준이다.
10장은 벤담이 제시한 '최대다수의 최대행복'의 원칙에 내재한 모순과
그 결과로 나타나게 된 체제 순응주의를 다루고 있다.
개인주의의 탄생에 가장 큰 기여를 한 공리주의가
어떻게 '사회적 총생산의 극대화를 위해 분배를 무시해도 좋다'는 발상,
'사회적 공익을 위해 기본권을 제한해도 좋다'는 발상에 이르게 된 것일까?
11장은 공리주의의 모순을 극복하기 위해 나타난
'권리주의'의 대표적 사상가인 존 롤스의 '정의론'을 다루고 있다.
개인의 기본권은 왜 방어되어야만 하며,
그 방어에 있어 정의의 역할은 무엇이고,
정의는 그 역할을 어떻게 실현해야 하는가?
어떤 이유로 기본권의 방어는 '빈곤'과 '무지'의 상태를 거부하는 것일까?
평등한 권리를 지닌 개인들에게 정당화될 수 있는 불평등은 존재하는가?
당대 정의 논쟁에서 드러난 이 '효용'과 '권리'의 대립은
고대 이후 내려온 '힘'과 '도덕'의 대립을 생생하게 재현하고 있다.

10장

벤담

효용의 극대화가
정의다

자연은 인류를 고통과 쾌락이라는 두 주권자의 통치 아래 두었다. 이 둘만이 우리가 무엇을 할지뿐만
아니라 무엇을 해야만 하는지 알려준다. 이 둘이 우리의 모든 행위, 모든 말, 모든 생각에서 우리를
지배한다. 이 둘에 대한 우리의 복종을 내던지려는 모든 노력은 단지 이런 사실을 증명하고 확인시켜
줄 뿐이다. (……) 옳고 그름의 척도는 최대다수의 최대행복이다.

제레미 벤담, 『도덕과 입법의 원칙들』에서

'미네르바' 체포되다

2009년 1월, 경찰이 경제논객 '미네르바'를 체포했다고 발표했다. 미네
르바 박대성 씨는 인터넷 포털 '다음'의 토론장인 아고라에 우리 경제의
미래를 정부 관료보다 훨씬 정확히 예측해 유명세를 타고 있던 인물이었
다. 검찰이 밝힌 체포 사유는 정부가 금융기관의 달러 매수를 금지하는
명령을 내렸다는 허위정보를 그가 인터넷에 올림으로써 국가 경제에 손
해를 입혔다는 것이었다. 검찰은 허위정보를 인터넷에 유출한 행위를 두

고 '전기통신기본법 위반'이라는 혐의를 붙였다. 미네르바라는 한 개인이 쓴 글에 국가 경제 손실이라는 불행에 대한 책임을 물었던 것이다. 서울 중앙지법은 이 사건에 대해 "글을 올릴 당시 허위라는 인식이 없었고 공익을 해할 목적이 있었다는 증거가 전혀 없다"며 무죄를 선고했다. 게다가 2009년 헌법재판소는 미네르바를 고소하는 데 이용한 전기통신기본법 제47조 1항이 위헌이라는 판결을 내림으로써 사실상 무죄를 확고히 했다.

그러나 정부는 이 사건을 계기로 인터넷 실명제를 밀어붙이며 인터넷 상의 정보를 제한하기 시작했다. 2011년 미국의 보수단체 '프리덤 하우스'는 『2011년 언론의 자유 보고서Freedom of the Press 2011』에서 대한민국의 '언론의 자유도'를 "자유롭다"에서 "부분적으로 자유롭다"는 등급으로 내렸다.[1] 한국에서는 공식적인 언론 검열 아래 반정부적 의사표현이 인터넷에서 상당수 삭제되고 있으며, 언론인들의 반대에도 언론사들의 주요 보직을 대통령의 측근 인사들로 채워 넣고 있기 때문이라고 그 사유를 밝혔다.

공동체와 개인의 관계에서 볼 때 미네르바 사건은 '사회적 공익'과 '표현의 자유'라는 기본권이 충돌한 사례다. 실제 이 사례처럼 개인의 기본권과 사회적 공익이 충돌할 때 뜻밖에도 많은 사람이 사회적 공익의 손을 들어준다. 그 예로 2011년 7월 여론조사 전문기관 '리서치뷰'가 실시한 전·현직 대통령 직무수행 만족도와 호감도 조사를 들 수 있다. 무작위로 추출되어 조사에 응한 사람들 중 상당수가 대통령 직무수행 만족도 78.8퍼센트, 대통령 호감도 34.7퍼센트로 박정희 전 대통령을 꼽았다. 민주주의와 기본권이라는 입장에서 볼 때 박정희 전 대통령은 '쿠데타'와

'유신'이라는 씻을 수 없는 유산을 남겼는데도 많은 사람이 그의 손을 들어준 것이다. 노동자들의 권리가 핍박받았고 말 한마디조차 자유롭게 대통령을 비판할 수 없도록 언론과 표현의 자유를 철저하게 억압했던 대통령이 많은 사람에게 이토록 좋은 지도자로 남아 있는 까닭은 무엇일까? 그 이유는 당연히 사회적 공익의 증진과 관련이 있다.

그런데 이러한 상황을 정당화할 수 있는 당대의 정의관이 있다. 바로 '공리주의'다. 특히 '최대다수'라는 중요한 축을 상실한 채 '최대행복'의 증진에 초점을 맞추고 있는 당대 공리주의는 개인의 기본권을 제한하거나 분배의 문제를 무시하여 사회가 더 많은 공익을 얻을 수 있다면 그래도 좋다는 입장을 내세울 수 있는 근거를 제공한다. 이 정의관은 그 자체로 자세히 들여다볼 만한 가치가 있다. 당대 우리 삶의 대부분의 시간과 공간을 지배하고 있는 가장 강력한 발상이기 때문이다.

벤담, 행복을 극대화하라고 말하다

잘 알려져 있다시피 공리주의를 대표하는 인물은 제레미 벤담Jeremy Bentham과 존 스튜어트 밀이다. 벤담은 공리주의의 창시자였고 밀은 공리주의의 비판적 계승자였다. 흥미롭게도 공리주의를 대표하는 이 두 사상가 벤담과 밀은 이웃 삼촌이자 이웃 조카였다. 밀의 아버지 제임스 밀James Mill이 벤담과 막역한 친구 사이였고, 천재성을 보이던 어린 밀은 자주 이웃집 아저씨 벤담의 집에 놀러가 대화를 나누었다. 공리주의 창시자의 사상이 그 비판적 계승자인 밀에게 자연스럽게 전달되었던 것이다. 하

〈제레미 벤담의 초상〉, 연도 미상,
헨리 윌리엄 피커스길 그림

지만 이 글의 주인공은 밀이 아니라 벤담이다. 벤담이야말로 우리가 일반적으로 이해하는 당대 공리주의와 관련해 가장 명확한 기준을 제공한 인물이기 때문이다.

공리주의는 영어 '유틸리테리어니즘utilitarianism'이라는 용어 그대로 '효용utility'이 '모든 판단의 근거가 되는 입장-tarianism'이다. 즉 공리주의의 더 정확한 번역용어는 '효용지상주의'다. 벤담은 『도덕과 입법의 원칙들Principles of Morals and Legisla-tions』(1780) 첫 장 첫 줄에서 "자연은 인간이 두 주권자의 지배 아래 놓이게 했으니, 그것은 고통과 쾌락"[2]이라고 선언한다. 이 유명한 쾌락과 고통의 감성론에 따르면 어떤 행위든 쾌락(행복)을 증진시키면 옳고 고통(불행)을 증진시키면 옳지 않다. 무엇이 자신의 행복이고 불행인지를 판단할 수 있는 주체는 오로지 개인일 뿐만 아니라 개인이 추구할 수 있는 행복은 무한대로 추구해도 된다는 점에서, 이 효용의 감성론은 개인이 중심이 되는 '다원주의'뿐만 아니라 무한한 이윤추구를 지향하는 '시장'의 논리와도 서로 절묘한 결합을 이루고 있다.

벤담이 내놓은 이 '효용의 원리'의 힘은 그 간명함에 있다. '행복은 가질수록 좋으며 불행은 피할수록 좋다'는 원칙은 너무나 이해하기 쉽고 누구에게나 설득력이 있다. 예를 들어 개인을 행복하게 하는 말은 좋은 것이며 기분 나쁘게 하면 좋지 않다. 평범한 사람이라면 누구라도 행복을 쉽사리 거부하지 않을 것이며 어느 누구도 불행을 원하지는 않는다. 간명하고 쉬울 뿐만 아니라 우리의 감성을 있는 그대로 자극하는 이 원칙이 행복추구를 삶의 목표로 삼는 우리의 일상에 자리 잡는 건 시간문제였을 뿐이다. 벤담이 내세운 이 원칙은 우리 인간사의 말, 행동, 생각 모든 것을 판단하는 기준이다. 우리가 하는 모든 행위를 이 잣대로 판단할 수 있다. 이런 점에서 '효용'은 개인, 집단, 국가, 국제기구까지 자신의 모든 행위를 스스로 혹은 자체적으로 판단할 수 있는 '포괄적' 기준이다.

그렇다면 개인들은 자신이 얼마나 행복한지 어떻게 알 수 있는 것일까? 이를 알고 싶다면 우리는 반드시 이 행복의 양을 측정할 수 있어야만 한다. 그렇다면 이런 측정은 과연 가능한 일일까? 벤담은 놀랍게도 가능하다고 말한다.

개인은 다음과 같은 여섯 가지 환경을 고려해 자체로 고려될 쾌락과 고통의 가치가 더 클지 아닐지를 스스로 고려할 수 있다. 1. 강도intensity, 2. 영구성duration, 3. 명확성certainty 혹은 불명확성uncertainty, 4. 근거리 propinquity 혹은 원거리remoteness, 5. 산출성fecundity, 6. 순수성purity.[3]

벤담의 공리주의가 엄청난 영향력을 발휘할 수 있는 이유는 이 효용을 정확하게 계산할 수 있는 방법을 지니고 있기 때문이다. 그렇다면 효용을 계산할 수 있는 정확한 근거는 무엇일까? 그 근거는 '인간의 욕망에 질적 차이가 존재하지 않는다'는 벤담의 전제에 숨어 있다. 이런 벤담의 발상은 1830년에 출간된 『보상의 이유The Rationale of Reward』에서 제시한 '푸시핀(압정)'과 '시poetry' 사이에 아무런 효용의 차이도 없다는 주장에 명료하게 드러난다. 벤담에게 많은 영향을 받았으나 청년기의 어둠을 시의 도움으로 극복한 밀이 '좀더 상위의 쾌락'이 있음을 '푸시킨(러시아의 대문호)'의 시를 들어 반박했는데, 이 과정에서 유명한 '푸시핀pushpin과 푸시킨Pushkin의 비유'가 비롯되었다. 비록 밀이 벤담에게 반박을 하고 있긴 하지만, 이 비유는 오히려 벤담의 발상을 더 정확하게 설명할 수 있는 좋은 사례가 될 수도 있다. 벤담의 논리를 따르자면 푸시핀을 가지고 노는 것과 푸시킨의 시를 읽는 것 사이에 존재하는 행복에 차이는 없다. 시를 좋아하지 않는 사람들은 푸시킨의 시를 읽느니 차라리 푸시핀을 가지고 노는 게 낫다고 생각할 수도 있다. 요즘으로 치면 '시 읽기'와 '오락하기' 사이에 질적 차이는 존재하지 않는다는 것이다. 벤담은 인간이 느끼는 행복이란 개인마다 다르기 때문에 양적으로만 의미가 있을 뿐 질적인 차이는 없다고 강조한다. 만약 인간의 행위에 가치 차별을 두지 않는다면 그 계산은 훨씬 쉬워질 것이 분명하다. 내용에 관계없이 단지 양만을 측정하면 되기 때문이다. 행위 간에 가치의 차이가 없다는 것, 개인은 누구나 똑같이 이렇게 효용을 느낄 수 있다는 것. 이 단순한 발상이 정치 영역에서 커다란 변화를 이끌었다.

벤담, 보통선거권과 여성의 권리를 확장하다

서구 역사에서 공리주의는 여성의 동등한 권리와 계급을 넘어 정치적으로 평등한 보통선거권을 가장 열렬히 옹호했던 정치사상이다. 왜일까? 그 이유는 아주 간명하게도 행위 간의 질적 차별을 두지 않는 무차별적인 효용이 인간의 권리와 입법의 근거라면, 법을 통해 제공되는 그 어떠한 권리라도 모든 사람에게 평등해야 하기 때문이다.

벤담은 어디에나 적용할 수 있는 개인들의 행복계산 기준을 법과 정책을 만드는 데도 당연히 적용해야 한다고 말한다. 법과 정책의 목적이 개인들을 행복하게 해주는 것이기 때문이다.

> 쾌락, 다시 말해 고통의 회피는 입법자들이 지니고 있는 목적이다. 그렇기에 입법자는 쾌락의 가치를 이해할 의무가 있다. 쾌락과 고통은 입법자가 작업을 할 때 함께 써야 하는 도구들이다. 이 사실로 말미암아 입법자는 이 두 도구의 힘을 이해할 의무가 있다. 다시 말해 그들의 가치를 이해할 의무가 있다.[4]

이와 함께 벤담은 입법자들과 정책가들에게 입법의 기준을 다시 한번 명확하게 들려준다. 이것이 바로 그 유명한 공리주의의 원칙, '최대다수의 최대행복'이다. 개인이 아니라 여러 사람이 행복과 관련될 때 더해지는 기준은 '범위extent'다.[5] 이 원칙에 따르면 최대한 많은 개인이 행복해져야만 한다. 이는 정치에서도 마찬가지다. 쾌락과 고통을 삶의 원칙으로 삼을 수 있다면 그 원칙은 누구에게나 동등하게 적용되어야 했다. 여전히 여성을 남성의 재산으로 여기고 평민을 '돼지'에 비유하며 경멸하던 벤담의 시대에 이런 발상은 진정 혁명적인 것이었다. 벤담은 여성이든 청년이든 노인이든 평민이든 귀족이든 효용의 원칙에 따라 그 누구라도 차별 없이 권리가 주어져야 한다고 주장했다. 이런 관점에서 벤담은 모든 사람이 1인 1표라는 동등한 투표권을 지녀야 하며, 『의회개혁에 대한 문답서

Catechism of Parliamentary Reform』(1809)에서 밝히고 있듯 여성들 또한 투표할 수 있어야 한다고 보았다. 실제 벤담의 이런 강력한 주장은 훗날 민주주의 확장에 많은 기여를 했다. 이렇듯 벤담의 '최대다수의 최대행복'은 그 시작에 있어 혁신적인 발상이었다. 그러나 불행히도 최대다수와 최대행복은 그 자체로 모순을 안고 있는, 서로 결별할 수밖에 없는 평행선을 긋는 기준이었다. 그리고 그 모순은 공리주의를 마침내 체제 순응적인 사상으로 만들고 말았다.

공리주의, 최대행복(생산)을 위해 최대다수(분배)를 내려놓다

마이클 샌델은 『정의란 무엇인가』의 공리주의 부분에서 오로지 '최대행복'의 원리만을 다루고 있다. 그렇다면 왜 샌델은 최대행복만을 고려하고 있는 것일까? 그 이유는 최대다수와 최대행복이 양립할 수 없는 경우가 많기 때문이다. 그렇다면 질문은 명확하다. '왜 최대행복은 최대다수와 양립할 수 없는가?' 그 첫 번째 이유는 최대행복이 최대다수보다 근본적인 공리주의의 원칙이기 때문이다. 최대행복은 일단 개인부터 공동체까지 모두 포괄할 수 있는 행위의 원칙이다. 그러나 개인이 행동할 때 남까지 행복해하는지를 심각하게 고려할 필요는 없다. 여기서 최대행복과 최대다수 간의 간극이 생겨난다. 최대다수가 개인이 아닌 집단 차원에서 적용되는 원칙이기 때문이다. 공리주의가 고통과 쾌락의 감성론이라면, 이 고통과 쾌락을 느끼는 것은 늘 개인이다. 이런 점에서 최대다수는 최대행복이 확장되어야 할 범위를 명시하는 이차적 기준에 불과하다. 최대행복은 최대다수보다 훨씬 더 근본적일 뿐만 아니라 포괄적인 공리주의의 기준이다.

둘째, 공동체의 차원에서 볼 때 최대다수와 최대행복은 그 자체로 서로 경쟁관계에 있는 원칙이다. 사회를 생산과 분배의 체계로 본다면 최대행복은 얼마나 많이 만들어내느냐와 관련된 생산의 원칙인 반면, 최대다수는 생산된 것을 누구에게 나누어줄 것이냐와 관련된 분배의 원칙이다. 실제 공동체에서 사회구성원들이 생산의 문제를 놓고 갈등할 일은 그다지 없다. 많이 생산할수록 나눌 몫이 많아지기 때문이다. 그러나 이렇게 생산한 것을 어떻게 분배할 것인지를 두고는 자연스레 갈등이 생기기 마련이다. 대부분의 사람이 자신이 차지할 몫에 더 민감하기 때문이다. 게다가 벤담의 말처럼 철저하게 자신의 행복을 추구하는 감성을 지닌 개인이라면 더더욱 그렇다.

그러나 공리주의에서 '성장'과 '분배'의 원리가 갈등할 때 필연적으로 승자는 '성장'이다. 최대다수의 최대행복이라는 원칙에서 우선적으로 적용되어야 할 원칙이 최대행복이기 때문이다. 누구에게 무엇을 어떻게 분배할 것인가의 문제는 더 많은 성장이 필요하다는 요구에 가려지기 십상이다. 공리주의에서 성장의 요구는 분배의 필요를 지배한다. 예를 들어 지구화시대의 불평등이 그 명백한 증거다. 1980년대 이후 우리가 살고 있는 지구화시대는 역사상 가장 많은 부, 최대행복이 만들어지고 있는 시기다. 그러나 이 시대에 만들어진 '1대 99 사회'라는 용어는 공리주의가 그 원칙을 철저히 따를 때 오히려 그 부가 제대로 분배되지 않는 현실과 더불어 분배의 실패가 불평등을 만들어내는 공리주의의 모순을 드러내고 있다.

월스트리트Wall Street를 점령하라

2011년 9월 17일 뉴욕의 월스트리트 근처에 있는 주코티 공원 Zucotti Park에 젊은이들이 모여들기 시작했다. 그곳에 모인 청년들이 소리 높여 외쳤다. "월스트리트를 점령하라!Occupy Wall Street!" 전 세계를 강타한 '점령운동'이 시작된 순간이었다. 1970년대 신좌파운동이 폭력적으로 허무하게 마무리된 이후, 너무나 조용히 잠들어 있던 청년층이 다시 깨어난 순간이기도 했다. 공원에 모인 젊은이들은 미국이 현재 맞고 있는 경제위기의 원인이 기업의 지나친 욕심이 빚어낸 부의 집중, 다시 말해 분배의 불평등 때문이라는 주장을 전면에 내세웠다. 이들이 특히 월스트리트를 점령대상으로 삼은 이유는 미국 경제의 상징인 월스트리트에서 금융에 종사하는 이들이 오로지 몇몇 초국적 기업의 이익만을 위해 일할 뿐, 일반 사람들의 행복에는 전혀 신경 쓰지 않고 있다고 보았기 때문이다. 이 운동에서 가장 상징적인 구호는 "우리가 99퍼센트다We are the 99%"였다. 미국의 부가 상위 1퍼센트의 손에 집중되고 있고 상대적으로 다수인 99퍼센트가 부의 적절한 분배에서 소외되고 있다는 주장을 담고 있었다. 세계에서 가장 소득 불평등이 심한 국가이니만큼 당연한 주장이기도 했다. 2014년 『뉴욕타임스』에 따르면 미국의 상위 1퍼센트는 하위 90퍼센트보다 더 많은 부를 소유하고 있다.[6] 이런 불평등의 정도는 2016년 미국 대선에 민주당 후보로 나와 예비

경선에서 열풍을 일으킨 버니 샌더스Bernie Sanders의 발언에서도 극명히 드러난다. "미국의 부자 열네 명이 지난 2년간 벌어들인 돈이 미국 하위 40퍼센트의 전체 자산보다 많다."

그렇다면 이 시위에 참여한 사람들은 왜 초국적 기업을 콕 찍어 지목했던 것일까? 현재 초국적 기업이 쌓아가고 있는 부가 도저히 믿기 어려울 정도로 상상을 초월하는 수준이기 때문이다. 점령운동이 시작되기 1년 전인 2010년 미국의 『포브스Forbes』지는 기업과 국가의 부를 통틀어 경제규모가 가장 큰 100대 집단을 선정한 결과를 내놓았다. 이 통계에 따르면 전 지구적으로 42개의 기업이 세계에서 가장 큰 100대 경제규모에 포함되어 있다. 이 중 가장 큰 월마트의 경제규모는 4,080억 달러를 기록했는데, 이는 인구 870만 명에 1인당 국민소득이 4만 달러가 넘는 오스트리아 전체보다 큰 것이다. 2011년 『이코노미스트』지와 2015년 『포브스』지의 통계에 따르면 세계에서 가장 많은 피고용인을 가진 조직 순위에서 미국의 국방부(320만 명), 중국의 인민해방군(230만 명) 다음으로 큰 조직이 월마트(210만 명), 맥도날드(190만 명)다.[7] 이런 거대한 규모의 초국적 기업이 집중되어 있는 곳이 미국이다. 예를 들어 세계에서 가장 부유한 월마트의 월턴 가문the Walton family을 비롯해 개인으로서 가장 부유한 빌 게이츠 등 부자의 대부분이 초국적 기업을 소유하고 있다. 그리고 이들이 부를 벌어들이는 곳 중 하나가 바로 월스트리트다.

그러나 많은 언론 기사에서 보도되었듯 미국 청년들은 초국적 기업이 돈을 많이 벌어들이고 있다는 사실 자체에 대해 부정적인 것은 아니다. 당시 뉴욕에 거주하고 있었던 필자는, 주코티 공원에 가서 이 시위에 참여한 젊은이들과 직접 대화를 나눌 기회가 있었다. 당시 대다수의 젊은이는 기업이 성장하는 것, 최대행복의 추구 자체를 문제 삼지는 않았다. 문제는 성장을 통해 만들어진 이윤이 초국적 기업의 몇몇 경영인이나 주주 소유주에게 지나치게 배당되어 정작 생산활동에 참여한 사람들이나 미국인 대다수에게는 적절한 분배가 이루어지지 않는다는 현실이었다. 값싼 가격 경쟁에서 이기고자 하는 초국적 기업이 미국 내에서는 전혀 일자리를 창출하지 못하고 있을 뿐만 아니라 해외에서 만들어낸 일자리도 유아노동 착취와 같은 비윤리적 방식으로 운영하고 있다는 점을 비판했다.

게다가 많은 초국적 기업이 세금 내는 일을 회피하고 있는데, 이는 초국적 기업이 사회적 분배와 관련해 전혀 책임을 지지 않는 대표적인 사례다. 실제로 많은 초국적 기업이 더 많은 세금혜택을 받기 위해 법인세가 낮은 국가로 본부를 옮기고 있다. 2014년 미국의 『포춘Fortune』지는 미국의 거대기업들이 자신들의 본부를 해외로 옮겨 세금을 회피하고 있으며, 미국에 존재하지 않는 것처럼 꾸며놓은 거대기업이 60여 개에 이른다고 지적한다. 결국 이 세금의 결손 부분을 미국 시민들이 내야 하는 것이 현실이다. 『포춘』지는 이런 조세 회피를 "미국의 기업예외주의"라 부르며 비꼰다.[8] 실제

본부를 옮기지 않더라도 많은 기업이 세금을 회피하고 있는데, 월마트는 연방세금 회피로 이미 한 번 미국 사회를 발칵 뒤집어놓은 적이 있고, 제너럴 일렉트릭General Electric 같은 경우에는 2010년에 개인들도 소득이 있으면 내는 연방세금을 단 1원도 내지 않았다.[9]

이 초국적 기업에 대한 미국 젊은이들의 분노는 필자가 진행한 수업에서 자유주제로 제출한 학생들의 지구화 관련 보고서에도 진하게 묻어나 있었다. 자유주제임에도 많은 학생이 이 운동을 주제로 보고서를 제출했고 모두가 일관되게 자기 이익에만 충실할 뿐 세금과 일자리 창출을 통한 사회적 분배에 무관심한 초국적 기업을 소리 높여 비판했다. 더불어 이들을 통제하는 것이 아니라 오히려 돕기에 바쁜 정부와 정책도 조목조목 비판했다.

이처럼 '월스트리트를 점령하라' 운동은 최대행복과 최대다수의 완전한 불일치가 빚어낸 대표적인 사례다. 최대행복에 지나치게 방점을 찍음으로써 최대다수가 사라지는 결과를 낳았던 것이다.

우리의 선택, 성장(최대행복)이냐 분배(최대다수)냐

우리 사회에서도 '성장'과 '분배' 간의 대립은 해묵은 과제다. 1970년대 초반까지 저개발국가였기에 '성장'과 '분배'가 대립할 때면 성장을 습관적으로 지지하는 경향이 이어져왔다. 소위 사회적 총효용의 극대화에 집중했던 것이다. 대기업 위주의 성장정책, 노동운동 억압과 같은 유산이 바로 이 최대행복의 달성과 연관이 있었다. 이런 발상은 국가가 우선적으로 해야 할 가장 중요하고도 필요한 일이 경제성장을 통해 전체 파이를 키우는 것이라는 주장으로 이어졌다.

일반적으로 성장과 분배를 수단과 목적이라는 차원에서 보면 당연히 전체 파이를 키우는 이유는 많은 사람에게 더 큰 몫을 나누어주기 위해서다. 그렇기에 정상적인 성장 담론은 당연히 적절한 성장이 적절한 분배를 위한 수단이라는 점을 명확히 한다. 그러나 현재 우리 사회에서는 '성장'이라는 수단이 삶의 우선적인 목적이 되고, 성장 담론이 정당성을 얻은 근원인 '분배'에 대한 관심은 좌파의 이데올로기 공세로 치부되고 있다. 이를 명분으로 분배를 주장하는 세력들을 사회적으로 억눌러왔던 것도 사실이다. 수단과 목적이 뒤집혀버린 것이다.

실제 우리의 개발독재 시기는 최대행복을 이유로 최대다수의 행복을 외면했던 아픈 과거의 유산이다. 이를 두고 많은 사람이 그 당시의 과제는 부를 축적하는 것이었기에 불가피한 선택이었다고 말한다. 그렇다면 지금은 달라졌는가? 우리는 여전히 해묵은 과제를 그대로 안고 있다. '성장이냐, 분배냐?' 필자의 눈에 우리 사회의 해답은 여전히 성장이다. 여전히 가난하기 때문일까, 나눌 것이 충분하지 않기 때문일까? 동국대 김낙년 교수가 내놓은 한국의 부의 집중도에 대한 연구에 따르면,[10] 2010년에서 2013년 사이 상위 0.5퍼센트에 19.3퍼센트의 자산이, 상위 1퍼센트에게는 25.9퍼센트, 상위 5퍼센트에게는 50.3퍼센트, 상위 10퍼센트에게는 66.0퍼센트가 집중되었던 반면, 하위 50퍼센트는 단지 1.7퍼센트의 자산을 소유한 것으로 드러났다. 그리고 2000~2007년 사이의 지표(상위

0.5퍼센트에 18.4퍼센트, 1퍼센트에 24.2퍼센트, 상위 5퍼센트에 48.0퍼센트, 상위 10퍼센트에 63.2퍼센트)와 비교해볼 때 분배의 불균형은 더욱 심화되고 있다. 이 지표가 보여주듯 우리 사회에서 공정한 분배는 여전히 관심의 대상이 아닌 듯하다. '1대 99 사회'라는 용어가 행복한 한 사람을 위해 99명의 불행한 사람이 존재함을 의미한다면, 우리가 추구하고 있는 최대행복에 대해 이제는 분명 되물어야 하지 않을까?

사례 2 **2011년 서울시 무상급식 논란 ― 최대다수는 누구인가?**

최대행복이 최대다수를 밀어내고 공리주의의 핵심적인 원리로 자리 잡은 세 번째 이유는 최대다수가 누구인지 정확히 알 수 없다는 모호함에 있다. 한 국가가 정책을 세울 때는 특정 혜택을 줄 대상을 명확히 설정해야 한다. 예를 들어 국가유공자에게 혜택을 주는 정책을 세우면 누가 국가유공자인지 기준을 정해야 한다. 그러나 우리가 흔히 신문지상에서 확인할 수 있듯 누가 국가유공자여야 하는지 그 기준이 모호할 때가 있다. 좀더 구체적으로 민주화운동에 참여했다 목숨을 잃은 사람들은 국가유공자여야만 할 것 같은데, 이에 대한 반론도 엄청나다. 민주화운동 참여자를 국가유공자로 보지 않는 사람들도 있을 뿐만 아니라 어떤 역사적 사건이 민주화운동인지를 두고도 논쟁이 벌어진다. 이처럼 너무나 명확할 것 같은 정책조차 그 혜택을 보는 사람들이 누구여야 하는지 모호할 뿐만 아니라 때로 논쟁적이기까지 하다. 이제 이 모호함을 좀더 구체적인 사례를 들어 살펴보자.

2011년 전반기 우리 사회에서 가장 뜨거웠던 정치적 논란은 서울시의 무상급식 실시 여부였다. 공리주의 관점에서만 본다면 이 논란은 행복해져야 할 최대다수가 누구인지를 놓고 벌어진 격렬한 논쟁이었다. 사건을 대략 간추려보자면 서울시 교육위원회가 단계별로 실시하려던 초·중·고 전면무상급식을 두고 당시 오세훈 서울시장이 이 제도가 부자들에게까지 필요 없는 혜택을 주는 잘못된 대중영합적 정책이라고 반대하며 논란이 불거졌다. 이런 반론은 무상급식의 문제가 빈자와 부자의 대결구도로 전환되는 최악의 결과를 낳았다. 더군다나 무상급식을 찬성하는 쪽에서도 급식과정에서 눈칫밥을 먹는 가난한 가정의 학생들이 느낄 '낙인감'을 강조하면서 빈자와 부자의 대결구도가 견고하게 정착되어버렸다.

이 뜨거웠던 논란의 핵심은 무상급식의 혜택을 받을 최대다수가 얼마냐는 것이었다. 서울시 교육위원회는 기본적으로 초·중·고 학생들 전원을 그 대상이라고 보고 단계별로 확대해나가겠다는 입장을 내세웠다. 반면 오세훈 시장은 줄곧 전면급식을 부자급식이라고 비판하며 하위 빈곤층 30퍼센트만 무상급식을 하겠다고 주장했다. 이 두 입장이 격렬하게 대립하며 교육의 기본권 문제가 정치적 이데올로기의 문제로 변질되고 말았다.

모든 학생을 대상으로 보자는 쪽에서 내세운 설득력 있는 주장 중 하나는 급식을 교과서처럼 여기자는 것이었다. 의무교육 아래 가장 바람직한 상황은 교육에서 가장 기본적으로 필요한 교과서를 무료로 배포하는 것이다. 사실 의무교육체제 아래서 학습에 가장 기본적으로 필요한 교과서 배포를 무료로 하자고 하면 반대하는 이들은 거의 없을 것이다. 실제로 우리 사회에서도 의무교육과정인 중학교까지 교과서가 무료로 배포되고 있다. 전면급식을 찬성한 쪽에서는 무상급식 자체를 교과서처럼 교육에 필요한 가장 기본적인 기본재로 여기자고 제안했다. 이렇게 무상급식을 바라보면 부자와 빈자의 대결구도로 볼 필요가 없는, 교육의 기본재로서 '의무급식'일 수 있다.

반면 오세훈 시장은 예산문제를 들며 전면급식은 부자들에게까지 급식을 제공하여 불필요한 지출을 늘릴 뿐이라고 주장했다. 무상급식이 부자들에게는 필요 없다는 말을 곧이곧대로 받아들인다 하더라도 여전히 무상급식의 혜택을 받을 최대다수가 누구냐는 질문은 그대로 남는다. 어느 정도의 부를 지니고 있는 사람이 부자인지를 확정해야 하기 때문이다. 오세훈 시장이 내세운 30퍼센트 주장을 받아들이면 졸지에 서울시는 70퍼센트가 부자인 도시가 되어버린다. 오세훈 시장의 말이 사실이라면 누구나 기쁠 것이다. 그러나 현재 우리 사회는 앞서 김낙년 교수가 제시한 통계에서 보았듯 상위 10퍼센트에 전체 부의 66퍼센트가 쏠려 있는 것이 현실이다.

이 논쟁에서 대두된 부자와 빈자의 분배기준은 어디까지가 혜택을 받을 최대다수인지를 설정하는 데 전혀 효과적이지 않았다. 이런 경우 우리는 어디까지를 최대다수라고 보아야 할까? 독자들 스스로가 최대다수의 선을 정해보고 스스로 그 이유에 답해본다면 공리주의가 안고 있는 '어디까지가 최대다수인가'라는 난제를 금방 인식할 수 있을 것이다.

사례 3 2011년 한미 FTA 논란 — 나의 고통은 타인의 행복?

2011년 전반기를 뜨겁게 달군 사건이 서울시 무상급식이었다면 후 반기를 가장 뜨겁게 달군 사건은 바로 한미자유무역협정FTA 비준 논란이었다. 그 비준을 두고 여당과 야당이 첨예한 대립을 거듭하 다 갑자기 국회의장이 직권상정을 통해 비준해버렸던 것이다. 이후 비준 절차와 조약 내용의 부당성을 들어 연말 내내 반대시위가 이 어지는 상황이 벌어졌다. 그러나 여기서 우리가 논하고자 하는 핵 심은 한미자유무역협정의 문제점이 아니라 공리주의의 최대행복 원칙에 내재되어 있는 또 하나의 난점이다. "나의 행복을 위해 타 인의 고통을 담보로 삼을 수 있는가?"

기본적으로 한미자유무역협정뿐만 아니라 자유무역협정의 기 본은 조약을 체결한 국가가 서로에게 관세혜택을 부여함으로써 각

국이 지닌 경제적으로 강한 부분을 활용하여 양 국가에 값싼 물건을 공급하는 것이다. 예를 들어 자동차부품 업계, 섬유, 항공, 해운 등과 같이 미국의 수출의존도가 높은 분야는 이 조약을 통해 이익을 얻는 반면, 쌀 이외의 품목에 관세가 철폐될 농업과 외국의 복제 의약품이 많은 약품업계는 심각한 타격을 입게 되는 상황이었다. 국가의 정책은 총효용의 원칙이 가장 강력한 영향력을 발휘한다고 볼 수 있는 분야인데, 정부는 정책을 통해 얻을 수 있는 행복과 고통의 총량을 계산해보고 행복의 총량이 더 많다면 그 정책을 선택하게 된다.

그러나 이런 총효용을 두고 결정하는 방식의 문제점은 한미자유무역협정에서 볼 수 있듯 국가 내에서도 이익을 보는 쪽과 손해를 입는 쪽이 명확히 갈리게 된다는 점이다. 같은 정책을 두고 이익을 보는 쪽은 행복하겠지만 손해를 보는 쪽은 고통스러울 것이 자명하다. 이때 우리는 명백한 도덕적 문제를 마주하게 된다. 왜 한쪽의 손해 보는 자의 고통을 담보 삼아 다른 한쪽의 행복을 보장해주어야 하는가? 다른 이의 행복을 위해 나의 불행을 담보로 잡아야 한다면 그 누구도 동의하지 않을 것이다. 사실 이런 식의 행복 증진은 벤담의 공리주의 틀 내에서도 크게 환영받지 못할 듯하다. 벤담은 다음과 같이 단호히 주장한다.

공동체란 자신들이 그 단체를 이루는 구성원들인 것처럼 여기는 개별적 개인들로 이루어진 하나의 가상집단이다. 그렇다면 공동체의 이익이란 무엇인가? 그것은 그 집단을 이루는 몇몇 구성원의 이익의 합이다. (……) 개인의 이익을 이해함 없이 공동체의 이익을 이해한다는 건 헛된 짓이다.[11]

개인의 이익을 고려하지 않는 공동체의 이익이란 없다고 단언하는 이 대목에서 벤담은 공동체의 전체 이익보다는 오히려 개별이익을 훨씬 더 중시한다. 이런 공리주의의 입장을 윌 킴리카Will Kymlica는 다음과 같이 설명한다.

공리주의자들에게 있어 동일한 양의 효용은 그 누구의 것이든 간에 관계없이 평등하게 중요하다. 그 누구도 효용의 계산에 있어 특권을 가지지 않고 어떤 행동에 대해 다른 사람보다 더욱 많은 혜택을 누릴 것을 주장할 수 없다. 그러므로 우리는 사회 내 최대다수 사람들의 선호를 만족시키는 결과를 내야 한다.[12]

이런 논리를 따르자면 정치공동체를 운영하는 정부가 특정 구성원들이 얻어낼 이익을 위해 다른 특정 구성원들에게 고통을 감내하라고 요구하는 것은 공리주의 입장에서도 전혀 올바르지 않아 보인다.

그럼에도 공리주의는 그 내부에 이런 기형적 관점이 정당화될 수 있는 근거를 지니고 있다. 공리주의에서 최대행복은 수단이 아니라 그 자체로 달성해야 할 목적이기 때문이다. 킴리카의 지적처럼 많은 사람이 공리주의에서 효용이 추구되어야 할 대상이라고 생각하는 오류를 범한다. 그러나 공리주의의 본질은 효용을 추구할 대상으로 보는 것이 아니라 반드시 달성해야 할 결과로 보는 데 있다. 이런 점에서 공리주의는 과정보다는 결과 자체를 훨씬 중요하게 여기며, 때로는 지켜야 할 절차들을 무시하는 경향이 있다.[13] 이런 까닭에 공리주의에서는 최대행복의 달성을 위해 인권보호 같은 중요한 목적들이 성장과정에서 지켜지지 않는 것을 무시할 수 있는 여지가 있다. 국부의 증진에 나선 공동체의 입장에서 볼 때 최대행복이 최대다수보다는 훨씬 매력적인 기준이며, 공동체는 얼마든지 사회적 공익을 이유로 사회의 한 집단의 이익을 무시하거나 심지어 인권을 위반하는 행위마저도 정당화시킬 수 있다.

자유의 제한이 지속적인 성장의 토대가 될 수 있는가?

서두에 언급된 미네르바 사건은 이런 공리주의적 입장에서 '표현의 자유'라는 개인의 기본권을 위반한 사례다. 당시 정부는 '미네르바' 박대성 씨의 체포에 그치지 않고 인터넷에 올라온 댓글이나 견해들이 때로 사회적인 해악을 낳는다는 명목으로 인터넷 실명제와 공식적인 검열을 실시했다. 그리고 그 정책의 근거로 사회적 공익, 시민들의 행복 증진 등을 내놓았다. 그렇다면 이런 식으로 언론의 자유를 제한하는 정책은 사회적 행복의 지속적인 증진에 기여할 수 있는 요소일까?

언론의 자유에 대한 제한이 사회적 공익에 기여한다는 논리는 과거 군사정권시대부터 쓰이던 해묵은 것이다. 개발독재를 경험한 분들은 공공연히 언론이 지나치게 자유롭다는 주장을 여전히 내세우며 필요에 따라 언론을 제한해야만 한다고 주장한다. 그러나 미네르바 사건이 일어났던 그해 프리덤 하우스의 『2011년 언론의 자유 보고서』는 이런 주장과 관련해 흥미로운 사실을 보여준다.

언론의 자유 순위

1위 핀란드

2위 노르웨이, 스웨덴

4위 벨기에, 아이슬란드, 룩셈부르크

7위 안도라, 덴마크, 스위스

70위 홍콩, 한국

181위 르완다, 소말리아, 시리아

188위 이란

190위 벨라루스

191위 버마, 우즈베키스탄, 리비아

195위 투르크메니스탄

196위 북한

한 사회가 시민들의 행복을 지키는 수단 중 가장 중요하게 여기는 것이 바로 복지혜택일 것이다. 잘 정비된 복지혜택과 시설은 한 사회가 시민들의 행복에 얼마나 관심을 기울이고 있는지를 보여주는 좋은 척도다. 이 보고서의 통계는 언론의 자유도와 복지체계의 완성도가 서로 상관관계에 있음을 한눈에 보여준다. 언론의 자유가 높은 국가일수록 아주 좋은 복지체계를 갖추고 있다.

그렇다면 각자로는 서로 동떨어져 보이는 이 두 현상이 서로 아주 밀접한 상관관계를 지니고 나타나는 것은 왜일까? 필자는 이런 상관관계가 카스 선스타인이 말하는 '다른 목소리의 효과' 덕분에 나타난다고 생각한다. 선스타인에 따르면 자유로운 사회조차 개인들에게 사회적으로 널리 공유된 생각이나 행위패턴에 순응할 것을 강요하는 경향이 있다. 특히 개인들이 순응할 것을 요구하는 대상에 대해 정보가 없을 경우 개인들은 다른 사람의 말을 그대로 따라가는 성향이 있다. 그렇기에 때로 사회는 정보를 차단함으로써 개인들로부터 더욱 많은 순응을 얻어낼 수 있다. 순응을 얻어내기 위한 핵심적인 장치가 정보의 차단에 있다는 선스타인의 말은 확실히 귀 기울일 필요가 있다. 반대로 생각해보면 다양한 정보가 그 자체로서 권력이 시민을 위하는 정책을 세울 수 있도록 견제하는 효과를 낼 수도 있기 때문이다. 프리덤 하우스의 『2011년 언론의 자유 보고서』는 이런 가설을 뒷받침해줄 만한 충분한 근거를 제공하고 있다. 언론의 자유도가 높은 국가일수록 시민의 복지혜택이 좋은 국가이며, 반대로 언론의 자유도가 낮은 나라일수록 시민의 복지혜택이 낮은 후진국들이다. 이 보고서를 통해 우리는 언론의 자유에 대한 제한이 장기적으로 행복보다는 고통을 더 많이 만들어내는 경향이 있음을 한눈에 확인할 수 있다.

불행히도 프리덤 하우스의 『2016년 언론의 자유 보고서』에 매겨진 한국의 등급은 여전히 "부분적으로 자유롭다"이며 전체 66위를 기록하고 있는 실정이다.

공리주의의 체제 순응적 유산에서 벗어나기

벤담이 공리주의를 만들어냈을 때 공리주의는 시대적 반항아 그 자체였다. 아무리 네가 귀족이라도, 아무리 네가 지배자라도, 아무리 네가 나보다 잘났어도, 네가 아무리 많이 배웠어도, 너의 행복과 나의 행복의 질에는 아무런 차이도 없다는 주장. 더불어 너와 내가 바라고 추구하는 행복은 계급, 신분, 부, 성별의 차이 없이 누구나 한 사람의 개인으로 똑같이 평등하게 취급되어야 한다는 공리주의 정신은 기존 체제와 가치에 대한 정면도전이나 다름없었다. 벤담은 누구도 너와 나의 행복을 차별할 수 없다는 이 정신을 쾌락은 추구하고 고통은 피하라는 간명한 원리에 담아 전달함으로써 개인부터 공동체까지 열광하도록 만들었다.

그러나 공동체 차원에서 '최대다수'라는 원칙의 한쪽을 잃고 '최대행복'에 방점을 찍게 된 공리주의는 공동체 전체가 느끼는 행복만을 중요시할 뿐 개인이 느끼는 행복에는 무심해지는 역설을 낳고 말았다. 공리주의가 체제 순응적으로 변모해버린 것이다. 그리고 많은 사람이 최대행복에 방점을 찍는 동안 인권이나 기본권에 무심할 수도 있는, 정작 원래 공리주의가 가장 중요하게 여겼던 개인의 행복을 경우에 따라 전혀 돌보지 못하는 정의관이 되어버렸다.

그럼에도 공리주의는 여전히 중요한 정의관이다. 국가의 입법과 정부의 정책이 정당성만으로는 유지될 수 없기 때문이다. 효용의 원칙에 따라 고통을 확실히 피하고 행복을 달성하는 일은 입법과 정책 마련에서 기본적으로 고려해야 하는 사안일 수밖에 없다. 다만 앞서 살펴보았듯이 시민들의 최대행복을 보장하는 사회복지체계가 가장 잘 이루어진 나라들이 언론의 자유를 최대한 보장하고 있다는 사실은 최대행복이 기본권의 확실한 보장과 서로 엇박자를 내는 원리가 아님을 명백히 시사한다.

사회적 총생산의 극대화를 위해 분배를 무시해도 좋다는 발상, 사회적 공익을 위해 기본권을 제한해도 좋다는 발상은 최대행복에 지나친 방점을 찍는 동안 공리주의 내에서 생겨난 체제 순응적 발상의 결정체였다. 2016년 6월에 발표된 유엔인권이사회 보고서는 한국의 인권문제를 적나라하게 지적하고 특히 집회와 시위, 결사에 관한 법률 개정을 촉구했다. 집회의 합법성에 대한 자의적 결정, 노조탄압과 같은 결사의 자유에 대한 개입 등이 국제인권의 기준과 부합하지 않는다고 밝혔는데, 9장 칸트 편에서 보았듯 이게 첫 번째 지적이 아니라는 데 더 큰 문제가 있다. 국제사회가 공통적으로 설립을 권고하는 인권위원회가 우리 사회에서 명목상 기구로 전락하면서 이런 사태는 이미 예견된 것이나 다름없었다. 한 공동체가 지나치게 최대행복에 방점을 찍을 때 공리주의 자체가 이상으로 삼았던 개인의 행복을 파괴해버릴 수도 있다는 '자기파괴적' 측면은 인권문제를 직접 마주하고 있는 우리가 반드시 기억해야만 할 교훈이다.

11장

롤스

권리의 극대화가
정의다

> 정치체제에서 부정의의 결과는 시장의 불완전성보다 훨씬 더 심대하고 오래 지속된다. 정치권력이란 순식간에 [권력을 지닌 이에게] 축적되어 [구성원의 관계가] 불평등해진다. 그리고 흔히 보듯 국가와 그 법이 갖는 강제체제를 이용하여 이득을 얻는 사람들은 자신에게 더 유리한 지위를 확보할 수 있다. 그래서 경제적·사회적 체제에 있어서 불평등은 유리한 역사적 조건 아래 존재해온 그 어떠한 정치적 평등도 곧 해하게 된다.
>
> 존 롤스, 『정의론』에서

성남시, 청년에게 기본소득을 배당하다

2016년 1월 20일 성남시가 소위 청년배당이라는 이름으로 우리나라에서는 최초로 3년 이상 성남에서 거주한 만 24세 청년 1만 3,000여 명을 대상으로 12만 5,000원 상당의 지역화폐를 지급했다. 성남시에 따르면 "청년에게 재산, 소득, 취업 여부 등과 관계없이 공평하게 지급해 자신의 역량을 개발하는 데 집중할 수 있도록 함과 동시에 지역화폐 방식으로 지급해서 지역경제 선순환과 활성화에 기여하는 정책"이다. 원래는 한 사람당 100만 원씩 일 년에 네 차례 나누어서 지급하려던 계획이 중앙정부가 성남시의 계획에 반대하며 소송에 휘말리는 바람에 일부만 지급하게 되었다. '배당'이라는 이름에서 알 수 있듯이 성남시의 청년배당은 성남시에 3년 이상 거주한 청년이라면 당연히 받아야 할 몫을 받는 일종의 사회적 권리다. 여기서 중요한 부분은 이 '배당'이라는 제도가 '복지'라는 '2차적 분배제도'가 아니라는 점이다. 오히려 청년배당은 처음부터 일정한 자격을 지닌 구성원이라면 누구에게나 할당되는 1차적 분배수단으로서 소위 '기본소득basic income'이라 불리는 제도다. 대개의 복지혜택이 수혜자에게 소득으로 잡히지 않지만 배당은 개인에게 '소득'의 형태로 지급된다.

그렇다면 누군가가 특정 도시에 혹은 특정 국가에 일정 기간 거주했다는 이유만으로 이렇게 소득을 배당하는 것은 올바른 일일까? 만약 정의로운 일이라면 어떤 근거로 이런 배당이 정당화될 수 있을까? 이런 배당이 다른 '복지제도'와 구별되어야 하는 이유는 무엇일까? 존 롤스의 『정의론』에는 이런 질문에 대한 명쾌한 해답이 있다.

정당화될 수 있는 불평등은 있는가?

존 롤스는 20세기의 칸트로 불리는 자유주의 정치철학의 대가로 1971년 『정의론A Theory of Justice』을 출간하며 세계적인 명성을 얻었다. 『정의론』은 어떤 책이기에 출간과 동시에 온 세계가 주목했던 것일까? 『정의론』은 아주 드물게도 자유주의 입장에서 자유가 아닌 평등의 문제, 특히 불평등의 문제를 다루고 있는 저작이다. 여기서 우리가 짚고 가야 할 부분은 『정의론』이 출간되었을 당시, 미국 사회의 정치적·사회적 맥락이다. 롤스가 『정의론』을 구체화시켰던 1950~1960년대의 미국 사회는 민권운동, 신좌파운동, 여성운동 등을 비롯한 각종 '시민권리운동'이 벌어지고 있던 민감한 시기였다. 특히 빈민과 유색인종(흑인)들은 고용, 거주, 주택의 문제에서 끊임없는 차별이 빚어낸 실업과 주택난으로 생존 자체를 위협받고 있었다. 쉽게 말해 이 시기 미국 사회에서는 기본적 자유, 기회균등, 실질적인 재화의 분배를 계급과 인종, 성적 장벽을 넘어 어떻게 확장시킬 것인지를 두고 치열한 사회적 갈등이 매일매일 벌어지고 있었다. 정치적·경제적·사회적 불평등을 어떻게 해결할 것인가라는 거대한 질문이 미국 사회를 덮치고 있었던 것이다.

롤스는 이 세 측면의 불평등, 즉 정치적·사회적·경제적 불평등이 분리되어 있지 않다고 보았다. 특히 롤스는 정치체제에서 생겨나는 불평등을 시장이 만들어내는 불평등보다 훨씬 심대한 것으로 보았다. 정치권력을 가진 이들이 법과 제도를 통해 더 많은 사회적·경제적 이득을 취할 수 있기 때문이다. 그리고 역설적으로 이런 정치권력이 가할 수 있는 차별은 더 많은 사회적·경제적 이득을 취하는 이들이 정치체제에 영향을 미치는 데서 시작된다.

롤스는 이런 불평등의 문제를 다음과 같은 질문을 통해 제기한다.

기업가 계층에서 인생을 시작하는 사회구성원은 비숙련 노동자 계층에서 인생을 시작하는 구성원보다 더 나은 삶의 전망을 가질 것이다. 인생전망에서 이런 최초의 불평등을 어떻게 정당화할 수 있겠는가?[1]

이 질문은 롤스의 문제의식을 명료하게 드러낸다. "정당화될 수 있는 불평등은 있는가?" 기본적으로 민주주의는, 특히 자유로운 민주주의 체제는 두 가지 전제 위에 서 있다. 첫째, 누구나 동등한 자유를 누릴 수 있어야 한다. 둘째, 누구나 자기 인생의 전망을 실현할 기회를 평등하게 가질 수 있어야 한다. 이런 점에서 기본적 자유의 평등과 인생의 전망을 실현할 수 있는 기회 균등은 누구에게나 똑같이 보장해야 할 전제조건으로, 우리가 차별하거나 불평등하게 나누어줄 수 있는 기본적 재화가 아니다. 다만 우리가 허용할 수 있는 불평등은 자원의 분배와 관련된 것뿐이다. 이는 우리가 최초에 아무리 공정하게 나누더라도 시간이 지나며 교환과정에서 자연스럽게 불평등이 생겨나게 마련이기 때문이다. 그러나 이런 경제적 불평등은 시장의 교환과정에서 자연스럽게 생겨나는 것이라는 이유로 간과해서는 안 될 중요한 삶의 요소다. 바로 이런 경제적 불평등이 사회적 불평등을 만들고, 나아가 공정한 법적 대우를 받는 것과 정치적 의사를 실현하는 데 있어 실질적인 불평등이 생겨나기 때문이다.

사례 1 **카트리나 사태—불평등의 연쇄효과**

그렇다면 우리가 여기서 되물어야 할 질문은 다음과 같다. "경제적 불평등은 진정 사회적·정치적 불평등이라는 연쇄효과를 만들어내는가?" 래리 M. 바텔스Larry M. Bartels는 미국의 경제적 불평등과 정치 간의 상관관계를 6년 동안 분석한 결과물을 담은 『불평등 민주주의*Unequal Democracy*』(2008)에서 이런 질문을 향해 명료한 대답을 제시한다. 바로 "그렇다"이다. 바텔스는 선출직 공직자들이 수백만 명의 저소득층을 위한 정책에 매우 미온적이라는 점을 실질적 증거를 토대로 지적한다. 바텔스는 시민들의 소득수준을 상, 중, 하로 나누고 이들의 정책 요구에 대해 미국 상원의원들이 어떻게 반응했는지 살펴보았다. 그가 제시한 통계에 따르면 상원의원들은 소득분포 하위 3분의 1에 해당하는 유권자들의 의견을 제대로 반영하지 않는 것을 넘어 사실상 온전히 무시하고 있다.[2] 심지어 '최저임금'은 소득이 하위계층인 사람들을 위한 정책임에도 최저임금의 수준을 결정하는 데 있어 소득수준이 '상층'에 속하는 사람들의 의견을 훨씬 더 많이 반영하고 있다. 임금을 받는 계층이 아니라 임금을 주는 계층의 의견을 더욱 심각하게 받아들였던 것이다. 이 연구 결과는 경제적으로 여유가 없는 자에게 시민의 대표들조차 반응하지 않는다는 사실을 적나라하게 드러내고 있다. 실제 오바마 대통령은 바텔스의 이 연구 결과를 자신의 대통령 선거 캠페인에 활용하기도 했다.

바텔스는 경제적으로 빈곤한 자들이 당하는 좀더 충격적인 사회적 불평등의 사례로 '카트리나 사태'를 제시한다. 2005년 허리케인 카트리나가 빈곤지역인 뉴올리언스를 강타했을 때, 정치인들은 복원사업에 사실상 관심을 두지 않았다. 그 때문에 사람들은 거의 두 달 넘게 뉴올리언스 지역에서 떠다니는 시체를 매일 미디어를 통해 지켜보아야 했다. 제3세계에서나 볼 수 있다고 믿었던 일이 미국에서 버젓이 일어나고 있었던 것이다. 바텔스는 물리적 재난을 넘어 심각한 인적 재난의 광경을 목격하며 수많은 미국인이 충격을 받았을 뿐 아니라 동시에 수치감을 느꼈다고 말한다. 카트리나가 안긴 빈부의 차이에 따른 상처는 오랜 시간 아물 수 없는 것으로 남았는데, 그 느린 복구과정에서조차 불평등의 요소가 심각하게 영향을 미쳤기 때문이다. 한 기자는 당시 상황을 이렇게 전했다. "심지어 폭풍이 휩쓸고 간 뒤 거의 8개월이 지난 지금도 로워 나인스 워드the Lower Ninth Ward[뉴올리언스의 대표적인 빈곤지역]에는 연방비상관리국FEMA의 트레일러 한 대도 보이지 않고 있다. 이 지역에 여전히 가스와 식수가 없기 때문이다. 카트리나 이후 빈부 간의 격차가 드러났듯이 선출직 공무원들이 어떤 지역을 재건할지 결정하는 데 있어 계급과 부가 중요한 역할을 하고 있다."[3]

정의로운 사회는 최소 수혜자들의 이익을 향상시킨다

이런 불평등한 관계 속에서 롤스가 주목했던 것은 경제적으로 가장 빈곤한 계층이었다. 롤스는 이들을 '사회 최소 수혜자'라고 부르는데, 이런 사회 최소 수혜자의 이익을 가장 극대화시키는 사회야말로 정의롭다. 이런 사회 최소 수혜계층의 이익 극대화를 추구하는 정의의 원칙이 '차등원칙

difference principle'[4]이다.

롤스는 기본적으로 자원 분배가 동등한 사회가 불평등한 사회보다 바람직한 사회라고 말한다. 평등한 분배보다 불평등한 분배가 더 나은 경우는 평등한 사회에서 분배의 몫보다 불평등한 사회에서 최소 수혜자들에게 분배되는 몫이 더 클 때뿐이다. 예를 들어 다음의 상황을 보자.

	평등 분배사회	불평등 분배사회 1	불평등 분배사회 2
A	5	3	7
B	5	7	8
C	5	20	10
합	15	30	25

위와 같이 자원이 분배되고 있는 세 개의 사회가 있다고 가정해보자. 어떤 사회가 좀더 정의로운 사회일까? 공리주의 입장에서 보자면 사회적 분배의 총합의 몫이 가장 극대화된 '불평등 분배사회 1'이 가장 정의로운 사회라고 할 수 있을 것이다. 그러나 롤스의 입장에서 보면 이 '불평등 분배사회 1'이 가장 정의롭지 않은 사회다. 사회 최소 수혜계층 A의 몫이 '3'으로 가장 낮기 때문이다. 이 경우 평등 분배사회에서 사회 최소 수혜자들의 몫이 불평등 분배사회 1보다 큰 것으로 나타나기 때문에 불평등 분배사회 1의 분배 총량이 두 배에 이르는데도 평등 분배사회가 더 정의로운 사회다. 롤스에 따르면 이런 평등 분배사회보다 불평등 분배사회가 더 정의로울 수 있는 유일한 경우의 수는 '불평등 분배사회 2'처럼 사회 최소 수혜계층 A의 몫이 평등사회의 분배 몫보다 더 많을 때뿐이다. 이 '불평등 분배사회 2'는 공리주의 입장에서 본다면 분배의 총합, 다시 말

해 분배를 위한 사회적 총생산이 25라는 점에 있어서 총생산이 30인 '불평등 분배사회 1'보다 좋지 않은 사회다. 그러나 롤스에게 '불평등 분배사회 1'은 사회 최소 수혜자들의 상태가 너무 열악한, 받아들일 수 없는 불평등이 존재하는 사회다. 여기서 우리는 '최소 수혜의 몫이 구체적으로 얼마인가'라는 질문을 던질 수 있다. 롤스의 대답은 사람들이 빈곤과 무지를 벗어나 자신에게 주어진 자유와 기회를 실현할 수 있는 상태다.

빈곤과 무지는 자유의 가치에 영향을 미친다

흔히 사람들은 묻는다. "왜 우리가 누군가의 빈곤과 무지를 개선시키는 일을 해야만 하는가?" 롤스는 그 이유가 우리가 믿고 있는 자유의 가치 때문이라고 답한다.

> 한 계층의 사람들이 다른 계층의 사람들보다 더 큰 자유를 가질 경우나 혹은 당연히 가져야 할 자유보다 덜 가지게 될 경우, 자유는 평등한 것이 되지 못한다. 평등한 시민들이 갖는 모든 자유는 사회의 각 구성원에게 동등해야 한다.[5]

아주 간단히 말해 여러분 옆에 있는 누군가가 여러분보다 많은 자유를 누리고 있다면 여러분은 자신에게 주어진 자유를 어떻게 받아들일까? 당연히 여러분은 여러분의 자유가 진정한 자유의 가치를 지닌 것이 아니라고 여기게 될 것이다. 그렇기에 자유주의자들에게는 내 옆에 있는 사람

누구라도 내가 즐기고 있는 자유를 동등하게 누리고 있는 상태야말로 자유가 극대화된 상태다. 그러나 내게 주어진 자유가 있고, 그것이 다른 계층의 것만 못하다는 사실을 제대로 자각할 수 있는 경우는 그나마 나은 것이다. 자유에서 가장 큰 문제는 누군가가 자신에게 주어진 자유의 권리와 기회가 있다는 것을 자각하지 못하는 무지의 상태, 자각한다 하더라도 그것을 실현할 능력이 없는 빈곤의 상태. 대개의 경우 빈곤과 무지는 같이 가는데, 빈곤은 교육의 결여로 이어지고 교육의 결여가 무지를 낳기 때문이다. 롤스는 이런 상황을 두고 '자유의 가치'가 손상된 것이라고 명료하게 지적한다.

> 빈곤이나 무지, 일반적으로 수단이 결여됨으로써 자신의 권리나 기회를 이용할 능력이 없는 경우 이는 자유의 특유한 제한조건으로 여겨진다. 즉 〔빈곤과 무지는〕 자유의 가치the worth of liberty에 영향을 미친다.[6]

자유의 가치는 그 자유를 자각할 수 있을 만큼의 지성과 그것을 실현할 수 있을 만큼의 최소한의 경제적 토대가 있을 때 실현된다는 것이다. 만약 사회의 한 계층에 무지와 빈곤, 자유를 실현할 수단이 현저하게 결여되어 있다면 그 사회에서 자유의 가치는 구성원들에게 서로 다른 것이 되고 만다. 그렇기에 우리는 보상을 통해 불운한 사회구성원들이 자유의 가치를 받아들일 수 있도록 그들을 적정한 수준으로 끌어올려야 한다. 따라서 정의로운 사회는 그 사회가 최고의 가치로 여기는 자유의 실현을 위해 사회구성원들에게 적합한 기본 교육을 제공해야 하며, 나아가 빈곤에서 벗어날 수 있을 만큼의 사회적 재화를 분배해야만 한다. 그러나 롤스는 이런 자유의 보상을 두고 혼동하지 말아야 할 것이 있다고 지적한다.

> 불운한 사회구성원은 (최소 수혜자의 이익을 극대화하는) 차등원칙을 통해 자
> 유의 가치를 보상받을 수 있다. 그러나 자유의 가치를 보상하는 것을 불
> 평등한 자유를 정당화하는 것과 혼동해서는 안 된다.[7]

한마디로 자유의 보상을 불평등한 자유를 정당화시키는 일과 혼동하
지 말라는 것이다. 롤스는 불평등한 자유는 그 자체로 정당화될 수 없는
것이라 강조한다.

그렇다면 여기에서 우리가 해야 할 또 하나의 질문이 있다. "과연 어
떻게 우리는 최소 수혜계층의 이익을 극대화할 수 있을 것인가?"

재산소유 민주주의─복지가 아니라 최초의 분배가 문제다

한 사회에서 최소 수혜계층의 이익을 향상시키는 구체적 정책에는 어떤
것이 있을까? 우선 구체적 정책을 논하기 전에 반드시 짚고 넘어가야 할
내용이 있다. 많은 사람이 롤스의 주장을 재분배 이론과 동일시하여 롤스
가 복지국가를 내세우고 있다고 생각한다. 그러나 엄격한 차원에서 보자
면 이런 생각은 명백한 오류다. 오히려 롤스는 복지국가, 특히 자산조사
에 입각한 복지국가에 반대한다. 자산조사에 의한 복지국가는 소위 구성
원들의 소득과 자산을 기반으로 하여 낮은 소득과 열악한 자산을 지닌 이
들을 대상으로 복지를 실시하는 국가를 말한다. 롤스는 자산조사에 입각

한 복지국가에서는 자본이 사적 기업에 장악된 상황에서 정부에 소득을 의존하는 사람들과 시장에서 임금으로 자족하는 사람들로 사회가 갈라져 있음을 지적하며 이런 형태의 분배는 바람직하지 않다고 힘주어 말한다. 자산조사에 입각한 복지가 사회를 분열시키기 때문이다.[8] 실제 자산조사 방식의 복지는 결국 사회를 '가진 자'와 '가지지 못한 자'로 나누고 '가진 자'의 돈으로 '가지지 못한 자'를 보상해줌으로써 '가진 자'들은 '가지지 못한 자'들을 경멸하고 '가지지 못한 자'는 '가진 자'에게 열등의식을 지니게 된다. 실제 우리가 잘 알고 있는 복지의 시초가 된 영국의「베버리지 보고서」가 자산조사에 의한 복지를 반대하고 모든 구성원에게 동등한 복지를 나누어주는 보편복지를 지향했던 이유도 롤스가 제시하고 있는 이유와 동일한 맥락이었다.

이런 점에서 정의로운 사회가 관심을 기울여야 할 올바른 분배의 형식은 '재분배'가 아니라 '최초 분배original distribution'다. 정의로운 사회라면 세금을 통해 이루어지는 재분배가 아니라 적정한 소득을 통해 최초에 이루어지는 분배 자체로 사회구성원들이 자유의 가치를 실현할 수 있어야 하기 때문이다. 롤스는 애초부터 적정 소득이 분배될 수 있는 사회적 기본 제도가 갖추어진 민주적 정체를 '재산소유 민주주의property-owning democracy'라고 부른다. 그렇다면 이런 재산소유 민주주의를 실현할 수 있는 최초 분배와 관련된 정책에는 어떤 것들이 있을까?

사례 2 **최저임금제 대 생활임금제**

최초 분배와 관련하여 우리가 알고 있는 가장 흔한 정책은 '최저임금제'다. 임금이야말로 개인이 노동을 통해 버는 소득으로 사회가 자원을 '최초 분배'하는 가장 기본적인 수단이다. 그렇기에 최저임금제는 '일하는 자는 얼마나 받아야 할까?'라는 중요한 질문과 연결되어 있다. 2016년 '최저임금제'는 미국에서 대통령 선거에 민주당 후보로 나선 버니 샌더스를 통해 중요한 정책과제로 부각되었다. 샌더스는 "미국이라는 나라에서 일주일에 40시간을 일하고도 빈곤에 처해서는 안 된다. 최저임금을 최소한 15달러 이상으로 올려야 한다"는 공약을 내걸었다. 샌더스가 보기에 주중에 하루 8시간 노동하는 사람이라면 빈곤에 빠져서는 안 된다. 이에 평범한 노동자들이 빈곤을 벗어나서 생활할 수 있는 수준을 시간당 '15달러'로 삼았던 것이다. 2016년 현재 미국 연방이 정한 최저임금이 7달러 25센트라는 점을 고려해보면 두 배 이상을 제시한 것이다(주마다 최저임금이 다르지만 어떤 주도 7달러 25센트 이하로 설정할 수는 없다).

우리나라에서 최저임금제는 올림픽이 열린 1988년부터 시행되었으며, 2016년을 기준으로 시간당 6,030원을 유지하고 있다. 한때 우리 사회에서 '88만원 세대'라는 용어가 유행했는데, 당시 시간당 임금은 5,000원 정도였다. 이 임금으로 8시간 일하면 하루에 4만원 안팎을 벌 수 있었고 일주일에 5일을 일하면 20만 원가량 소득을 올릴 수 있었다. 이렇게 4주 28일 동안 일하면 80만 원, 남은 이틀을 더 일하면 8만 원 정도를 더 벌어 88만 원을 벌 수 있었다. 이 88만 원이 빈곤한 세대의 상징처럼 쓰인 임금수준이었다는 점을 고려해보면 최저임금제가 그 의도를 달성했다고 보기는 어렵다. 우리 사회에서 최저임금의 열악한 현실은 앞서 3장에서 살펴보았던 '열정페이'라는 사회적 현상 속에 고스란히 묻어난다.

실제 최저임금이 여러 계층의 이익이 반영된 사회적 합의라는 점을 생각해보면 최저임금제가 빈곤을 벗어나 인간다운 삶을 누리게 해주는 정책이라고는 볼 수 없다. 대개의 경우 최저임금은 현실적인 생계수준을 반영하지 못하기 때문이다. 그렇기에 최저임금은 우리가 소위 생활임금이라 부르는 수준에 맞춰질 때 의미를 지닌다. 윈스턴 처칠은 하원 연설을 통해 생활임금의 중요성을 다음과 같이 호소했다.

여왕 폐하의 국민 중 어느 계층이든, 최대한의 노력에 대한 대가로 생활임금보다 더 적게 받는다면 이는 국가적인 불행입니다. 사람들이 우리가 착취적인 거래라고 부르는 일을 하면서, 아무런 조직도 갖지 못하고, 대등한 협상도 하지 못하며, 좋은 고용주가 나쁜 고용주에게 밀려나는 상황에서는 (……) 진보가 아니라 퇴보에 이르게 됩니다.[9]

불평등 연구로 유명한 경제학자 앤서니 앳킨슨Anthony Atkinson에 따르면 우리가 생활임금을 통해 인간다운 삶을 구축할 때 초점은 시간당 근로소득이 아니라 몇 시간이나 일하느냐에 따라 달라지는 주간 또는 월간 근로소득이다. 그렇기에 생활소득은 사람들이 생계를 유지하기 위해 얼마의 소득이 필요한지 사회적 합의를 통해 만들어진 상세한 예산을 바탕으로 해야 한다. 앳킨슨은 이런 생활임금은 기업의 자발적 참여를 통해 이루어지는 것이 바람직하다고 지적하면서, 기업이 스스로 생활임금을 지급하는 운동에 동참하도록 유도하는 것이 장기적 입장에서 생활임금을 유지하는 데 유리하다고 말한다. 자발적 합의는 이루기는 어렵지만, 한번 자리를 잡게 되면 지속될 가능성이 더 크기 때문이다.[10]

사례 3 **왜 장그래가 정규직으로 전환되어야 하는가?**

최초 분배에 기여하는 또 하나의 핵심 정책은 정규직의 확산이라고 할 수 있다. 정규직이 비정규직에 비해 임금이 높다는 점도 있지만, 더 중요한 측면은 정규직을 통해 각종 사회적 안전망에 진입할 수 있기 때문이다. 정규직은 비정규직처럼 쉽게 해고할 수 없기 때문에 고용안전 효과를 누릴 수 있을 뿐만 아니라 정부와 기업이 제공하는 각종 혜택도 받을 수 있다. 이는 장기적으로 안정적인 소득을 마련할 뿐만 아니라 사회적 안전망의 일부가 됨으로써 생활의 안정을 이룰 수 있다는 점에서 최초 분배를 적절하게 실현하는 매우 중요한 제도다. 예를 들어 비정규직은 직장을 통해 제공되는 의료보험의 혜택을 누릴 수 없다. 이런 점에서 비정규직 축소와 정규직 확대, 비정규직의 정규직 전환은 분배정의 실현에 핵심적이다.

그렇다면 우리나라의 직업 현실은 어떨까? 2015년 경제협력개발기구OECD가 내놓은 통계에 따르면 2013년 8월 기준으로 한국의 비정규직 근로자 수는 409만 2,000명에 달하며 전체 노동자의 22.4퍼센트에 해당한다. 28개 회원국 중 네 번째로 높은 수치로 칠레(29.7퍼센트), 폴란드(26.9퍼센트), 스페인(23.1퍼센트)만이 우리보다 높은 비정규직 비율을 기록하고 있다. OECD 국가 평균인 11.8퍼센트의 두 배에 이르는 수치다.

더불어 비정규직의 정규직 전환비율 역시 아주 낮은 편이다. OECD의 '2013년 비정규직 이동성 국가별 비교' 보고서에 따르면 우리나라에서 비정규직으로 3년을 근무한 사람이 정규직으로 전환되는 비율은 22.4퍼센트에 그쳐서 OECD 평균인 53.8퍼센트에도 한참 못 미치는 실정이다. 드라마 〈미생〉이 이런 비정규직 현실을 적나라하게 드러내자 등장한 정부대책이 소위 '장그래법'이었는데, 기간제 노동자와 파견 노동자의 고용기간을 2년에서 최대 4년으로 늘리는 것이 골자였다. 이 법은 오히려 비정규직이 정규직으로 전환되는 기간을 합법적으로 사실상 2년 더 늘리는 것이었는데, 이를 두고 비정규직 보호대책이라고 했던 것이다.

숱한 장그래들이 정규직으로 전환되는 일은 단지 그들이 안정된 직장을 잡았다는 데 그치지 않는다. 그것은 한 사회의 분배구조가 정의로운 구조로 바뀌고 있다는 의미이며, 장그래들이 자신에게 주어진 자유의 가치를 실현하는 조건에 더욱 가까워지고 있다는 의미다.

사례 4-1 기본소득─공정한 출발의 기회를 보장받을 권리 1

롤스가 제시하는 정의로운 사회가 제공하는 가장 핵심적인 제도는 바로 인생의 전망을 실현하는 데 있어 공정한 출발의 기회를 보장하는 것이다. 특히 출생이라는 사회적 우연성으로 생겨나는 출발선 상의 불평등은 사회가 최대한 교정해야만 하는 중요한 사안 중 하나다. 이런 사안과 관련해 롤스가 주장하는 '최초 분배' 정책의 하나로 가장 주목받는 제도가 바로 기본소득이다. 기본소득은 사회보험social insurance, 사회부조social assistance와 함께 보편적 사회보장 제도의 하나다.[11] 사회보험은 국민연금과 같이 개인이 현재의 노동시장에서 자신의 지위 혹은 위치에 따라 기여한 만큼 미래에 지급

받게 되는 제도다. 한편 사회부조는 현재 개인이 지닌 소득과 자산에 따라 주로 가구별로 지급되는 정부보조금 제도로 개인이 현재의 노동시장에서 지닌 지위 혹은 위치에 따라 달리 지급된다. 이 사회부조는 주로 세액공제의 형태로 나타나는데, 노동시장에서 열악한 위치에 있거나 소득이 낮을수록 세금을 많이 공제해주는 형태로 나타난다. 결국 이 두 제도 모두 개인이 노동시장에서 어떤 지위를 지니고 있느냐에 영향을 받는다.

반면 기본소득의 특이성은 개인이 노동시장에서 지니고 있는 지위에 상관없이 지급되는 제도로, 기본적으로 시민이라는 권리에 바탕을 두고 있다. 이 기본소득은 주로 공적 기금을 조성하고 그 기금에서 생겨나는 배당금을 분배하는 형태를 띠고 있다. 지금 현재 이런 방식으로 온전히 지급되고 있는 기본소득은 알래스카 영구기금Alaska Permanent Fund이다. 미국의 알래스카 주는 석유세입으로 기금을 조성하고 이 기금에서 생겨나는 이윤을 모든 주민에게 동일한 액수로 지불하고 있다. 알래스카의 주민들은 매해 최대 2,000달러에 이르는 기본소득을 주정부로부터 배당받는다.

이런 기본소득의 발상은 알래스카 영구기금에서 볼 수 있듯이 알래스카의 주민이라면 그 자격 하나만으로 배당금을 받을 수 있다는 '개인의 권리'에 기초를 두고 있다. 당대 기본소득의 주창자라고 할 수 있는 필립 반 파레이스Philipe Van Parijs는 기본소득을 "(1) 개인을 기반으로, (2) 자산조사 없이, 그리고 (3) 노동에 대한 요구 없이 사회구성원들 모두에게 무조건적으로 지급되는 소득"이라고 말한다. 그리고 이 기본소득은 "(1) 수혜자가 누구와 함께 살고 있는지와 상관없이, (2) 수혜자에게 얼마의 소득이 있는지와 상관없이, (3) 수혜자가 일을 하고자 하는 의지가 있는지와 상관없이 지급된다"고 말한다.[12] 파레이스는 누군가 이런 기본소득을 미친 발상이라고 비난할 수도 있지만, 이 기본소득은 자유가 부자들의 전유물이 아니라는 데 찬성하는 이들이라면 누구라도 지지할 수 있는 기반이 있다고 주장한다.

사례 4-2 기본소득이 '소득'이라는 점을 잊지 말자

많은 사람이 기본소득을 누구에게나 지불해야 한다는 점에 찬성하지 않을지도 모른다. 왜 아까운 세금으로 부유한 사람들에게까지 소득을 지불해야 하는지 물을 수 있다. 예를 들어 초·중·고등학교의 '급식수당'이라고 할 때 파레이스의 논리를 따르자면 우리는 일정 연령의 시민권을 가진 모든 아이에게 이 수당을 동일하게 지급해야 한다. 우리는 이런 예로 앞서 살펴본 2011년 서울시 무상급식 논쟁을 자연스럽게 떠올릴 수 있다. 이때 무상급식 논쟁의 핵심은 왜 부잣집 아이들에게까지 무료로 급식을 주어야 하느냐는 것이었다.

그러나 앞서 언급한 경제학자 앳킨슨은 기본소득이 '소득'의 형태를 지니고 있다는 점을 잊지 말아야 한다고 상기시킨다. 기본소득이 소득인 이상, 그리고 한 사회가 소득이 낮은 가정에는 세금을 공제해주고 소득이 높은 가정에는 더 많은 세금을 부과하는 누진세율이라는 적합한 제도를 갖추고 있는 이상, 일정 정도 이하의 소득을 지닌 가정은 그대로 기본소득을 보전할 수 있는 반면, 일정 정도 이상의 소득을 지닌 가정은 지급받은 돈을 자연스럽게 세금으로 되돌려주게 되어 있다는 점을 지적한다.[13] 쉽게 말해 무상급식에 지급된 급식수당을 과세대상인 소득으로 잡을 수만 있다면 이 문제는 자연스럽게 해결된다는 것이다.

그렇다면 어려운 환경에 있는 이들을 군이 보편적인 기본소득으로 보전해주는 이유는 무엇일까? 무엇보다 자산조사에 입각한 복지제도로 갈 경우, 혜택을 받을 자격이 있는 사람 중 상당수가 그 혜택을 청구하지 못하기 때문이다. 앳킨슨은 소득과 연계하여 혜택을 청구하도록 했을 경우, 프랑스에서는 65~67퍼센트, 독일에서는 33퍼센트, 아일랜드에서는 30퍼센트에 해당하는 사람만이 혜택을 청구했다는 점을 지적한다. 특히 이런 혜택을 빈곤층에게 부여할 경우, 상대적으로 빈곤층에 만연한 정보의 부재와 무지가 혜택의 수혜를 가로막는 주요 장애로 작동한다.

이런 기본소득이 인생의 일정 시기에 출발선상의 공정성을 보장한다는 점을 생각해보면 일정 연령에 해당하는 모든 어린이에게 지급되는 '자녀수당'과 같은 기본소득은 정말 중요한 제도라고 할 수 있다. 인생의 전망이 어린 시절부터 달라질 수 있다는 점을 생각해보면 '자녀수당'의 중요성은 인정할 수밖에 없을 것이다. 물론 이를 소득으로 잡는다면 올바른 세금체계를 갖춘 국가에서는 경제적으로 어려운 가정의 어린이에게는 도움을 주고 부유한 가정에 지급된 수당은 자연스럽게 세금으로 환수할 수 있다.

우리 사회에서 화제가 된 '청년배당' 역시 그 나름대로의 사회적 의미가 있다. 특히 노동시장에서 열악한 처지에 있는 청년들에게 청년배당은 매우 중요한 역할을 할 수 있다. 파레이스는 청년배당이 직장에서 상사들에게, 그리고 국가와 관련해서는 관료들에게 '아니오'라고 말할 수 있는 힘을 부여한다고 말한다. 반면 도전적인 일을 하고자 하는 청년들은 도전의 의지를 불어넣을 수 있다고 말한다. 물론 '청년배당'이 이런 일을 할 수 있으려면 좀더 장기적으로, 더 나아가 안정적인 생활이 될 수 있는 수준이 되어야만 한다. 이런 점에서 성남시가 실시한 청년배당은 기본소득이 추구하는 목적에 여전히 미치지 못하는 것이다. 어려운 환경에 있지 않은 청년들에게까지 돈을 지불할 필요가 있느냐고 묻는다면 앞서 언급된 앳킨슨의 말을 떠올리면 된다. 당연히 '청년배당'도 '소득'이기에 제대로 된 세금체계를 지니고 있다면 고소득 청년의 경우 배당된 금액을 세금으로 환수할 수 있다.

사례 5 **기초자본—공정한 출발의 기회를 보장받을 권리 2**

사실 기본소득보다 공정한 출발의 기회를 보장하려는 좀더 충격적인 '최초 분배' 제도는 '기초자본basic capital'이다. 사실 이 제도를 제안한 이는 프랑스 혁명과 미국 혁명 모두에 관계했던 토머스 페인Thomas Paine이라는 18세기의 유명한 사상가다. 페인은 "국가기금을 만들어 마련한 돈으로 모든 사람이 스물한 살이 되었을 때, 토지재산권의 도입으로 자연상속재산을 상실한 데 대한 대가로 15파운드씩 나누어주자"[14]는 제안을 했다. 당시 15파운드는 영국의 농업종사자들이 6개월 동안 벌어들이는 소득수준이었다고 한다.

그렇다면 페인은 왜 이런 제안을 했던 것일까? 페인의 발상은 기본적으로 토지의 사유화 문제와 맞물려 있었다. 재산의 사유화, 특히 토지의 사유화가 급격히 일어나자 서구 사회에서 중요한 문제 하나가 제기되었다. 하느님이 인간에게 공유물로 준 자연이 어떻게 개인의 것인 사유물로 바뀔 수 있는가? 존 로크는 이런 질문에 맞서 인간의 노동이 공유물을 사유물로 바꾸는 데 결정적인 역할을 한다고 주장했고, 이후 우리가 알고 있는 당대의 '노동가치설'은 이렇게 시작되었다. 어쨌든 핵심은 공유물이 사유물로 바뀌었다는 것이고, 이로 말미암아 이제 후세대들이 하느님이 준 공유물을 누릴 수 있는 기회를 박탈당한 것을 어떻게 보상할 것인가라는 문제가 남게 되었다. 페인은 이에 대해 국가가 기금을 마련해서 사람들이 스물한 살에 이르게 되면 자신의 생을 시작할 수 있는 일정한 목돈을 주자고 주장했던 것이다.

　모든 사람이 '사회로부터 일정 정도의 상속을 받을 수 있게 하자'는 페인의 발상이 제도화되어 나타난 것이 바로 '기초자본'이다. 이 '기초자본'을 성년이 될 때 지급하는 이유는 세대 간의 불평등을 교정하는 것이 이 제도의 목적이기 때문이다. 특히 당대 사회에서 상속의 영향력은 매우 큰데, 이는 세간에 널리 퍼져 있는 '수저론'에서도 확인할 수 있다. 이런 상속의 불평등에서 생겨나는 문제를 사회적 상속, 바로 '기초자본'을 통해 교정하자는 것이다. 이 '기초자본'이라는 발상을 전면에 내세워 새로이 주장했던 브루스 애커만Bruce Ackerman은 부유한 이들에게 일종의 부유세 2퍼센트를 물려 조달한 자금으로 미국의 젊은이들 개인에게 각각 8만 달러씩의 '기초자본'을 지급할 수 있다고 주장한다.[15] 어떤 이들은 이를 두고 사회가 젊은이들에게 이런 기초자본금을 지급하면 헛되어 써버릴 수도 있다는 주장을 펼치곤 한다. 이에 맞서 기초자본을 옹호하는 이들은 그런 이유로 기초자본금의 액수를 더 많이 지급해야 한다고 주장하는데, 너무 적은 돈은 헛되이 쓰기가 쉽지만 많은 돈은 오히려 신중하게 쓰게 된다는 이유에서다.

공정한 협력을 위해 최대 수혜자의 이익을 제한하라

롤스가 제시하는 "최소 수혜자에게 가장 큰 이익을 주는 사회가 정의롭다"는 주장을 접할 때 우리가 마주하는 또 다른 질문이 있다. "최소 수혜자의 몫이 크기만 하다면 빈부의 격차는 무시되어도 좋은가?" 예를 들어 다음과 같은 분배 상황을 생각해보자.

	사회 1	사회 2
A	5	10
B	65	15
C	35	75
합	100	100

이 두 사회는 동일한 생산을 통해 분배할 수 있는 총량 100을 갖추고 있다. '사회 1'은 그중 A라는 최소 수혜계층에게는 5의 분배량을 할당하고 중산층 B에게는 65, 최상위 C계층에는 35라는 몫을 배당하고 있다. 반면 '사회 2'에서는 A에게 10, B에게는 15, C에게는 75의 분배량이 할당되고 있다고 하자. 이때 사회 최소 수혜자의 이익개선이라는 측면에만 초점을 맞출 경우 '사회 2'가 '사회 1'보다 더 정의로운 분배체계를 지니고 있다고 할 수 있을 것이다. 그러나 우리가 명백히 확인할 수 있듯이 '사회 2'는 사회적 자원이 C라는 계층에 75퍼센트나 몰려 있는 빈부의 격차가 극심할 뿐만 아니라 중산층이 허약한 사회다. 반면 '사회 1'은 중산층 B에 사회적 자원의 65퍼센트가 분배된다. 당연히 대부분의 사람은 '사회 1'이 최소 수혜계층의 이익은 상대적으로 덜 개선되어 있지만, 사회적

자산의 전체적 분배의 균형이 중산층에 있다는 점에서 많은 사람이 '사회 1'이 '사회 2'보다 더 정의로운 사회라고 생각할 것이다.

그러나 롤스는 사회 2와 같은 불균형 분배현상은 '자산조사에 기반을 둔 복지국가'에서는 충분히 일어날 수 있지만 자신이 제안하는 '재산소유 민주주의' 체제의 국가에서는 불가한 일이라고 말한다. 일반적으로 '자산 조사에 기반을 둔 복지국가'는 "과도한 소득격차뿐만 아니라 정치적 자유의 공정한 가치와 양립 불가능할 정도로 큰 규모의 부의 불평등이 상속되는 것까지도 허용"[16]한다는 점에서 사회 2와 같은 불균형 분배는 얼마든지 일어날 수 있다. 그러나 '재산소유 민주주의'는 "자유롭고 평등한 시민들의 장기간에 걸친 공정한 협력체계"이기에 한 계층이 사회적 자원을 독점하는 일을 허용하지 않는다. 사회적으로 생산적인 자산은 일부 계층이 아니라 일반 시민들의 수중에 있어야 한다. 그러므로 재산소유 민주주의에서 가장 핵심적인 것은 경쟁을 가장한 독점을 제거하고 자본소유를 분산시키는 것이다. 그렇기에 재산소유 민주주의는 "일정 시기의 마지막 순간에 적게 가진 사람들에게 소득을 재분배함으로써가 아니라 각 시기가 시작하는 순간 생산적 자산과 인간자본(교육된 능력과 훈련된 기예)의 광범위한 소유를 보장함으로써 부의 집중을 피한다."[17] 이런 맥락에서 보면 재산소유 민주주의는 사회 2와 같이 C계층이 사회적 자원을 독점할 수 없도록 막는다.

이 사례에 등장한 '사회 2'의 자원 분배상태를 제대로 인지한 사람들이라면 그 누구라도 이런 분배 현실이 올바르지 못한 것이라 생각할 것이다. 문제는 우리나라의 소득분배 현실이 예로 든 '사회 2'보다 훨씬 더 열악하다는 점이다. 2014년 김낙년·김종일 교수가 내놓은 한국의 소득분배에 대한 연구(OECD 통계 참고자료인 파리경제대학의 데이터베이스DB에도 등록되어 있다)에 따르면,[18] 2012년을 기준으로 상위 10퍼센트에 45퍼센트의 소득이 집중되어 있다. 상위 10퍼센트가 48퍼센트를 차지하여 소득불균형이 가장 심한 미국의 뒤를 이어 세계 2위에 해당하는 수치다. 공리주의자들은 '성장 없는 분배'가 없다고 하지만 그 성장의 이익 대부분이 상위 10퍼센트에게만 분배된다면, 왜 다른 90퍼센트의 사람들이 열심히 일해야 하는가라는 답할 수 없는 질문이 남는다.

사회의 갈등은 생산이 아니라 분배에 있다

롤스가 제시한 『정의론』은 기본적 자유, 인생의 전망을 실현할 기회, 사회경제적 자원을 어떻게 분배할 것인가라는 문제를 담고 있다. 그렇다면 왜 분배가 중요한 것일까? 『정의론』에서 롤스는 사회를 생산과 분배를 통한 공정한 협력체계로 이해하고 있다. 롤스는 "사람들이 혼자만의 노력에 의해서 살기보다는 사회협동체를 통해서 모두가 좀더 나은 생활을 할 수 있다는 점에서 이해관계가 일치"한다고 말한다. 이런 협력체계에서 정의의 역할은 상충하는 요구를 효율적이고도 누구나 받아들일 수 있는 방식으로 조정하는 것이다. 그렇다면 정의가 이 공정한 협력체계를 유지하기 위해 집중해야 할 영역은 어디일까?

　롤스에 따르면 대부분의 사람은 이 협력체계에서 더 많은 생산이 더 많은 이익을 가져다줄 것이라는 점을 이해하고 있기 때문에 협력을 통한 '생산'에서 갈등을 겪을 일은 사실상 많지 않다는 점을 지적한다. 갈등은 우리가 각자의 정당한 몫을 요구할 때 시작된다. 이런 점에서 "사람들은 자신들이 노력을 기울여 얻은 이익의 분배방식에 대해 무관심하지 않으며", 자신이 지니고 있는 각자의 목적을 추구하기 위해 "적은 몫보다는 큰 몫을 원한다."[19] 그렇기에 사회적 갈등은 생산이 아니라 대개의 경우 분배에서 시작된다. 결국 정의는 "얼마만큼이 나의 몫인가?"에 대답할 수 있어야 한다.

롤스가 공리주의를 비판하는 지점은 당대의 지배적인 행위윤리로서 공리주의 이론이 효용의 생산에만 집중할 뿐 사회가 실질적인 갈등을 겪고 있는 영역인 정당한 분배에 대한 해결에는 무관심하다는 점이다. 롤스는 공리주의가 행복의 총량이 얼마인가에만 관심을 기울일 뿐, 그것이 개인에게 분배되는 방식에 대해 간접적으로밖에 관심을 기울이지 않는다고 비판한다. 만약 분배가 생산보다 더 중요한 갈등의 원인이라면 숙고된 행위윤리가 공정한 분배보다 더 많은 생산에 집중한다는 것은 그 자체로 모순이다.

이렇듯 롤스는 정의가 당연히 다루어야 할 대상은 분배지 생산이 아님을 명료하게 지적한다. 동시에 생산에 집착하는 정의의 지침은 공리주의의 사례에서 우리가 이미 살펴보았듯 인권을 위반할 수 있는 위험을 안고 있다는 점 또한 지적한다. 그렇기에 공리주의는 사회 정의를 실현하는 지침으로서 부적절하다. 정의의 핵심은 개인의 권리를 위반하지 않으면서 기본적 자유, 인생의 전망을 실현할 기회, 사회경제적 자원을 적절하게 분배하는 것이다.

자유의 실현을 위해 사회적 자원을 분배하라

그렇다면 개인의 권리를 위반하지 않으면서 기본적 자유, 인생의 전망을 실현할 기회, 사회경제적 자원을 적절하게 분배하는 방법은 무엇일까? 이 지점에서 롤스는 분배에 명확한 서열이 있어야 한다고 주장한다. 공리주의가 겪은 논란은 특히 사회적 자원을 분배하는 데 있어 개인의 권리를 이루는 핵심적인 부분, 기본적 자유와 인생의 전망을 실현할 기회를 위반할 가능성이 크다는 데 있었다.

　이 문제를 해결하기 위해 롤스는 정의의 두 원칙을 제시한다.[20] 첫 번째 원칙은 시민들의 평등한 기본적 자유를 규정하고 확립한다. 제1원칙에 따르면 선거권이나 피선거권, 언론과 집회의 자유, 양심과 사상의 자유, 신체의 자유와 사유재산권, 부당한 체포나 구금을 당하지 않을 자유 등은 시민들의 기본적 자유로 모든 사람에게 평등하게 할당되어야 한다. 한편 두 번째 원칙은 사회적·경제적 불평등을 규정하고 확립한다. 제2원칙에 따르면 재산과 소득의 분배가 반드시 균등할 필요는 없지만 이런 불평등이 정당성을 갖기 위해서는, 특히 사회의 최소 수혜자들에게 이익이 되는 방식으로 이루어져야만 한다(차등원칙). 그리고 공직을 비롯한 사회적 직책은 누구나 동등하게 접근할 수 있도록 개방되어 있어야 한다(공정한 기회균등의 원칙). 롤스는 이 정의의 원칙들이 사회갈등을 해결하기 위해 적용될 때 사전적 서열을 이룬다는 점을 강조한다. 구체적으로 제1원칙은 제2원칙에 항상 우선하며, 제2원칙 내에서는 공정한 기회균등의 원칙이 차등원칙에 우선한다. 이는 사회적·경제적 불평등을 이유로 기본적 자유, 개인의 인생의 전망을 실현할 기회라는 기본권을 침해할 수 없다는 의미다.

　그러나 롤스는 사회경제적 자원이 마련되지 않으면 기본적 자유와 개인의 인생의 전망이 실현될 수 없음을 명확히 인지하고 있다. 더 나아가 이런 사회경제적 자원의 불평등이 정치적 불평등을 만들어내는 현실 또한 지적하고 있다. 그렇기에 롤스의 전략은 사회경제적 자원의 적극적 분배를 기본적 자유의 실현과 연관 짓는 것이었다. 만약 우리가 사회경제적 자원을 올바르게 분배하지 못해 빈곤과 무지에 빠져 있다면, 그 상황 자체가 정의로운 사회의 가장 중요한 원칙인 기본적 자유를 무력화시키는 것이기에, 이런 상황에 놓여 있는 사람에게 차등원칙을 통해 보상해야만 한다는 주장이었다. 롤스의 이런 주장은 자유와 분배를 불가분의 관계로 보아 더 자유로운 사회를 위해 적극적으로 분배해야 한다는 강력한 메시지를 담고 있다.

인간이 아닌 제도가 정의를 실현케 하라

롤스는 이렇게 정의를 실현하는 두 원칙이 명확하게 한 정체의 사회기본제도 속에 각인되어 있어야만 함을 강조하고 또 강조한다. 그렇기에 정의를 논하려는 사람들은 일단 제도부터 이야기해야만 한다.

> 우리가 한 사회의 정의를 논하는 만큼, 정의의 일차적 주제는 사회기본구조, 좀더 정확히 말하자면 사회 주요 제도가 권리와 의무를 배분하고 사회협동체로부터 생긴 이익의 분배를 정하는 방식이 된다.[21]

쉽게 말해 우리가 만들어가는 사회제도들이 바로 이런 정의의 원칙들에 입각해 설립되어야 한다는 의미다. 한 사회의 기본적 제도가 중요한 이유는 이 제도가 구성원들에게 미치는 영향력이 너무나 막대하기 때문이다. 롤스는 한 사회가 어떤 제도를 가지고 있느냐에 따라 구성원들이 소망하는 인생의 전망까지 달라질 수 있다고 말한다.

롤스의 이런 주장은 많은 사람이 정의에 대해 생각하는 상식을 뒤집는다. 대부분의 사람이 정의가 인간 행위에서 나온다고 생각한다. 정의로운 행위라는 말에서도 드러나듯이 정의를 인간이 실행해야 하는 덕목으로 여긴다. 하지만 롤스가 제시하는 정의론에서 정의의 실현은 인간이 아닌 제도의 몫이다. 그러므로 정의의 진정한 핵심은 '얼마나 공정한 제도를 설립하여 실제로 작동하게 만드는가'이지, 상황에 따른 인간 개개인의 도덕적 미덕의 함양에 달려 있는 것이 아니라고 말한다. 2장에서 살펴본 사례들 중 황제노역의 경우를 보면, 그 누구도 제도 자체를 위반하지 않았다는 사실을 확인할 수 있다. 다시 말해 제도 자체가 정의롭게 설계되어 있지 않았기에 발생한 일이었던 것이다.

우리는 제도를 만드는 이들이 행위자들이니 제도보다 행위자가 더 중요하다고 반박할 수 있을 것이다. 그러나 사람들의 행위를 정의에 의존한다면 우리는 정의를 개개인에게 그리고 주어진 상황에 맡겨야 하는 난감한 현실에 처하게 된다. 공익제보자들의 사례에서 쉽게 확인할 수 있듯이 정의를 행하는 개인은 너무나 큰 부담을 지게 되며, 우리는 정의를 상황 윤리에 맡길 수밖에 없게 된다. 그렇기에 우리가 민주적 사회에서 추구해야 할 대상은 '훌륭한 지도자를 찾는 일'이 아니라 '끊임없는 제도화'다. 잘 제도화된 국가에 애초부터 정의로운 사람들이 살았을까? 예를 들어

서구의 잘 제도화된 국가들에 애초부터 정의로운 사람들, 훌륭한 지도자들이 살고 있었던 것일까? 역사 속에서 제도화를 만들어온 원천은 개개인의 정의감이 아니라 그 필요를 자각하는 사람들의 집단적인 그리고 끊임없는 요구였다. 그리고 롤스가 말하듯 좀더 정의로운 제도 속에서 자라난 사람들이 그 제도를 통해 습득한 정의감으로 다시 정의로운 제도를 지지하는 과정을 거치며 더욱 강력한 제도화가 진행되었던 것이다. 우리가 제도의 역할을 1차적으로 고려하든 2차적으로 치부하든, 좋은 사회일수록 정의를 실현하는 주체는 개인이 아니라 제도라는 사실을 부인할 수는 없을 것이다.

"주요 제도는 인간의 인생 전망에 영향을 미친다. 그들이 무엇이 될 것인가에 대한 기대, 어떻게 살 것인가에 대한 소망까지 결정한다."[22]

에필로그

차별과 혐오에 맞서는 정의의 자세

사랑 또는 증오는 정의의 측면들을 뒤바꾼다. 파스칼, 『팡세』에서

이 에필로그는 이 책을 끝맺는 말이자 지금 쓰고 있는 『벌레사회: 차별과 혐오의 일상화에 맞서는 우리의 자세』의 프롤로그이기도 하다. 여러 원인이 있겠지만 차별과 혐오가 싹트는 자리는 언제나 불평등이 만연한 곳이다. 민주사회에서 불평등이 만연할 수 있는 이유는 제도가 그 불평등을 어떠한 방식으로든 허용하기 때문이다. 제도적 불평등이 만연한 곳에서는 정의 역시 강한 자의 편에 서게 된다. 정의가 강자의 편일 때 차별, 자기모멸, 타자 혐오는 일상이 된다. 지금 우리 사회에서는 이런 일상이 가학적 유희로 번져나가고 있다. 이는 우리 사회의 제도가 구성원들을 대상으로 동등하게 작동하고 있지 않음을 시사한다. 이에 맞서 인류는 평등이라는 놀라운 치유제를 찾았지만 이 묘약에는 심각한 문제가 있다. 인간이 욕망을 느끼는 존재인 한 평등 그 자체는 인간이 만드는 것이 아니라 제도가 만든다는 사실이다. 이런 점에서 이 에필로그는 왜 우리가 사회기본구조에 평등의 이름으로 정의를 각인시켜야만 하는지에 대한 이야기의 프롤로그다.

'일베 현상'에 나타난 차별과 혐오, 그리고 '정의'의 위기

지그문트 바우만Zygmunt Bauman은 "지식이 욕구를 만든다"고 말한다. 새로운 정보가 주어지면 새로운 욕구가 생겨나고 그 욕구를 제어할 길은 없다.[1] 이 원리를 심각하게 취한다면 정보사회는 그런 지식과 욕구의 장이다. 아랍의 봄에서 목격할 수 있듯이 이런 지식과 지식으로부터 파생되는 욕구는 정보가 극심하게 제한된 사회에서 '민주화'라는 긍정적인 역할을 해왔다. 우리 사회에서도 이런 정보화 사회가 급격히 진행되었고, 2008년 촛불문화제의 시기만 해도 정보시대의 새로운 욕구는 민주주의의 상징처럼 여겨졌다.

그러나 2016년 현재, 수많은 정보가 넘쳐나고 있는 우리 민주주의의 모습이 조금은 수상하다. '모든 사람은 평등하다'는 말, '누구나 자유롭게 생각하고 표현할 수 있다'는 말은 민주사회의 기본적 원리이자 가치다. 하지만 진정 우리는 그런 민주적인 세계에서 살고 있을까? '일베 현상'이라는 용어로 상징되는 집단은 "우리는 차별에 찬성한다. 자유로운 사회이니 우리와 생각이 다른 그 누구도 관용할 수 없다는 우리의 생각을 관용하라"라는 말까지 서슴없이 내뱉는다. 이런 일베 현상은 시장에서 타자를 누르고 모든 것을 독식하는 것이 최고의 미덕이 되어버린, 이에 더하여 극단적인 이데올로기의 대립 가운데 '적' 없이는 존재감을 느낄 수 없는 자들의 세상이 되어버린 대한민국의 일그러진 자화상이다. 이제 이들은 몇몇 문화비평가가 안전선으로 그어놓았던 온라인이라는 경계 내에 머무르지 않고, '세월호' 참사 이후 유가족의 단식투쟁을 폭식으로 조롱하는 형태로 오프라인까지 나서고 있다.

적을 규정하고 그 적을 사냥하는 존재들의 난립 속에, 상호 수용할 수 있는 '합당한' 이유 없이, 특히 사회적 약자를 그 대상으로 삼아 비난하고 조롱하는 즐거움에 휘말려 살아가는 자들의 탄생. 차별의 논리를 내세우는 자들이 자신이 조롱하고 비웃는 대상보다 우월해야 하는 것은 당연한 논리이니 이런 사람들의 논리가 우월한 자들을 옹호하고 사회적 약자들을 조롱하는 것은 당연한 순리다. 내가 우월해서 살아남는 게, 그래서 억누르는 게 잘못일 리 없다. 그리고 이런 집단적 차별에 대한 책임의 문제는 개인적·집단적 '배설' 혹은 '유희'라는 적절한 변명으로 차단한다. 그리고 민주적 원칙에 대해 가장 위협적인 반대인 '차별'에 찬성하고 있으면서도, 자기 논리의 정당성을 위해, 나아가 그 배설의 정당성을 위해 '민주주의'와 '자유'라는 가치를 이용한다. '민주주의'를 향해 적대적인 욕구를 배설하면서도, 한편으로는 민주주의가 옹호하는 가치들의 이름으로 자신을 변명하는 가운데, 민주주의를 옹호하는 이들조차 민주주의를 혐오하게 만들고 있다. '차별'을 찬성하는 이들에게 '평등'을 전제로 하는 민주주의는 궁극적으로 그 자체로 목적이 아니라 자기 이익을 취하기 위한 수단일 뿐이다. 그러니 약육강식의 세계에서 우위만 점령할 수 있다면, 그리고 자기 욕구만을 배설할 수 있다면 민주주의가 지향하는 세계는 별다른 관심의 대상이 아닌 듯 보인다. '민주주의에 대한 혐오'의 창출은 오히려 자신들이 바라는 '차별이 정당한 세계'에 도움이 되니 사실상 아무것도 잃을 게 없는 것이다.

정의의 차원에서 볼 때 이런 차별이 난무한다는 것은 우리가 지금껏 이야기해왔던 '도덕적' 정의의 기반이 흔들리고 있다는 의미다. 고대인들의 지혜처럼 도덕적 정의는 오로지 평등한 자들만이 다룰 수 있는 대상이기 때문이다. 차별의 관계 속에서 정의를 지배하는 요소는 언제나 힘이다. 더 큰 힘을 갈망하는 이들은 자신의 요구를 정의의 이름으로 내세울 뿐만 아니라 정의의 '레토릭'으로 도덕적 정의를 공략한다. 힘을 갈망하는 정의의 레토릭은 사회적으로 소외된 계층을 '새로운 특권층'으로 묘사하기를 주저하지 않으며, 이 소외된 계층 때문에 자신들이 역차별을 받고 있다고 역설한다. 여성을 위한 정책은 여성을 위한 특권으로 변모하기 쉽고, 빈자들을 위한 정책은 세금을 낭비하는 일로, 소외된 지역을 위한 정책은 지역주의를 강화하는 일로 탈바꿈된다. 다시 말해 일베 현상을 주도하는 이들의 공격대상인 여성, 진보, 호남 등은 사회적 소수자들로서 피해를 보는 이들이 아니라 오히려 사회적으로 부당한 '역차별'을 만들어내는 원천이 되어버리는 것이다.[2] 그렇기에 소수자, 소외된 집단 혹은 지역을 우선적으로 돌보려 하는 민주주의는 이런 부당한 역차별을 옹호하는 기만적인 정치형식일 뿐이다. 이런 발상은 민주화 세대에 대한 혐오, 특히 민주화 세대가 보여주는 기만적인 권위주의에 대한 혐오 등으로 나타나고 있는데, 일베에서 '반대'를 의미하는 버튼의 은유적 표현이 '민주화'임은 이를 직설적으로 드러내고 있다. 여기서 생겨나는 모순은 역차별에 대한 반대가 차별에 찬성하는 자신들의 논리에 어긋난다는 것이다. 역차별에 대한 비난은 어떤 방식으로든 평등에 대한 요구다. 차별에 찬성하는 이들이 평등을 요구하며 한편에서는 평등을 기반으로 선 민주적 체제와 그 경험을 경멸하는 모순적인 현상. 그러나 이들이 내세우는 힘을 갈망하는 정의의 레토릭에서는 이런 모순에 대한 자각을 좀체 발견할 수 없다. 어떻게 이런 일이 가능해진 것일까?

2016년 대한민국, 벌레[蟲] 사회가 되다

차별을 정당화하는 '일베 현상'을 좀더 깊이 들여다보면 우리가 확인해야 하고 주목해야만 할 또 하나의 현상이 있다. 일베 현상에 가담하고 있는 많은 이가 '자신들이 가정과 사회에서 겪은 차별'의 경험을 내세울 뿐만 아니라 더 나아가 스스로를 경멸하는 '자기모멸'을 드러내 보이고 있다는 점이다. 이런 자기모멸 현상은 부정적인 측면에서 두 가지 가능성을 제시한다. 첫째, 자기가 받은 차별의 경험을 내세우며 타자를 혐오하는 일을 대수롭게 않게 여기거나 무시하는 현상이다. 둘째, 자기모멸에 궁극적으로 내재해 있는 적대적 인정투쟁이 파시즘적인 대중운동으로 이어질 수 있는 가능성이다(여기서 인정투쟁은 '자기 존재감'에 대한 투쟁을 의미한다). 이 두 가지 가능성 모두에서 공통적으로 나타나는 상태는, 도덕감은 사라지고 모멸감만 만연하는 현상이다.

언어가 한 사회의 널리 퍼진 의식구조를 반영한다고 할 때, 우리 사회에서 이런 자기모멸과 타자 혐오의 사회적 확산을 고스란히 담고 있는 용어가 바로 사람들을 벌레로 지칭하는 용어, 충蟲이다. 이런 표현을 빌리자면 우리 사회의 구성원들은 누군가에게 기생하는 '벌레'의 형식으로 존재한다. 그 어떤 것이라도 사회가 요구하는 형식에서 조금이라도 엇나가 있으면 그 존재는 쉽게 벌레가 되어버린다. 학교에서 급식을 먹는 초·중·고 학생들은 '급식충'으로 변모해 있으며, 노년세대들은 이미 '노인충'으로 전락한 지 오래다. 우리가 고귀하게 여기던 모성을 담은 어머니의 존재조차 '맘충'으로 변해 있다. 진지한 삶을 추구하면 '진지충'이 되어버리고, 조금이라도 도덕적인 척 굴면 심지어 'X선비'가 되어버린다. 사회에서 어떤 방식으로 존재하든 모두가 배척되어야 할 대상이 되어버린 것이다.

그리고 배척되어야 할 대상에 '자신'까지 포함시키는 일을 주저하지 않는다. 사람들을 벌레라고 부르는 현상이 일반인에게 알려지게 된 계기는 '일베충'이라는 용어의 확산 때문이었다. 우리는 흔히 '일베'에 가담하는 사람들도 문제지만, 이들을 '일베충', 소위 벌레라고 부르는 사람들도 도덕적으로 문제가 있다고 비판하곤 한다. 당연하다. 그 어떤 존재든 우리는 사람을 벌레라고 불러서는 안 된다. 그것 자체가 나 자신이 인간으로서 내 안에 품고 있는 인간성에 대한 모독이기 때문이다. 하지만 일베충이라는 용어가 일베 이용자들이 자신 스스로를 비하하며 지칭하던 용어였다는 사실을 아는 사람은 많지 않다. 실제로도 일베충은 일베 이용자들이 스스로를 지칭하던 용어이고 이들이 이 사이트의 이용자임을 상징하는 벌레 캐릭터까지 제작했음은 공공연한 사실이다. 그렇다면 왜 이들은 자신들을 벌레라고 불렀을까?

실제 초기 일베 이용자들의 증언을 들어보면, 자신들을 스스로 벌레라고 부름으로써 자신들의 발언이 지는 책임에서 벗어나기 위한 수단으로 이용되었다고 한다. 그리고 스스로를 벌레라고 부르는 자기비하적인 발언이 하나의 '놀이', 자신을 경멸하고 타자를 혐오하는 일이 하나의 유희였음을 알 수 있다. 청년작가 박가분은 『일베의 사상: 나는 너를 혐오할 권리가 있다』에서 일베의 문화코드를 다음과 같이 요약하고 있다. 첫째, 자기비하적인 잉여문화와 막장문화, 둘째, 한심한 행위를 넘어 도덕적 관념과 미적 관념에 위배되는 '병맛' 코드, 셋째, 지속적으로 주목받기 위한 극단적 회화화를 통한 '관심병 문화'와 이에 상응하는 '신상털이 문화'다. 그리고 더불어 '일간베스트'가 원래는 법적·윤리적 소지가 있어 삭제대상이었던 게시물을 보존하는 역할을 하는 데서 출발했다고 말한다.[3] 이후 드러난 일베의 문제는 단지 공유할 수 없는 것을 공유하는 데 있는 것이 아니라 바로 민주적으로 합의된 원칙들이 수용할 수 없는 것들을 공유하는 데 있다. 자기모멸이 인정받기 위한 수단으로 활용될 수 있다면 타자에 대한 혐오는 당연히 일상적일 수 있으며 도덕적 권위를 희화화하는 일은 자연스러울지도 모른다. 여기서 우리의 주목을 끄는 점은 이런 모멸과 경멸, 무책임성과 도덕의 희화화 옆에 소수자를 대상으로 삼는 역차별에 대한 진지한 '피해의식'이 함께하고 있다는 사실이다. 그렇다면 어떻게 이토록 다른 두 개의 현상, 모든 것에 대한 희화화와 진지한 피해의식이 공존할 수 있는 것일까? 자기모멸과 역차별에 대한 적대감이라는 다른 성향의 '피해의식'이 만나는 지점은 어디이며, 이것들이 만나게 될 때 어떤 현상이 일어나게 되는 것일까?

'자기모멸'의 인정투쟁과 '폭민'의 가능성

인류학자이자 사회학자인 김찬호는 『모멸감』(2014)에서 "누군가를 모욕하고 경멸하면서 나의 존재감을 확인하는 것"을 "타인에 대한 모멸"이라고 말한다.[4] 여기서 우리가 주목해야 할 점은 모멸이 존재감을 확인하는 하나의 방식이라는 점이다. 그렇다면 이런 모멸을 당하는 당사자들은 자신의 존재에 대해 어떻게 느낄까? 애덤 스미스는 『도덕감정론』의 한 구절에서 이에 대한 힌트를 제시한다.

무시당하는 것과 부인당하는 것이 별개의 것이긴 하지만, 자신이 무명의 처지에 있기 때문에 명예와 칭찬이라는 밝은 빛에 가려져 이웃으로부터 주목받지 못한다고 느끼는 것은 인간 본성 중에서 가장 유쾌한 희망을 좌절시키고 가장 치열한 욕망을 버리게끔 만든다.[5]

스미스는 원래 가난한 이들이 사회적으로 느끼는 모멸을 설명하기 위해 이 문장을 썼지만, (그 물리적인 수에 상관없이) 어떤 방식으로든 사회적으로 주목받지 못하고 동료의식의 부재 속에서 연대의 일부가 되지 못하는 이들이 겪는 좌절감을 잘 표현하고 있다.

니체Friedrich Nietzsche는 『선악을 넘어서Jenseits von Gut und Bose』(1886)에서 이런 사회적 약자들의 모멸감의 극단적 형태를 '르상티망resentment (원한 혹은 분노)'으로 표현하고 이것을 사회적 강자들에 대한 약자들의 노예적 반감으로 취급했다. 그리고 이런 반감이야말로 도덕의 뒤편에서 작동하고 있는 선악 구분의 기준이라 말하며, 행위의 기준은 도덕적 잣대가 아니라 고귀함과 비천함이라는 미학적 잣대여야 한다고 말한다. 애덤 스미스는 니체의 미학적 관점과는 전혀 다른, 또 다른 시선에서 바라볼 수 있는 이야기를 들려준다. 니체가 약자들이 품는 원한을 비웃고 조롱하는 것과는 달리, 스미스는 사회적 약자들은 강자들에 대해 원한을 품기보다는 오히려 사회적 강자들로부터 아무것도 기대할 수 없음에도 그들을 동경하는 경향이 있다고 말한다. 스미스에 따르면 사회적 약자들은 자신들이 약하기 때문에 동감받지 못하는 존재가 되었다고 생각하고 동감받기 위해 부와 권력을 가진 강자에게 집착하여 이들의 삶의 방식, 심지어 악행과 우행까지 모방하는 성향이 있다. 그리고 이런 성향은 단지 사회적 강자에 대한 동경뿐만 아니라 자신과 같은 처지에 있는 사회적 약자를 향해 더 많은 멸시와 혐오를 퍼붓는 경향으로 이어진다.

공로가 같다면, 부자와 권세가를 가난하고 비천한 사람들보다 더 존경하지 않는 사람은 없다. 대부분의 사람은 후자의 진실하고 확실한 공로보다도 전자의 오만과 허영에 훨씬 더 감탄한다. (……) 사람들이 상류사회 사람의 방탕한 생활을 경멸하고 혐오하는 정도는 하류사회 사람들의 방탕한 생활을 경멸하고 혐오하는 정도보다 훨씬 약하다. 후자가 절제와 예절의 준칙을 조금이라도 위반하는 경우에는 전자가 그러한 준칙을 끊임없이 공공연하게 멸시할 때보다 더 많은 분노를 불러일으킨다.[6]

스미스의 이런 입장을 요약하자면 자기모멸에 이른 자들은 일반적으로 강한 자에 대한 반감보다는 강한 자에 대한 동경과 약한 자에 대한 더 깊은 모멸로 이어지는 경향이 있다. 정치 현실에서 볼 때 이런 자기모멸의 논리가 인정투쟁의 형태를 취할 경우 사회적으로 나타나는 현상이 바로 파시즘적인 대중운동의 기반이다.

예를 들어 한나 아렌트는 『전체주의의 기원』에서 전체주의 사회를 구성하는 하나의 요소로서 대중mass, 그 안에서도 '폭민mob'의 존재에 주목한다. 아렌트에게 대중은 이 세계가 어떻게 만들어지는지에 대해 진지한 관심을 결여한 원자화된 인간으로서 공공성의 기반인 자신의 목소리, 즉 '개인성individuality'조차 상실한 존재다. 문제는 이런 대중이 세상에 대한 합리적 이해를 결여한 채 인정투쟁에 나설 때 생겨난다. 아렌트는 조직화되지 않은 채 적대적인 인정투쟁에 나선 대중적 존재를 '폭민'으로 묘사하는데, 이들은 자신의 정체성에 적합한 조직이나 자리 그 "어디에도 속하지 않은 채" 인정투쟁을 위해 "대중운동에 빨려 들어가는, 조직화되지 않는 폭력적 군중"이다.

> 폭민은 일차적으로 각 계급의 낙오자들을 대표하는 집단이다. 이 때문에 폭민을 인민the people과 혼동하기 쉽다. 인민 역시 사회의 모든 계층을 아우르기 때문이다. 인민이 모든 혁명에서 진정한 대의제를 위해 투쟁했다면, 폭민은 항상 '강한 자', '위대한 지도자'를 소리 높여 외친다. 폭민은 자신을 소외시킨 사회를 증오하며, 자신을 대변해주지 않는 의회 역시 증오하기 때문이다. (……) 사회와 정치적 대의제도에서 배제된 폭민은 필연적으로 의회 밖의 행동에 의지하게 된다. 더욱이 이들은 몸을 숨기고 무대 뒤에서 활동하는 그런 운동과 영향력에서 정치적 삶의 실질적 힘을 찾으려는 경향이 있었다.[7]

아렌트에 따르면 이런 폭민은 사회적 상류계층에서 등장할 수도 있다. 이들은 물리적으로든 혹은 정신적으로든 자신이 속한 계층에서 자신의 정체성을 표현할 수 있는 공간을 찾지 못한, 대중사회의 원자화에서 탄생한 집단이다. 그렇기에 많은 폭민이 평범한 얼굴을 하고 있다. 자신을 대변해주지 못하는 사회와 제도에 불만을 느낀다는 점에서 정치를 거부하는 성향을 띠지만, 한편으로는 조직화되지 못했다는 점에서 속할 곳 없는 자신을 대변해줄 수 있는 지도자 혹은 집단을 기다리는 성향도 있다. 이런 성향 때문에 자신을 대변해줄 지도자나 정치세력이 나타날 경우, 이들에게 논리적 일관성 없이 충성하거나 집착하는 모습을 보인다.

더 나아가 소외된 자들로서 때로는 "파괴의 희생을 치러서라도 역사에 진입하려는" 강력한 욕구를 내보이는데, 이런 욕구는 테러리즘의 형식을 취하는 극단적인 정치 표현주의로 드러난다.

아렌트가 묘사하는 이런 폭민의 성격을 당대의 현상과 결합해 다음과 같이 요약할 수 있다. 첫째, 폭민은 그 욕구 자체가 합당하지 못하여 기본적으로 사회의 모든 계층에서 자신의 정체성을 적절히 표현할 수 있는 기회를 상실하거나 집단을 찾을 수 없어 '소외'의 경험을 겪고 있는 자들에게서 등장하는 경향이 있다. 여기서 '소외'는 과거 당연히 내가 지배해야 할 것을 지배하지 못할 때 생겨나는 현상이 만연할 때도 불거진다. 예를 들어 당연히 내게 복종해야 할 세력들(소수자들)이 사회적 평등이라는 이름으로 대등한 권력을 갖거나 더 많은 권력을 가질 때 사람들은 소외를 경험한다. 이런 맥락을 따라가다 보면 '소외'는 사회적 하류층만이 겪는 현상을 의미하지 않으며, 비록 상류층이라 할지라도 이들도 자신의 정체성을 합리화시켜줄 수 있는 조직이나 집단에 속하지 못할 때 충분히 경험할 수 있는 현상이다. 둘째, 대표되지 못했다는 점에서 자신이 대표될 수 있는 기회를 은밀하게 때로 공개적으로 끊임없이 모색하는 성향이 있으며, 이를 나보다 '강한 자' 혹은 '위대한 지도자'를 통해 해소하려는 성향을 보인다. 셋째, 정상적인 제도의 틀 내에서 자신의 욕구가 반영되지 못한다는 점에서 제도권 밖의 행동에 의지하게 되며, 익명성 속에서 추구하는 정치적 행위들이 상당히 많은 사례에서 극단적인 정치 표현주의로 드러난다는 점이다.

실제 일베 현상에 가담하는 이들은 아렌트가 제시하는 폭민의 성격과 여러 측면에서 유사성을 보인다. 우선 일베 현상에 가담하는 이들이 자신이 속한 사회적 계층에 상관없이 다양한 소외의 경험에 호소하고 있다는 점, 그리고 그 소외가 제도적으로 대변될 수 없는 현실에서 일베를 자신들의 대변되지 못하는 욕구를 풀어내는 장으로 이해하고 있다는 점이다. 특히 청년세대에서 이런 소외를 호소하는 일베 현상이 확산되고 있는 배경을 구체적으로 이해하고자 한다면, 이들이 성장한 시기의 정치적·경제적·사회적 구조의 변동을 살펴볼 필요가 있다.

우선 경제적으로 이 청년세대들은 지구화가 만든 경제적 불평등으로 고통받는 청년세대, 즉 미국에서는 밀레니엄 세대, 유럽에서는 Y세대의 탄생과 유사한 맥락을 지니고 있다. 이 세대는 신자유주의의 영향 아래 가장 치열한 경쟁 속에서 성장했지만, 실업과 미래의 불안이라는 점에 있어 가장 고통받은, 그리고 고통받고 있는 세대이기도 하다. 우리 사회에서 이 시기는 민주화의 시기와 우연히 겹치는데, 이 민주화 시기는 또한 IMF의 구조조정 시기와도 맞물려 있다. 일베 현상을 지지하며 소외를 호소하는 이들에게 '민주화'는 구조조정이라는 거대한 시장의 요구 앞에 매우 무력한 것이다. 이들에게 압도적인 담론이 '산업화', '아버지', '여성혐오', '평범한 가정 꾸리기'라는 점은 우연이 아니다. IMF 개입 이후 상시적으로 진행되고 있는 구조조정이라는 생존의 문제와 맞서 자신의 가정을 지키기 위해 사력을 다하고 있는 아버지에게 민주화가 전혀 도움이 되어 보이지 않는 것이다. 이들의 시선에서 민주화는 아버지의 고통보다는 오히려 기존에 소외되어왔다고 여겨지는 '사회적 소수자들'과 '지역'에 더 많은 관심을 기울이고 있을 뿐이다. 특히 민주화 이후의 세계에 급부상한 '여성' 노동력은 아버지에게 커다란 위협이다. 여성 노동력이 부상할 수 있었던 이유가 그들이 신봉하는 자본주의 시장이 가격경쟁력에서 남성보다 여성을 선호했기 때문이라는 이유는 보지 못한 채 말이다. 그렇기에 이들에게 더 설득력 있어 보이는 것은 아버지들이 살아남을 수 있는 '성장'을 가져다준 '산업화'다. 더불어 아버지(남성)에게 위협이 되지 않는 좋은 여자친구 만나서 '평범한 가정'을 꾸리는 것이 꿈인 것은 논리적 귀결이다. 문제는 'N포 세대' 담론 등에서 볼 수 있듯이 이런 '평범함'이 쉽게 성취될 수 없는, 평범한 것 이상의 대상이 되어가고 있다는 점이다.[8] 이런 분위기 속에서 젊은이들 사이에서는 "아프니까 청춘이다"라는 식의 문화적 이데올로기와 동화되는 현상이 나타나고 있다. 본질적으로 이들이 호소하고 있는 소외의 본질은 '평범함으로부터의 소외'다. 문제는 누구도 이들의 소외에 제도적으로 주목하지 않고 있다는 점이고, 이제 이들은 스스로 속할 곳을 '제도의 밖'에서 "몸을 숨기고 무대 뒤에서 활동하는" 곳에 자신을 기대고 있는 것이다.

그러나 이런 일베 현상에 나타난 자기모멸의 일반화가 정치적 대변의 실패에서 왔다는 점이 정치적 대변의 기회를 포기했음을 의미하는 것은 아니라는 사실에 유의해야만 한다. 카를로 보르도니Carlo Bordoni는 이런 성향을 "정치에 대한 거부에서 출발해 대중의 시선과 사랑을 사로잡을 수 있는 카리스마적 인물에 대한 찬양을 거쳐 마침내 사태를 바로잡을 중대 임무를 맡을 수 있는 유일한 인물의 독재를 정당화하게 된다"고 묘사한다.[9] 이들에게서 종종 찾아볼 수 있는 박정희와 전두환에 대한 찬양은 우연히 만들어진 것이 아니다. 나아가 자기모멸은 강자에 대한 추종뿐만 아니라 사회적 약자를 향한 멸시로 이어진다. 이런 성향은 일베 현상에 가담한 이들의 표현이 사회적 약자를 향해 정치적 테러리즘의 형식을 취하고 있다는 점에서 너무나 쉽게 찾아볼 수 있다.

관용하지 않는 이를 관용할 수 있을까?

일베 현상에 나타난 테러리즘에 가까운 표현주의에 맞서 어떤 이들은 그 원천이 되고 있는 일베 사이트를 폐쇄해야 한다고 주장한다. 이들의 의견은 소위 '증오발언'이기 때문에 표현의 자유에 해당되지 않으며, 이런 발언이 난무하는 곳을 원천적으로 봉쇄해야 한다는 것이다.

표현의 자유는 모두의 생각이 다르고 그 다른 생각을 관용한다는 정신을 바탕으로 하는 중요한 '자유주의적' 기본권이다. 일베 현상은 이런 관용을 추구하는 자유롭고 민주적인 사회가 그 내부 깊숙이 근본적으로 껴안고 있는 문제, "타자를 관용하지 않는 이들을 어떻게 관용할 수 있을 것인가?"에 대한 질문을 직접적으로 제기한다. 관용의 정신을 기반으로 유지되는 '표현의 자유'의 존재 의미 자체에 대한 도전을 어떻게 다루어야만 하는 것일까? 표현의 자유의 한계는 어디이며 관용의 한계는 어디일까? 19세기 사상가 존 스튜어트 밀은 『자유론On Liberty』(1859)에서 자유 추구의 한계로 타자의 자유를 침해하지 않는 '무위해성의 원칙no harm principle'을 내세웠다. 존 롤스는 『정의론』에서 "관용하지 않는 자들은 자신들에 대한 불관용에 대해 불평할 자격이 없다"고 말하면서도 이런 이들에 대한 자유의 제한은 "관용을 베푸는 이들이 정당한 이유를 지니고 진지하게 고려해보아 그들 자신의 안전이나 자유로운 제도가 위험에 직면해 있다고 믿는 경우에만 제한되어야 한다"고 말한다.[10] 타자의 자유를 위협하는 것은 자유의 추구가 아니며 관용의 대상도 아니지만, 이들의 자유를 제한하는 일은 즉각적인 위협으로 느껴지는 경우에만 제한해야 한다고 강조한다. 그렇다면 왜 이렇게 자유의 제한은 조심스러워야만 하는 것일까?

기본적으로 표현의 자유는 내적으로는 양심과 사상의 자유, 외적으로는 결사와 집회의 자유와 연관된 중요한 기본권이다. 밀은 "사상의 자유와 말하고 쓰는 자유를 분리하는 것은 불가능하다"[11]고 단언한다. 롤스는 "기본적 자유들은 하나의 전체, 즉 하나의 체계다. 하나의 자유의 가치는 일반적으로 다른 자유들을 명시함에 달려 있다. (……) 유리한 조건 아래서 이런 자유 하나하나의 핵심적인 부분을 다 같이 확고히 적용할 수 있으며 이를 보장할 수 있도록 자유를 정의하는 길이 항상 존재한다"[12]고 말한다.

밀과 롤스의 주장에서 알 수 있듯이 표현의 자유는 기본적 자유 중의 하나이며 기본적 자유는 서로 분리하여 생각할 수 없다. 하나의 기본권은 다른 기본권과 동시에 명시될 때 더 큰 가치를 가지며, 우리가 어떤 기본권을 제한해야 할 때 우선적으로 모색해야 할 방식은 기본권을 제한하는 것이 아니라 최대한 보장하는 것이어야 한다.

'차별과 혐오를 만드는 구조'에 맞서기

그렇다면 표현의 자유를 손대지 않고 일베 현상이 만들어내는 차별과 혐오에 맞서는 방법은 무엇일까? 무엇보다 필자가 그다지 동조하지 않는 방식은 '혐오에 대한 혐오'를 하나의 대응책이 아니라 해결책으로 보는 시선이다. 마르크스가 『경제학-철학 수고Economic and Philosophic Manuscripts of 1844』(1932)[13]에서 교환의 정의를 언급하며 밝히듯 "사랑은 사랑으로만 신의는 신의로만 교환될 수 있다"면 혐오를 혐오로 교환하는 일에 논리적으로 큰 불만은 없다. 그러나 '혐오에 대한 혐오'는 '누구의 혐오가 더 정당한가'라는 답하기 어려운 문제를 제기할 뿐만 아니라 혐오 간의 '힘' 대결만 부추기곤 한다. 무엇보다 혐오의 악순환이 고리를 만들 때, 우리는 어디서 그 고리를 끊어내야 할지 때로 알 수 없는 처지에 놓이기 십상이다. 파스칼의 날카로운 경구가 들려주듯 "사랑 또는 증오는 정의의 측면들을 뒤바꾼다."[14]

그렇다면 공정성이 핵심인 정의가 추구해야 할 해결책은 어디에 있을까? 필자는 차별과 혐오가 양산되는 구조를 바꾸는 데 있다고 본다. 차별과 혐오에 가담하는 이들이 다양한 계층에서 나온다는 점에서, 그리고 그 이유가 다양하다는 측면에서 우리가 고려해야 하는 대책은 명백하게 다면적이어야 한다. 차별의 의식과 문화가 가장 먼저 싹트고 있는 곳이 승자가 모든 것을 가져가도 좋다고 가르치는 시장의 논리를 그대로 이식하고 있는 교육체제임을 인정할 수밖에 없다면, 우리가 심각하게 변화를 넘어 변혁을 고려해야 하는 부분은 교육제도여야 할 것이다. 현실에서 수많은 초·중·고 미래세대가 일베 현상에 가담하고 있다는 사실에 주목하고, 그 이유와 교육제도 간의 연관성을 심각하게 고려해보아야 한다. '급식충'에서 시작해 '지균충', '편입충', '수시충', '농어충', '지잡대' 등과 같은 자기비하, 차별, 혐오의 용어가 난무하는 현실은 현재 우리의 교육제도와 밀접한 관련을 맺고 있다. 지금 우리 교육제도는 애초에 의도하던 바가 무엇이었든 인간에 대한 존중이 아닌 인간에 대한 차별을 당연시하게끔 만들고 있다.

교육제도와 더불어 우리가 주목해야 할 부분은 현재 우리 사회의 차별과 혐오 담론이 '포기 담론', '수저 담론', '헬조선' 담론과 함께 가고 있다는 점이다. 이 담론들의 핵심은 우리 사회가 이전에는 평범하다고 여기던 모든 것, 예를 들어 연애하는 일, 결혼하는 일, 아이를 낳고 기르는 일, 인간관계를 맺는 일, 집을 사는 일, 안락한 노후를 꾸리는 일이 많은 이에게 불가능한 일이 되어가고 있는 사회적 구조다. 과거에는 평범했던 이 일들이 점차 양극화되어가는 사회구조 속에 상류층의 특권으로 변모하고 있는 것이다. 2015년 12월 NH투자증권 100세시대연구소가 실시한 설문조사에서 응답자의 79.1퍼센트가 자신이 중산층이 아니라고 답했다. 그리고 중산층 열 명 중 네 명은 은퇴 후에 소득이 100만 원에도 미치지 못하는 빈곤층으로 전락할 것이라고 예상했다.[15] 이 통계에 따르면 수많은 사람이 이런 평범함에서 소외된 이들로 전락할 것이라는 두려움에 휩싸여 있다.

여기서 반드시 잊지 말아야 할 중요한 대목이 우리가 포스트산업사회로 진입한 이후 '소비사회'로 변모했다는 사실이다. 소비사회에서 소비할수 없는 인간은 쓸모없는 인간, 잉여인간일 뿐이며 경멸받아 마땅한 존재가 된다. 평등한 민주사회에 확산되는 이런 지독한 불평등을 통한 '인간잉여화'는 자신뿐만 아니라 타자를 혐오하게 만든다. 더 나아가 국가의 관심을 받는 사회적 소수자를 특권층으로 보이게끔 만든다. 세월호 사태이후 유가족에 대한 사회적 경멸은 바로 국가의 관심을 받는 대상을 특권층으로 보는 이런 현상이 그대로 드러난 것이었다.

그렇기에 무엇보다 우리가 주목해야 할 해결책은 '평범함'을 실현 가능한 것으로 만드는 제도적 구축에 있다. 예를 들어 성남시의 '청년배당'과 서울시의 '청년수당'과 같이 각 세대들에게 지급되는 '기본소득', 그리고 한발 더 나아가 제시되고 있는 '기초자본' 등은 이런 평범한 것들을 실현 가능하게 만드는 제도적 상상력의 기초다. 누구에게나 평범한 삶을 살아갈 수 있는 권리가 있다면 이를 실현할 수 있는 공정함을 제도 속에 녹여내야만 한다. 차별과 혐오에 가담하는 이들이 다양한 계층에서 나오는데도 제도적 조치들이 경제적 불평등을 해결하는 일에 치우쳐 있는 데는 이유가 있다. 1대 99 사회라는 표현의 일반화, 전체 부의 66퍼센트가 상위 10퍼센트에 쏠려 있는 현실, 79.1퍼센트가 자신은 중산층이 아니라는 인식은 우리 사회에서 차별과 혐오에 가담하는 다수가 어디에 몰려 있는지 보여준다.

투키디데스는 『펠로폰네소스 전쟁사』를 통해 인간이 구축한 정치체제에 구조적 불평등이 지속되는 한 인간관계의 불평등은 지속될 것이고, 이런 불평등의 관계 속에 정의는 존재하지 않으며 오로지 서로를 향한 '두려움'만이 존재한다는 사실을 명쾌하게 밝혔다. 그리고 스미스가 말하듯 차별이 내재해 있는 불평등구조 속에 억눌린 자들은 쉽사리 자신을 경멸하게 되고, 그 경멸은 금세 타자를 향한 혐오로 확장된다. 근대 세계에서 인간이 이룬 가장 큰 성과는 이런 불평등의 완화를 민주주의라는 체제를 통해 모색하고, 더 구체적으로는 '사회적 시민권'에 담아 해결하려 했던 데 있다. 사회적 시민권은 민주주의 구성원들로 하여금 누구나 평범한 삶을 살아갈 수 있는 권리를 국가를 향해 요구할 수 있도록 했고, 그 결과물이 바로 '복지국가'였다.

1980년대 이후 세계화를 따라 진행된 복지국가의 해체는 바로 이런 사회적 시민권의 해체였다. 이는 곧바로 사회적 양극화와 불평등의 심화를 불러왔다. 대다수의 사람이 허우적거리며 벗어나지 못하고 있는 '불안'의 웅덩이가 바로 '1대 99 사회'로 표방되는 불평등에 있음은 누구도 부인하지 못할 것이다. 지금 우리가 복지의 해체를 통해 제도적으로 구축해놓은 시스템은 '1퍼센트의 유토피아, 99퍼센트의 디스토피아'인 것이다.

장차 포스트산업사회로 진화한 많은 사회가 겪게 될 더 심각한 근본적인 문제가 있다. 바로 인구의 절반이 넘는 사람들이 제대로 된 직업이 없는 상황을 어떻게 해결할 것인가이다. 지금 현재 스페인이나 그리스 같은 경우, 공식적으로 청년실업이 40∼50퍼센트에 이르고 있으며 이런 상황은 곧 수많은 포스트산업사회들에도 닥쳐올 미래다. '알파고'의 예에서 보듯 기계와 컴퓨터가 수많은 직업을 대체해나갈 것이다. 혹 실업의 문제가 심각하지는 않을지라도 대부분의 일자리가 저임금 비정규직으로 대체될 것이다. 앞서 언급했듯 소비사회에서 직업이 없다는 것 혹은 저임금에 시달린다는 것은 근본적으로 소비능력이 없다는 것이고, 소비능력이 없다는 것은 잉여가 되는 것이기에, 결국 닥쳐올 미래는 소비할 능력이 없는 다수의 잉여가 만드는 암울한 사회가 될 것이다. 이런 사회에서 사회구조에 내재된 불평등이 만드는 차별은 자기모멸과 타자 혐오를 만들어내고 확산시키는 원천이 될 게 분명하다.

현재 서구 국가들의 '기본소득'에 대한 실험은 바로 이런 맥락에 놓여 있다. 기본소득은 본문에서 살펴본 인간 존중에 바탕을 둔 제도일 뿐만 아니라 앞으로 선진사회에 닥쳐올 문제, 직업이 없는 사람 혹은 저임금 비정규직인 사람이 다수인 세상에서 구성원들이 함께 살아가는 방식에 대한 실험이다. 기본소득은 개인에게 소득을 제공한다는 점에서, 시장에서 개인이 직접 선택하여 소비할 수 있는 권리를 준다. 기본소득이 제공하는 해결책은 개인에게 선택의 여지를 준다는 점에서 개인에게 선택의 여지가 없는 복지와는 근본적으로 다르다. 더불어 시장에 건강한 참여자를 늘려준다는 점에서 시장을 지탱시키는 힘도 다르다. 우리가 이런 '기본소득'의 의의를 알고 있다면 기본소득을 어이없는 제도로 치부할 수는 없을 것이다. 오히려 기본소득은 우리의 미래를 지탱시킬 수 있는 제도일지도 모른다. 그렇기에 현재 서구 국가들이 기본소득을 미래의 대안으로 생각하고 제도적 실험에 나서고 있는 것이다.

사회가 불평등하다는 사실 그 자체가 결코 차별과 혐오를 정당화하는 근거가 될 수는 없다. 이 사실에서 시작해 누군가는 차별과 혐오 대신 그 불평등을 완화하는 일에 뛰어들 수도 있기 때문이다. 그러나 대다수에게 보장되는 평등이 공유된 가치인 곳에서 차별과 혐오는 자라나지 못한다. 인간을 동등하게 취급하는 것이 제도적 원칙인 사회에서는 더욱 그렇다. 칸트가 지적하듯 좋은 제도가 있다면 악마도 좋은 시민이 될 수 있으며, 롤스가 가정하듯 정의로운 제도가 정의로운 인간을 만든다. 차별과 혐오에 반대하는 제도적 장치는 표현의 자유에 대한 제약에 있는 것이 아니라 그 차별과 혐오를 형성하는 구조적 불평등을 제거하는 데 있다. 평등은 인간이 만드는 것이 아니라 제도가 만드는 것이다. "평등을 만드는 일을 사회기본구조가 행하게 하라." 이것이 차별과 혐오에 맞서 근본적인 해결책을 찾는 정의의 자세다.

프롤로그—위기의 호모 저스티스

1 Blaise Pascal, *Pensées*, London : Penguin, 1995, 297(여기에 표시되는 구체적 숫자는 쪽수가 아니라 『팡세』에 붙어 있는 문단번호다).

2 예를 들어 이택광, "정의 없는 사회는 왜 정의를 욕망하는가?", 『무엇이 정의인가?: 한국 사회, 〈정의란 무엇인가〉에 답하다』, 서울 : 마티, 2011를 보라.

3 이시즈카 마사히데石塚正英·시바타 다카유키柴田隆行, "정의正義", 『철학·사상번역어 사전』(증보판), 173쪽.

4 니체나 푸코의 연구자들은 이런 단순한 계보학에 대한 정의가 아쉬울 수도 있으리라 생각한다. 그러나 이 책은 학문서가 아니라 일반 대중에게 쉽게 다가가기 위한 글이니 양해를 구한다.

5 여기에서 필자가 의도하는 바는 이런 비판이 잘못된 것이라고 지적하는 것이 아니라 정의와 비극이 얽혀 있는 오래된 맥락이 있음을 밝히려는 것이다.

6 Sophocles, "Antigone" in *Antigone, Oedipus the King, Electra*, Oxford UK : Oxford University Press, 1962, 60~78(여기에 표시되는 구체적 숫자는 쪽수가 아니라 작품의 행을 뜻한다).

7 같은 책, 740~750.

8 Albert Camus, "The Just Assassins" in *Caligula and Three Other Plays*, New York : Vintage Books, 1958, 2막.

9 Jacques Derrida, "Force of Law : The 'The Mystical Foundation of Authority'" in *Deconstruction and the Possibility of Justice*, New York : Routledge, 1992, p. 27.

1장 투키디데스—평등한 자와 불평등한 자 간의 정의는 다르다

1 Guthrie, W. K. C. *The Greek Philosophers : From Thales to Aristotle*, New York :

Harper & Row, 1975, pp. 5~7.

2 Thucydides, *The Peloponnesian War*, Oxford UK: Oxford University Press, Book 1, 76.

3 같은 책, Book 3, 84.

4 Heraclitus, "The Fragments" in *The Art and Thought of Heraclitus*, Cambridge: Cambridge University Press, 1979, LXV.

5 Thucydides, *The Peloponnesian War*, Book 5, 111.

6 같은 책, Book 3, 82, 84.

7 같은 책, Book 5, 87~111.

8 같은 책, Book 5.

9 Terence Hunt, "Bush Sees South Korea Model for Iraq" in *The Washington Post*, May 31, 2007; http://www.washingtonpost.com/wp-dyn/content/article/2007/05/30/AR2007053001195.html

10 정상호 기자, "한반도 전쟁 시뮬레이션 해봤더니…하루만에 240만명 사상", 『시사IN』, 2010년 11월 29일자.

11 Cass Sunstein, *Why Societies Need Dissent*, Cambridge MA: Harvard University Press, 2005를 보라.

12 이와 관련한 대표적인 연구서로는 Jane Stromseth, David Wippman, and Rosa Brooks, *Can Might Make Rights?: Building the Rule of Law after Military Interventions*, Cambridge: Cambridge University Press, 2006이 있다. 인도주의적 개입 사례와 관련해 이 연구서를 많이 참조했음을 밝혀둔다.

2장 트라시마코스—권력을 지닌 강자들이 정의를 결정한다

1 박종현의 우리말 번역본에는 '정의'가 '올바름'으로 번역되어 있음을 밝혀둔다.

2 플라톤, 『국가』, 330d~331b. 번역본은 박종현 역, 『국가』, 서울: 서광사, 1997을 참조했다.

3 같은 책, 331e~331a.

4 같은 책, 335d.

5 같은 책, 338c.

6 같은 책, 338e~339a.

7 같은 책, 343c~d.

8 같은 책, 343d.

9 같은 책, 343e.

10 같은 책, 343e.

11 같은 책, 344a~b.

12 콜린 크라우치, 『포스트민주주의』, 서울: 미지북스, 2005, xii~xiii쪽.

13 같은 책, xv쪽.

3장 글라우콘—정의는 불의를 저지를 수 없는 허약함 때문에 존재한다

1 플라톤, 『국가』, 358b.

2 같은 책, 361a.

3 같은 책, 358e~359a.

4 글라우콘 스스로 자기주장의 요점을 정리하고 있는 부분을 확인하고 싶다면 플라톤, 『국가』, 358c를 보라.

5 기게스의 반지와 관련해 좀더 자세한 내용은 플라톤, 『국가』, 359c~359d를 보라.

6 정당해산 심판의 세계적 현황에 관련된 부분은 김만권·김정환, "어떻게 헌법을 '민주적'으로 해석할 것인가?: 통합진보당 정당해산심판과 헌법재판소의 존재에 대한 짧은 에세이", *CHONBUK LAW JOURNAL*, 제5권 제1호, 2015에 김만권이 쓴 부분을 옮겨왔다.

7 유엔인권위원회(시민적·정치적 권리규약위원회), "대한민국의 네 번째 정기 보고서에 관한 최종견해", 2015년 11월 3일.

8 John Stuart Mill, *Considerations on Representative Government*, New York: Harper & Brothers, 1862의 7장 중 "진정한 민주주의와 잘못된 민주주의에 대하여" 부분을 자세히 보라.

9 플라톤, 『국가』, 359b.

10 "[여론조사] "김영란 법 공감" 70.6%…압도적 '찬성'", JTBC, 2015년 1월 9일자.

11 "김영란법 '3·5·10 기준', 엄격 시행 59.3% vs 상향 조정 30.0%", 리얼미터, 2015년 8월 4일자.

4장 칼리클레스—우월한 자가 권력을 갖는 것이 정의롭다

1 George Klosko, *History of Political Theory: An Introduction: Volume I: Ancient and Medieval*, Oxford: Oxford University Press, 2012, p. 32.

2 플라톤, 『고르기아스』, 456b~446a

3 같은 책, 474a~474d.

4 같은 책, 483a~483b.

5 같은 책, 483d.

6 같은 책, 484a.

7 같은 책, 484c.

8 같은 책, 488b.

9 같은 책, 488c~d.

10 같은 책, 491a~491b.

11 같은 책, 483b~483d.

12 같은 책, 483e~484a.

13 같은 책, 491e~492c.

14 같은 책, 492c.

15 같은 책, 492b.

16 Plato, *Gorgias: A Revised Text*, trans. with introduction and commentary by E. R.
    Dodds, London: Oxford University Press, 1959, pp. 390~391.

17 Mike Hawkins, *Social Darwinism in European and American Thought, 1860-
    1945*, Cambridge UK: Cambridge University Press, 1997, pp. 98~99.

18 같은 책, p. 4.

19 같은 책, pp. 203~204.

20 Roberto De Vogli, *Progress Or Collapse: The Crises of Market Greed*, New York:
    Routledge, 2012, pp. 98~99.

21 같은 책, p. 99.

22 같은 곳.

23 로버트 라이시 지음, 안기순 옮김, 『로버트 라이시의 1 대 99를 넘어』, 서울: 김영사, 2015,
    15쪽.

24 같은 책, 16~19쪽.

5장 소크라테스―무지가 부정의를 만든다

1 플라톤, 『소크라테스의 변론』, 42a. 『소크라테스의 변론』과 관련해 기본적으로 참조한 텍
   스트는 Plato, *Defense of Socrates*, Oxford: Oxford University Press, 1997이다. 우
   리말 번역으로는 천병희의 역서를 참조했다.

2 James Miller, *The Examined Lives: From Socrates to Nietzsche*, New York, Farrar,
   Straus and Giroux, 2011, p. 21.

3 플라톤, 『소크라테스의 변론』, 24b~24c.

4 같은 책, 23c~23d.

5 같은 책, 23a~23b.

6 같은 책, 21e.

7 같은 책, 36b.

8 플라톤, 『크리톤』, 46b.

9 같은 책, 50a.

10 같은 책, 51c.

11 플라톤, 『소크라테스의 변론』, 31e~32a.

12 같은 책, 32b~32d.

13 플라톤, 『고르기아스』, 512d.

14 플라톤, 『소크라테스의 변론』, 42a.

15 Henry David Thoreau, *On the Duty of Civil Disobedience—Thoreau's Classic Essay*, Rockville: Manor, 2008, p. 16.

16 "상부에서 유시민으로 엮으라고 지시, 민간인 폭행한 것은 다른 연루자들", 『오마이뉴스』, 2016년 2월 6일자.

17 대법원 2004. 7. 15. 선고 2004도2965 전원합의체 판결.

18 플라톤, 『국가』, 350a.

19 플라톤, 『고르기아스』, 515b~519a.

20 같은 책, 515c.

21 같은 책, 36c.

22 같은 책, 37e.

6장 플라톤—현자들의 통치가 정의롭다

1 플라톤, 『파이돈』, 114d~115a. 우리말 번역은 천병희의 역서를 참조했다.

2 같은 책, 118a. 아스클레피오스는 의술의 신이다.

3 밝혀두자면 플라톤의 마지막 모습을 기록한 대화편은 『파이돈』이다. 이 대화편에 따르면 플라톤은 이 자리에 없었다고 한다.

4 플라톤, 『일곱 번째 편지』, 326a~326b.

5 플라톤, 『국가』, 473c~474a.

6 같은 책, 475e, 479e.

7 같은 책, 480a.

8 같은 책, 423d.

9 같은 책, 427e.

10 같은 책, 428e~429a.

11 같은 책, 456a.

12 같은 책, 429c~429d.

13 같은 책, 431d.

14 같은 책, 433a, 434a.

15 이 이야기는 Miller, *Examined Lives*의 플라톤 부분을 참조했다.

16 플라톤, 『일곱 번째 편지』, 335d.

17 플라톤, 『법률』, 710e.

18 플라톤, 『국가』, 503a.

19 이 연설은 Martin Heidegger, "The Self-Assertion of the German University and The Rectorate 1933/34: Facts and Thoughts", *Review of Metaphysics*, 38:3, Mar, 1985, pp. 467~502에서 찾아볼 수 있다.

20 플라톤, 『국가』, 497d.

21 Eduard Langwald, *Das Andere Sagen: Studien zu Martin Heidegger Und Seinem Werk*, Münster: LIT Verlag, 2004, p. 115.

22 박종홍의 사례와 관련해서는 김항, 「탈근대의 철학, 반근대의 정치: 박종홍의 한국사상과 민족주의」, 『민족문화연구』 52호(2010. 06. 30), 고려대학교 민족문화연구원, 111~141쪽을 많이 참고했다.

23 플라톤, 『일곱 번째 편지』, 334c~d.

24 같은 책, 337c~d.

25 같은 책, 325b~c.

26 플라톤, 『국가』, 488a~c.

27 같은 책, 516e~517a.

28 같은 책, 520c.

29 같은 책, 539e~540a.

30 플라톤, 『일곱 번째 편지』, 354e.

7장 아리스토텔레스—정치참여가 정의로운 인간을 만든다

1 Aristotle, *Nicomachean Ethics*, 1094a 1~25.

2 같은 책, 1095a 15~20.

3 같은 책, 1095a.

4 같은 책, 1097a 15~1097b 20.

5 같은 책, 1098a 10~20.

6 같은 책, 1129a 5~10.

7 같은 책, 1130b 30~35, 1131a 20~25.

8 같은 책, 1250b 15~20.

9 Aristotle, *Politics*, 1253a 30~40.

10 Aristotle, *Nicomachean Ethics*, 1129b 15~25.

11 Aristotle, *Politics*, 1253a 5~20.

12 무상급식을 둘러싼 주민투표는 미래세대의 교육조건을 어떻게 마련할 것인가라는 문제가 다양한 정치적 이해관계를 둘러싼 정쟁으로 발전한 좋지 않은 사례였다. 보편적 복지와 선택적 복지의 문제가 제기되었다는 점에서 사회적으로 긍정적인 효과를 낳기도 했으나, 보편적 복지를 포퓰리즘과 엮는 의도적인 정치수사가 보편적 복지와 포퓰리즘이라는 전혀 다른 두 개의 개념과 정치현상을 동일화시키는 결과를 초래했다는 점에서 부정적인 효과를 낳았다.

13 Reinhold Niebuhr, *The Children of Light and the Children of Darkness*, Chicago : University of Chicago Press, 2011, p. xxxii.

14 Reinhold Niebuhr, *Reinhold Niebuhr on Politics*, London : Forgotten Books, 2012, p. 180. 원문에 나오는 니버의 표현은 '정치'가 아니라 '정치질서political order'지만, 지미 카터Jimmy Carter 대통령이 정치로 잘못 인용한 이후 대신 쓰이고 있다.

15 이 학생은 내게 제출한 보고서에 다음과 같이 썼다. "I will be a migrant for about 10 years before I can call myself a citizen. Of course, I already feel like an American citizen but I can't call myself one. I can't vote or do anything. This to me is absolutely mental and it's very frustrating." (나 자신을 〔미국〕 시민이라 부를 수 있기까지 앞으로 대략 10년은 이민자일 것이다. 당연하게 나는 이미 나 자신을 미국 시민이라 느끼지만 스스로를 그렇게 부를 수 없는 신세다. 투표도 할 수 없고 그 어떤 것도 할 수가 없다. 내게 이것은 절대적으로 정신적인 영향을 미치는 문제이며 커다란 좌절감을 느낀다.)

8장 홉스—정치적 권위 없이 정의는 없다

1 Thomas Hobbes, *Leviathan*, Cambridge : Cambridge University Press, 1991, pp. 91~92.

2 같은 책, pp. 88~89.

3 같은 책, p. 89.

4 같은 책, p. 94.

5 같은 책, p. 97~98.

6 같은 책, p. 90.

7 같은 책, p. 100~101.

8 "외국인 불법체류자 20만 8천명…2007년 이후 최다", 『연합뉴스』, 2015년 1월 17일자.

9 유엔난민기구 홈페이지(http://www.unhcr.org)에는 이 기구가 관련 활동을 펼치고 있는 대상들에 대한 통계가 매년 업데이트되고 있다. 이 장에서 언급한 통계는 이 홈페이지의 자료를 참조한 것이다.

10 Hobbes, *Leviathan*, p. 43.

9장 칸트—인간성이 존재하는 모든 곳에 정의는 있다

1 Immanuel Kant, *Groundwork of the Metaphysics of Morals*, German-English ed., Cambridge: Cambridge University Press, 2011, IV, 388:4~9.

2 여기에 제시된 정언명법 절차는 롤스의 『도덕철학사 강의*Lectures on the History of Moral Philosophy*』, 2000에 나온 내용을 바탕으로 삼았다.

3 Kant, *Groundwork of the Metaphysics of Morals*, IV, 441:30~442:4.

4 같은 책, 444:1~27.

5 같은 책, 389:5~23.

6 이와 관련해서는 James Edwin Mahon, "Kant on Lies, Candour and Reticence", *Kantian Review*, Vol. 7, 2003, pp. 102~133을 참고했다.

7 Immanuel Kant, *Lectures on Ethics*, Cambridge: Cambridge University Press, 2011, 27:449.

8 Immanuel Kant, *Rechtslehre*, VI, 332.

9 Immanuel Kant, *The Critique of Practical Reason*, Cambridge: Cambridge University Press, 2015, 5:87.

10 Immanuel Kant, *The Metaphysics of Morals*, Cambridge: Cambridge University Press, 1996, 6:423.

11 '완전한 세계시민주의'와 '실용적 세계시민주의'는 필자의 용어다.

12 Thomas McCarthy, "On Reconciling Cosmopolitan Unity and National Identity" in *Public Culture*, Vol. 11, No. 1, 1999, p. 186.

13 Thomas Pogge, "Priorities of Global Justice" in *Metaphilosophy*, Vol. 32, Nos 1/2, January 2001, p. 9.

14 Manfred B. Steger, *Globalization*, 3rd ed., Oxford: Oxford University Press, 2013,

p. 44.

15 "구타, 고문, 강간으로 얼룩진 관타나모", 『오마이뉴스』, 2009년 6월 30일자.

16 Kant, *The Metaphysics of Morals*, 6:332~333.

17 "Syrian refugees stuck in limbo at Seoul airport," CNN, June 2, 2016.

18 Kant, *Groundwork of the Metaphysics of Morals*, IV, 424: 15~37.

10장 벤담—효용의 극대화가 정의다

1 관련 통계는 프리덤 하우스의 홈페이지에서 볼 수 있다(https://freedomhouse.org/reportsdm).

2 Bentham, *The Principles of Morals and Legislation*, Kitchener: Batoche Books, 2000, Ch. 1-I.

3 같은 책, Ch. 4-II.

4 같은 책, Ch. 4-I.

5 같은 책, Ch. 4-IV.

6 Nicholas Kristof, "An Idiot's Guide to Inequality", *New York Times*, July 22, 2014.

7 "Employment: Defending jobs", *The Economist*, September 12, 2011; "The World's Biggest Employers", *Forbes*, June 23, 2016.

8 "Positively un-American tax dodges", *Fortune*, July 7, 2014.

9 "G.E.'s Strategies Let It Avoid Taxes Altogether", *New York Times*, March 24, 2011.

10 김낙년, 「한국의 부의 불평등, 2000-2013: 상속세 자료에 의한 접근」, 2015년 10월 28일, *Working paper*, p. 1.

11 Bentham, *The Principles of Morals and Legislation*, Ch.1-IV-V.

12 Will Kymlicka, *Contemporary Political Philosophy: An Introduction*, 2nd ed., Oxford: Oxford University Press, 2002, p. 21.

13 킴리카는 공리주의가 지나치게 이런 결과만을 강조하게 되면 도덕적 관점에서 볼 때 자기 파괴적인 행위기준으로 나타나게 된다는 점도 지적한다. 같은 책, pp. 30~31.

11장 롤스—권리의 극대화가 정의다

1 John Rawls, *A Theory of Justice*, Revised Edition, Cambridge MA: The Belknap Press of Harvard Uinversity Press, 1999, p. 67.

2 Bartels, *Unequal Democracy*, 9장 "경제적 불평등과 정치적 대표성"을 참고하라.

3 같은 책, pp. 298~303.

4 Rawls, *A Theory of Justice*, 2장 13절을 참고하라.

5 같은 책, p. 178.

6 같은 책, p. 179.

7 같은 곳.

8 John Rawls, *Justice as Fairness*, Cambridge MA: Harvard University Press, 2001, pp. 137~140. Martin O'Neill, Thad Williamson, *Property-Owning Democracy: Rawls and Beyond*, Oxford: Wiley-Blackwell, 2012, p. 3.

9 Anthony B. Atkinson, *Inequality: What Can Be Done?*, Cambridge MA: Harvard University Press, 2015, p. 148.

10 같은 책, pp. 148~151.

11 이와 관련된 사안은 같은 책, 208쪽을 참고하라.

12 Philippe Van Parijs, "The Universal Basic Income: Why Utopian Thinking Matters, and How Sociologists Can Contribute to It" in *Politics & Society* 41(2), p. 174.

13 Atkinson, *Inequality: What Can Be Done?*, pp. 216~218.

14 같은 책, p. 169; Thomas Paine, *Agrarian Justice*, Wildside Press, p. 15.

15 Bruce Ackerman & Anne Alstott, *Stakeholder Society*, New Have: Yale University Press, 1999; Atkinson, *Inequality: What Can Be Done?*, p. 171.

16 Rawls, *A Theory of Justice*, p. xv.

17 같은 곳.

18 Nak Nyeon Kim and Jongil Kim, "Top Incomes in Korea, 1933-2010: Evidence from Income Tax Statisticsm" in *Hitotsubashi Journal of Economics*, Vol. 56, No. 1.

19 Rawls, *A Theory of Justice*, p. 4.

20 Rawls, *A Theory of Justice*, 1장 11절을 참고하라.

21 같은 책, p. 6.

22 같은 책, p. 6~7.

에필로그―차별과 혐오에 맞서는 정의의 자세

1 Zygmunt Bauman & Carlo Bordoni, *State of Crisis*, London: Polity, 2014, p. 30.

2 김학준, 「인터넷 커뮤니티 '일베저장소'에 나타나는 혐오와 열광의 감정동학」, 서울대학교 석사논문, 2014, 88~90쪽.

3 박가분, 『일베의 사상: 나는 너를 혐오할 권리가 있다』, 서울: 오월의봄, 44~57쪽.

4 김찬호, 『모멸감: 굴욕과 존엄의 감정사회학』, 서울: 문학과지성사, 6쪽.

5 Adam Smith, *The Theory of Moral Sentiments*, New York: Prometheus Books, 2000, p. 71.

6 같은 책, pp. 85~86.

7 Hannah Arendt, *The Origins of Totalitarianism*, New York: Harcourt, 1966, p. 107, p. 108(강조 표시는 필자가 더함).

8 김학준, 「인터넷 커뮤니티 '일베저장소'에 나타나는 혐오와 열광의 감정동학」은 평범한 것이 이상의 대상이 되어가고 있는 젊은이들의 상황을 잘 보여준다.

9 Bauman & Bordoni, *State of Crisis*, p. 14.

10 Rawls, *A Theory of Justice*, revised edition, Cambridge MA: Belknap Harvard University Press, 1999, p. 193.

11 John Stuart Mill, "On Liberty" in *On Liberty and Other Writings*, Cambridge: Cambridge University Press, 1989, p. 17.

12 Rawls, *A Theory of Justice*, revised edition, p. 178.

13 '파리수고'라고도 불리는 '1844년 수고'는 마르크스 사후인 1932년에 정식 출간되었다.

14 Pascal, *Pensées*, 82(문단번호).

15 "중산층 40%, 은퇴 후 빈곤층 된다", 『머니투데이』, 2015년 12월 2일자.